U0905745

本成果受到重庆工商大学商科学术研究国际化促进计划、重庆工商大学专著出版基金资助，本成果为教育部人文社会科学重点研究基地重庆工商大学长江上游经济研究中心的科研成果

转移支付对重庆县域基本公共服务供给的激励效应与机制研究

王宇昕　余兴厚　著

中国财经出版传媒集团
中国财政经济出版社

图书在版编目（CIP）数据

转移支付对重庆县域基本公共服务供给的激励效应与机制研究／王宇昕，余兴厚著．--北京：中国财政经济出版社，2022.5

ISBN 978-7-5223-1287-3

Ⅰ.①转… Ⅱ.①王… ②余… Ⅲ.①县级财政－财政转移支付－影响－公共服务－研究－重庆 Ⅳ.①F812.771.9 ②D669.3

中国版本图书馆CIP数据核字（2022）第050219号

责任编辑：彭　波　　　　责任印制：史大鹏
封面设计：卜建辰　　　　责任校对：徐艳丽

中国财政经济出版社 出版

URL：http：//www.cfeph.cn

E-mail：cfeph@cfeph.cn

社址：北京市海淀区阜成路甲28号　邮政编码：100142

营销中心电话：010-88191522

天猫网店：中国财政经济出版社旗舰店

网址：https：//zgczjjcbs.tmall.com

北京财经印刷厂印刷　各地新华书店经销

成品尺寸：170mm×240mm　16开　12.75印张　200 000字

2022年5月第1版　2022年5月北京第1次印刷

定价：68.00元

ISBN 978-7-5223-1287-3

（图书出现印装问题，本社负责调换，电话：010-88190548）

本社质量投诉电话：010-88190744

打击盗版举报热线：010-88191661　QQ：2242791300

前　　言

积极健全规范省以下的财力分配机制，完善促进以基本公共服务均等化为目标导向的公共财政体系，不仅是加快推进我国财政体制改革进程，实现国家治理现代化目标的必然要求，也是基于共享发展理念下有效缩小区域差距，推进区域均衡协调发展的重要手段。现阶段，我国正处于向更加注重增进社会民生福祉、增强包容性增长，实现共享发展的重要时期，转移支付能否有效激励和促进地方政府民生性基本公共服务支出的增加，调整优化基本公共服务支出结构成为学术界讨论的热点。

为探究转移支付对县级政府基本公共服务供给的激励效果，本书以重庆市为研究对象重点探讨了以下四个关键问题：其一，转移支付规模分别与县域基本公共服务的供给水平、供给结构之间存在着怎样的关系；其二，结合中国式财政分权的体制特征，进一步考虑在财政纵向失衡效应、经济赶超效应以及二者的综合效应影响下，转移支付规模的扩大对县级政府基本公共服务供给又有着怎样的影响效果；其三，不同类型的转移支付对县级政府基本公共服务供给存在着怎样的效果差异，对于重庆市不同的区域而言，各类型转移支付又分别表现出怎样的作用效果；其四，转移支付结构的变化对县级政府基本公共服务供给有着怎样的影响效果。

本书首先遵循“问题提出——理论研究——现状研究——实证研究——对策研究”的技术路线和逻辑思路展开系统的研究。首先对研究背景、研究问题进行介绍，阐述了省以下财政转移支付制度改革研究的必要性与重要性，并据此提出研究问题。其次，在对相关理论回顾以及文献梳理的基础上，厘清财政转移支付、地方政府行为对基本公共服务供给的作用机理，为构建省以下财政转移支付改革奠定理论基础。再次，通过对重庆各区县政府公共财政与基本公共服务供给的现状分析，初步把握转移支付对基本公共服务均等化影响的变动态势，并在此基础上，构建计量模型实证研究转移支付对县级政府基本公共服务供给的影响效应。最后，基于理论分析与实证结果，对全书研究的主要发现进行概括归纳，并针对性地提出转移支付激励机制的构建思路。

本书得到的主要结论如下：

第一，转移支付规模的增加能显著地促进基本公共服务支出规模的扩大，存在着明显的“粘蝇纸”效应。其中，对教育服务支出的促进作用效果最大，对医疗卫生支出的作用效果最小。虽然，转移支付能够单独地矫正由财政纵向失衡和经济赶超对基本公共服务供给水平带来的负向影响，但在财政纵向失衡和经济赶超因素的共同影响下，转移支付却不能对两者有效地实现同时兼顾，转移支付的作用效果会受到较大削弱。

第二，转移支付与基本公共服务支出结构偏向性之间存在着非线性关系。具体而言，转移支付规模无论是与基本公共服务的总支出还是基本公共服务的各分类支出之间均呈现出倒“U”形关系。通过构建门槛模型检验发现，当地区财政纵向失衡和经济赶超处于一定水平时，基本公共服务支出结构偏向性呈现出逐渐增大的趋势；但当地区财政纵向失衡和经济赶超处于较高水平时，会削弱转移支付的正向激励效果。

第三，各类型转移支付对基本公共服务供给水平的影响具有明显的差异性。通过比较各个时间段内的实证结果发现，对于重庆县域整体而言，一般性转移支付对县级政府基本公共服务供给水平的提高表现出了显著的正向促进作用。专项转移支付和税收返还的作用效果随着时间的变化发生了一定程度的改变。其中，专项转移支付对县级政府基本公共服务供给水平的影响由非正向激励效应过渡为正向激励效应；税收返还对县级政府基本公共服务供给的激励效应明显削弱，表现出较为有限的促进作用。

第四，各类型转移支付对基本公共服务供给的影响具有明显的区域差异性。对于主城、渝西片区而言，一般性转移支付数量规模的增加能够对该区域基本公共服务供给水平的提高产生正向的促进作用，而专项转移支付数量规模的增加对地方政府基本公共服务供给水平的提高却表现出抑制作用；对于渝东南、渝东北片区而言，其作用效果与主城、渝西片区正好相反。

第五，转移支付结构与地区基本公共服务供给水平之间存在着紧密联系。对于一般性结构变化而言，提高一般性转移支付比重和专项转移支付比重均能够对地区基本公共服务供给水平的增加产生正向的促进作用。但随着地区基本公共服务供给水平的持续提升，一般性转移支付比重的增加会弱化县级地方政府对基本公共服务的供给激励，而专项转移支付比重的增加则会强化县级地方政府对基本公共服务的供给激励。对于相对结构变化而言，相较于基本公共服务基础水平较低的地区，提高专项转移支付相对结构的比重对基础水平较高地区基本公共服务供给水平增加的促进作用更大。

最后根据理论分析与实证研究结果，对我国财政转移支付制度的政策变迁进行了分析与评价，对重庆市财政转移支付激励机制与约束机制进行了构建，并从事权与财权相统一的公共财政体制改革、积极构建具有激励机制的财政转移支付制度、建立并健全转移支付的绩效监管体系、完善多元化的地方政府政绩考核评价体系、积极探索市域范围内的横向财政转移支付制度、强化基本公共服务领域重点问题的解决等方面提出了对策建议，为规范县级政府的公共财政支出行为，增强基本公共服务供给的保障能力，优化县域基本公共服务供给结构，推进地区间基本公共服务均等化发展，提高财政转移支付资金配置效率提供了有效思路。

本书的边际贡献表现在三个方面：

首先，构建了一个较为系统性的理论分析框架，尝试从理论层面揭示省以下财政转移支付对基本公共服务供给影响的内在机理，具体而言，分别从理论上探讨了财政分权对地方政府基本公共服务的供给效应、转移支付对地方政府财政行为的影响效应、转移支付对基本公共服务供给的激励效应与激励机制。相较于现有多数研究普遍强调通过实现各地区财力均等化进而促进基本公共服务的供给优化，而忽略地方政府财政行为对转移支付实施效果的影响。本书在充分考虑中国式财政分权的体制特征，并结合当前我国县级政府普遍面临着经济赶超竞争等现实情况的基础上，选用具有扁平化的行政体制以及同时具有中西部地区相似性和特殊性的重庆市作为研究对象。通过建立相关的计量模型实证研究了财政转移支付与县域基本公共服务供给之间的内在关系，打开了财政转移支付对促进地方政府改善民生支出的内在动力的“黑箱”，揭示了地方政府在获得财政转移支付资金后的公共财政行为逻辑，丰富了现有的财政理论与公共管理理论。

其次，基于我国上、下级政府之间所存在着的委托代理关系，分别从政治激励与经济激励两个激励方式方面，重点围绕着转移支付的资金分配、使用监管、绩效评价等环节设计构建出一个健全的财政转移支付激励机制，从而有效地规范和引导地方政府在民生建设领域的财政支出行为，实现对地方政府在基本公共服务供给的目标激励和强化激励的复合作用效果。简言之，本书尝试将地方政府基本公共服务供给的努力程度嵌入到省以下财政转移支付的资金分配机制设计中，以期构建兼顾均等目标与激励目标相结合的转移支付制度，以此来矫正规范地方政府公共财政支出的行为，实现县域基本公共服务的供给优化，提高财政转移支付资金的配置效率。

最后，不同于现有大量文献局限于侧重从单一视角分析转移支付与公共产品供给间的关系，本书分别从转移支付的规模水平、不同类型的转移支付、转移支付的结构变化等多个维度视角，提出系统性的研究假设，实证研究了重庆市财政转移支付对其县域基本公共服务供给的影响效应，并在此基础上进一步探讨了在不同时间段内、各区域间所存在的差异性。基于实证结果，作者试图通过发现问题并剖析其内在原因，重点针对加强转移支付激励机制方面提出相关的对策建议，为进一步完善重庆市以下财政转移支付制度提供政策依据，也为其他省市深化省直管县的体制改革提供了经验借鉴。

目录

第一章

导　论

第一节　地方公共财政问题的现实背景

一、重庆市公共财政改革的背景

1. 政策背景

2015年在国务院印发的《关于改革和完善中央对地方转移支付制度的意见》中明确指出要“建立激励约束机制，采取适当奖惩等方式，引导地方将一般性转移支付资金投入到民生等中央确定的重点领域”。2016年国务院颁布的《关于推进中央与地方财政事权和支出责任划分改革的指导意见》提出要“激励地方政府主动作为。通过有效授权，合理确定地方财政事权，使基本公共服务受益范围与政府管辖区域保持一致，激励地方各级政府尽力做好辖区范围内的基本公共服务提供和保障，避免出现地方政府不作为或因追求局部利益而损害其他地区利益或整体利益的行为”。2018年国务院出台的《基本公共服务领域中央与地方共同财政事权和支出责任划分改革方案》中要求要合理划分省以下各级政府的支出责任，对于县级政府，要将自有财力和上级转移支付优先用于基本公共服务，承担提供基本公共服务的组织落实责任；对于上级政府，要通过调整收入划分、加大转移支付力度，增强县级政府基本公共服务保障能力。显然，这些政策都凸显了合理划分各级政府间事权和支出责任，在财政转移支付政策设计中嵌入“地方激励”元素的重要性。

党的十九大报告提出要加快建立现代财政制度，建立权责清晰、财力协调、区域均衡的中央和地方财政关系，积极推进国家治理体系和治理能力现代化。这一目标要求便成为目前我国建立现代财政制度的最重要指导思想。党的十九届四中全会通过的《中共中央关于坚持和完善中国特色社会主义制度、推进国家治理体系和治理能力现代化的若干重大问题》又进一步提出“完善公共服务体系，推进基本公共服务均等化、可及性”“优化政府间事权和财权划分、形成稳定的各级政府事权、支出责任和财力相适应的制度”等指导意见，这为我国财政理论研究与实践提出新方向。鉴于此，基于我国当前深化财税体制改革的契机，以及经济全面步入新常态的新阶段下进一步推动供给侧结构性改革的要求，本书围绕着财政转移支付对县域基本公共服务供给的激励效应展开深入研究，有助于保障地方经济社会可持续发展，并完善与之相应的省以下财政转移支付制度体系。

2. 理论背景

20 世纪以来，世界各国纷纷开始了财政分权的探索，财政分权实践的发展带动了财政分权理论的演绎，国内外学者重点围绕着第一代分权理论和第二代分权理论展开了大量的理论研究。在我国政治集权下实施的经济分权背景下，现行的财政分权体制只是规范了中央政府和省级政府之间的财政关系，而省以下各级政府间的财政关系却没有被明确规范。因此，在各省级政府比照中央与省的财政体制来设定省以下财政体制的现实下，县级基层政府普遍出现了财权和事权的不匹配，加之受制于自身财政能力的不足，基层政府所面临“活多钱少”的尴尬境地也就愈发显著。于是，转移支付便成为财政分权体制下“熨平”纵横财政不平衡的重要政策工具和弥补地方性公共产品供给效率损失的有效途径。

对于地方政府，特别是对于欠发达地区的地方政府而言，通常面临着经济发展和民生改善的“两难”选择困境。地方政府行为偏好在政府间财政竞争与政绩考核体制下的晋升锦标赛的共同作用下，使得地方财政支出结构呈现出“重建设、轻民生”的扭曲状况。其理论解释主要来源于三方面：其一，基于财政竞争理论中的资本流动假说。地方政府为竞争流动资本，会选择加大对生产性公共物品（如基础设施）的投入，而减少对基本公共服务（如基础教育、医疗卫生）的投入；其二，基于维护市场联邦主义假说。地方政府出于提高自身财政收入的目的，会采取投资基础设施以竞争流动资本的策略。因为基本公共服务无法直接促进经济增长从而实现财政收入的提高，所以其投入也就相对不足；其三，基于官员晋升锦标赛假说。地方官员出于政治晋升或连任的考虑，“为增长而竞争”形成了晋升锦标赛。因为相较于基本公共服务、基础设施投资能在短期内直接促进经济的显著增长，因而任期有限的地方官员出于政绩的考虑，会倾向于重经济建设投资、轻基本公共服务投资。

鉴于此，在我国分权体制下省以下各级政府财权和事权划分的依据何在？转移支付规模的扩大对县级政府的公共财政预算支出的影响又如何，是否存在着“粘蝇纸”效应？不同类型的转移支付资金对基本公共服务供给分别具有怎样的作用效果？转移支付结构变化与地区基本公共服务供给之间又有着怎样的联系？其内在机理又是什么？这些都是需要研究的理论问题。

3. 现实背景

自 1994 年实施的分税制改革后，我国财政转移支付制度整体上经历了从分别以税收返还和专项转移支付为主到一般性转移支付为主的变迁。不明确规定用途的一般性转移支付能够较好地起到均衡各地区间的财力差异，促进基本公共服务均等化的作用，而明确规定用途的专项转移支付则能较好地规范和引导地方政府的财政行为，这本是在市场经济条件下财政学的基本共识。但是，在我国经济向市场化转型，政府职能向现代国家治理模式转变过程中，这一共识似乎与现实情况充满矛盾。一方面，由于致力于平衡各地区间的财力差异的均衡性转移支付资金占一般性转移支付资金的比重较低，在促进区域基本公共服务均等化方面的效果甚微；另一方面，由于相当部分的专项转移支付资金被行政性分割，致使专项转移支付资金难以发挥出矫正及引导地方政府财政行为的作用，相反却引发出“跑部钱进”、寻租设租以及“鞭打快牛”等一系列的反向激励（尹振东、汤玉刚，2016）。鉴于此，无论是无条件的一般性转移支付还是有条件的专项转移支付，能否有效地引导地方政府的行为偏好，将转移支付资金真正投入到最能满足居民需要的重点民生领域，关键取决于财政转移支付制度是否具有激励和约束效应。因此需要选择具有代表性区域进行实证检验转移支付实施是否达到了政策设计的目标。

重庆作为中西部地区的直辖市，集连片贫困区、少数民族地区、三峡库区、重点生态功能区等多重属性为一体，具有“大城市、大农村、大山区、大库区”的特征，其区域发展不平衡问题和城乡二元结构矛盾突出。长期以来，重庆经济社会发展不均衡，县级政府的自主财力较弱，对上级政府转移支付的依赖性较强，民生事业历史欠账仍然很多，特别是与建设全面小康社会的目标相比，与人民群众不断增长的需求相比，还有一定的差距。因此，重庆既具有中西部地区相似性又具有其特殊性。

因重庆直辖后市—区（县）行政体制，赋予了区（县）很大程度上的财政自主权和其他社会管理的权利，不像其他省级行政管理体制下出现的市级政府对县级转移支付资金截留的“市压县、市卡县”肠梗阻现象。在此背景下，研究财政分权、省级财政转移支付对县级政府在公共财政支出上的行为偏好，进而探究由于财政分权体制下转移支付政策设计对县域基本公共服务供给的激励效应及内在机制，为实现公共资源的均衡配置，推动地方政府公共财政制度改革和转移支付政策的完善具有重要的理论与现实价值，也为我国深化省直管县的体制改革提供了示范和指导。

二、重庆市公共财政改革的问题

近年来，随着省以下财政转移支付制度的逐步完善，转移支付规模稳步扩大、结构持续优化，落后地区或欠发达地区县级政府的财政收支状况得到了明显改善。但在目前中国式的财政分权体制下，县级地方政府面临着天然的财政纵向失衡和以经济发展为核心的政绩考核体系的两大约束影响，财政转移支付似乎难以发挥有效促进地区民生改善的功效，被广泛质疑其作用效果并未达到其政策设计的预期目标。

“现行的财政转移支付制度是否对县级政府基本公共服务供给具有激励效应?”“扩大省以下的转移支付规模是否能够激励县级政府增大对基本公共服务的供给?”“是否能够通过转移支付结构的调整增强县级政府对基本公共服务供给的激励效果?”，这些已经成为当前进一步推进省以下财政转移支付制度改革亟待解决的重要问题。本书基于财政分权理论、公共产品理论、国家治理理论、效率公平理论、委托代理理论等相关理论，重点围绕着转移支付对基本公共服务供给的影响机理与财政转移支付激励机制的理论构建进行了系统分析，并建立相关的计量模型实证研究了重庆市转移支付与其县域基本公共服务供给之间的关系。本书的主要研究具体包括以下问题：第一，转移支付规模分别与县域基本公共服务的供给水平、供给结构之间存在着怎样的关系；第二，在进一步考虑财政纵向失衡效应、经济赶超效应以及二者的综合效应影响下，转移支付规模的扩大对县级政府基本公共服务供给又有着怎样的影响效果；第三，不同类型的转移支付对县级政府基本公共服务供给存在着怎样的效果差异，对于重庆市不同的区域而言，各类型转移支付又分别表现出怎样的作用效果；第四，转移支付结构的变化对县级政府基本公共服务供给有着怎样的影响效果；第五，如何构建重庆市以下财政转移支付的激励机制，其基本原则与主要内容的设计应重点包含哪些方面。

第二节　财政转移支付与公共产品的相关基础理论

一、财政分权理论

财政分权是指通过相应的法律制度明确联邦政府（中央政府）和地方政府的事权与支出责任的划分，赋予地方政府一定的财政自主权，使其可以根据自身的实际情况对财税收入和财政支出规模与结构进行调整，进而实现公共资源的优化配置（贾康等，2009；周业安、章泉，2008；边维慧、李自兴，2008）。20 世纪以来，伴随着世界各国对财政分权的探索，财政分权实践的发展带动了财政分权理论的演绎。财政分权的理论研究主要经历了第一代财政分权和第二代财政分权。其中，以 Oates、Tiebout、Musgrave、Hayek 和 Stigler 等人为代表的第一代财政分权理论（又称经典财政理论）主要从联邦政府与地方政府间的信息不对称、辖区内居民的偏好识别、“用脚投票”机制所引发的地方政府间竞争行为以及公共产品外溢性等方面论证了政府间适度分权对促进资源优化配置、提高资源的使用效率具有重要作用，强调了将财政收支权力下放给地方政府的重要性与必要性。但遗憾的是，第一代财政分权理论忽视了地方官员行为偏好的影响，把地方政府默认成为是公共利益的守护者，即会为辖区内居民无条件地追求社会福利最大化。以 Weingast、Montinola 和钱颖一等人为代表的第二代财政分权理论在沿袭第一代财政分权理论的基础上，把地方政府假设为是理性经济人，强调地方政府作为中央政府的代理人也是追求自身利益最大化的，并将激励相容理论、委托代理理论等嵌入到了分析框架中，充分考虑了财政激励对地方官员行为的影响。第二代财政分权理论的核心观点认为，地方官员会在辖区居民的福利诉求与自身的经济、政治利益最大化之间寻找平衡点，如果缺乏对地方官员的激励约束机制，就极有可能滋生出权力寻租等腐败问题。因此，联邦政府需要根据自己所能察觉和掌握的信息对地方政府进行约束和激励，通过相关的机制设计，促进地方官员的自身利益与辖区内的公众利益尽可能地相容。

二、公共产品理论

对于公共产品或准公共产品的供给而言，在 1954 年 Samuelson 的《公共支出的纯粹理论》中指出，由于公共产品同时具有效用的不可分割性、消费的非竞争性以及受益的非排他性等属性，当某集体或个人需要某种公共产品时，便会刻意地隐藏自己对该公共产品的需求意愿，从而降低或避免承担对公共产品的供给成本，使得市场机制无法完全实现帕累托最优。在此背景下，通过引入政府来对公共产品进行供给，可以有效地解决市场失灵的问题。而在区域性或地方性的公共产品供给过程中，同样可能会存在着上述“搭便车”的行为，只是此时“搭便车”的对象由之前的集体或个人转变成了地方政府。如果完全地由地方政府来提供公共产品并不能够实现对公共产品足够数量水平的供给，并且还会在一定程度上造成效率的损失。由此可见，在地方政府对基本公共服务供给过程中，需要一个拥有更高权力的政府机构（即中央政府和联邦政府）从总体层面上协调各地方政府对公共产品的供给，运用财政转移支付等宏观调控工具，并配合税收补贴等其他成本分担机制来纠正区域性或地方性公共产品的外部性问题（Oates，1999）。明确公共财政支出对公共产品或准公共产品供给的重要地位，让财政转移支付合理替代向公众筹集资金的方式，增强地方政府对“收益外溢性”公共产品的供给效果，进而达到维持社会稳定的公共产品数量水平，提高公共产品供给效率，促进地方资源优化配置等目的。

三、国家治理理论

党的十八届三中全会上明确提出要将财政作为“国家治理的基础和重要支柱”以及“加快建立现代财政制度”，这突显了财政在国家治理体系中的重要地位，意味着国家财政与国家治理之间的关系得到了重塑（吕冰洋，2018）。虽然西方国家主流的财政理论主要是基于政治多元主义的立场，没有将“国家自主性”研究纳入到理论分析框架内（Salamon，2001；吉玛、荣迪内利，2013），依旧否认国家对财政活动的决定性作用，然而在实际的操作层面，却根本无法忽略“国家”和“国情”的影响。自新中国成立以来，国家自上而下地推动着政治、经济与社会等方面的改革与发展，这已是研究中国问题的学者们的共识（刘晓路、郭庆旺，2017；陈明明，2014）。作为衔接财政与国家的本质，国家治理理论来源于财政的分配属性，这在某种程度上与“国家分配论”相吻合（叶子荣、段龙龙，2017）。从内容核心上看，国家治理理论认同了马克思主义国家学说，强调财政是国家履行其职能服务的重要保障，坚定了财政与国家之间互相依存的关系（高培勇，2015）；从适用环境上看，不同于国家分配论以中国计划经济为制度背景，要求财政必须服务于计划经济体制，过分强调财政的分配功能。国家治理理论以中国特色的社会主义市场经济环境为背景，坚持公有制为基础、国有经济的主导地位和作用，将财政作为实现国家稳定运行的经济基础和国家治理的重要支柱（叶子荣、段龙龙，2017）。

由此可见，要构建现代化国家治理体系就必须建立社会主义中国特色现代财政制度作为基础保障（高培勇，2014）。中国特色现代财政制度不仅要像西方国家现代财政制度的具有“法治、透明、高效、稳固”等特征，还要能够适应中国国情，妥善处理好政府与市场、各级政府间的财政关系，尤其是中央政府与地方政府之间的财政关系，设计出能够充分调动各级地方政府积极性的财政管理体制（楼继伟，2014）。在公共事务方面要调动积极性就必须处理好对“公平”与“效率”之间关系的理解和处理。分别通过深化分税制改革和深入推进央地政府间事权和支出责任的划分，进一步提升中央政府的宏观调控能力、理顺各级政府间的财政关系（刘尚希，2013）。在以实现地区基本公共服务均等化为目标导向下，通过完善财政转移支付制度，优化财政支出结构，加大对公共卫生、基础教育、社会保障服务等民生领域的公共支出，在保障对欠发达地区或落后地区基本公共服务供给公平的基础上，强化激励机制，促进发达地区在保证效率的基础上为公平目标多做贡献（吕炜、靳继东，2019）。

四、效率公平理论

公共财政作为经济学中的一个重要范畴，其主要作用在于弥补市场失灵，即对于无法单纯依靠市场机制解决好问题的领域，就需要运用公共财政的方式来筹集必要的资金（余兴厚、尚可文，2010）。在国民收入分配的效率与公平方面，由于初次分配坚持“效率优先”的原则，所以造成了公共资源配置在区域之间、城乡之间、群体之间存在着较大差距，具体内容主要表现在地区科教文卫等公共产品的供给上（谢贞发，2019）。因此，在更加注重社会公平的二次分配过程中，需要通过财政转移支付的手段来缩小公共产品在上述方面的差距，以此来实现公平的目标。另外，公共产品的非排他性和非竞争性等属性特征也暗含了社会公平的本意，即全体社会成员都拥有均等享受基本公共服务的权利。由此可见，公共财政的本质是以公平目标为导向的，或者说是以“公平优先、兼顾效率”为目标。

目前我国地方政府在基本公共服务领域存在着供给的积极性不高、供给的总量不足等问题，从另外一个角度来看就是涉及公平与效率之间的问题。其中，地方政府对基本公共服务供给的积极性不高主要是因为在财政转移支付的制度设计中缺乏激励机制，使得对财政转移支付资金产生过度的依赖（傅志华、李三秀，2007），造成财政资金的“公共池塘”问题，未能充分调动地方政府的积极性。而地方政府对基本公共服务供给水平的不足主要是因为财政转移支付资金的分配依据还存在着一定的缺陷，使得财政收支困难或自主财力不足的地方政府（通常是欠发达地区或落后地区）未能获得充足的转移支付资金，进一步加剧了与发达地区基本公共服务水平的差距。因此，要使财政转移支付能够对地方政府基本公共服务供给产生激励效应，就必须处理好转移支付资金在公平与效率间的关系。

1. 公平理论

柏拉图在其《理想国》首次提到正义论，认为公平正义是指每个公民各司其职、各守其序和各得其所。到了18世纪，以Adam Smith公平为代表的经济自由主义将公平界定为是一种在法律面前的平等和在机会面前的平等。到了19世纪，以约翰·穆勒为代表的功利主义指出，只有同时注重提高生产效率和维护社会公平才能达到增进社会的整体福利水平的目的。到了20世纪，罗尔斯提出了著名的公正正义理论，他将公平分为“均等性”公平和“非均等性”公平两类，前者的核心理念强调的是平等地对待不同者，如在法律面前人人平等，即平等性原则；而后者的核心理念强调的是不平等地对待不同者，如多劳多得、少劳少得，即差别性原则。

基本公共服务均等化体现了在公共产品（公共服务）分配的公平性原则，它要求中央政府在对各地方政府民生建设的资金支持时必须要有“一视同仁”的制度安排（张恒龙、陈宪，2007）。这里需要强调的是，均等化不等于平均化，均等化的内涵是可以存在一定的水平差距，但这差距必须控制在合理的、可以接受的范围内（朱柏铭，2008）。强调了公民在享受公共服务方面的基本权利，不会因为其贫富、社会地位、居住地区等原因而丧失对公共服务享受的权利。因此，公平理论是积极构建以基本公共服务供给激励为导向的财政转移支付制度的一个重要理论基础。

2. 效率理论

在经济学范畴中效率是指资源的有效配置和有效使用（王春福，2005；李松龄、栾晓平，2003）。Adam Smith认为在“看不见的手”的作用下，厂商在追求利润最大化时可以实现效率的最优化。瓦尔拉斯和庇古等人基于边际效用理论提出了资源最优配置的标准。随后，帕累托提出了帕累托效率（又称帕累托最优）的概念：即在某种资源配置下，不再存在另外的可行方案，能够让所有人的境况至少和其在初始时的境况一样好，并且至少有一个人的境况还要比其初始时的境况更好。帕累托认为这个状态是最有效率的资源配置。到了20世纪，以道格拉斯·诺斯为代表的新制度主义学派围绕着效率问题展开了深入研究，强调了制度设计对促进效率提高的重要性。

因此，政府在基本公共服务供给时也要考虑到效率问题，只有科学合理地划分各级政府的事权与支出责任，积极促进不同层次、不同地区政府事权与财权的相匹配，才能确保地方政府在供给属于其事权范围内的基本公共服务的效率。如果一味地追求各地区间无差别的基本公共服务水平，则会严重损害经济发达地区在基本公共服务供给以及税收等方面的积极性，进而付出效率下降的代价，最终也会对欠发达地区或落后地区基本公共服务水平的提高产生负向影响。鉴于此，财政转移支付制度的设计也要处理好公平与效率之间的关系，以公平来促进效率、以效率来促进公平。既要注重对部分转移支付资金进行竞争性分配，以此提高财政资金的配置效率，又要注重对欠发达地区或落后地区的扶持，以此维持财政资金对各地区的公平性。

五、委托代理理论

作为制度经济学中契约理论的重要内容，委托代理理论常被经济学家们用于解决企业内部的信息不对称或激励问题（郭本海等，2013；李春红等，2014）。委托代理理论认为，由于任务委托人与任务代理人均作为理性经济人，其行为策略都会选择追求自身利益最大化，因此便不可避免地出现二者在目标利益上发生冲突（Ross，1973）。任务委托人通过激励机制，确保任务代理人积极遵循任务委托人的行为意志，但是由于信息不对称的存在，使得委托人无法对代理人的行为进行有效监督，很大程度上增加了代理人为追求自身利益而背离委托人目标意愿的可能性，进而造成“逆向选择”与“道德风险”的发生（Eisenhardt，1989）。可见，委托代理理论要解决的核心问题就是在信息不对称与委托代理双方在自身利益发生冲突的情况下，通过良好的契约设计对任务代理人产生理想的激励效果（Sappington，1991）。鉴于此，如何充分考虑到代理人的激励相容约束和参与约束便是激励契约设计的关键。其中，激励相容约束是指委托人通过相关的机制设计，约束、激励代理人选择有利于委托人的行动策略，能够同时实现其自身以及委托人利益的最大化（高燕妮，2009）；参与约束是指委托人的契约设计必须能够让代理人在参与委托代理契约时的效用大于不参与委托代理契约时的保留效用，避免代理人故意不接受或不遵守委托代理契约（吴忠、王晓洒，2019）。

依据上述分析，中央政府（联邦政府）或相关的权力机关是公共产品供给的任务委托人，地方政府或相关的政府机构是公共产品供给的任务代理人。代理人通过接受委托人的任务委托和权力授予，为地区提供相应的公共产品和服务，以满足辖区内居民的公共需要，进而增进社会的福利水平，于是便形成了“中央政府——地方政府”的委托代理链条（李森等，2020；詹新宇、胡洪曙，2015）。虽然上述委托代理双方在最终的目标与利益方面具有高度的一致性，即都旨在为努力提高地方公共产品供给水平，促进地区间基本公共服务均等化发展。但是在财政转移支付过程中，各级政府在全局利益与局部利益方面、长期目标与短期目标方面通常会出现不同程度上的矛盾冲突。下级政府为了追求自身利益最大化不惜与上级政府讨价还价甚至公开“叫板”，导致地方政府为了获取更多的转移支付资金而采取消极的公共产品供给策略。此外，在缺乏监督机制的情况下，地方政府很有可能对转移支付资金进行挪用或挤占（王宇昕等，2019）。因此，在此过程中需要通过设计有效的激励机制与监督机制，以此来维护和增强代理人对委托人的权威与意志。

张维迎（2015）研究表明，委托代理链条的长度与委托人和代理人之间的信息不对称程度成正比，与委托人对代理人的监督效果成反比。从我国的现实情况来看，地方政府同时处于两条委托代理链之中：一方面，作为中央政府的任务代理人，地方政府是国家行政机关在地方的合法“代言人”，具有代表国家的角色；另一方面，作为地方权力的执行机关，地方政府是地方公共利益的代表人，具有代表地区公众的角色（马骁、宋媛，2014；魏红英，2005）。其中，第一条委托代理链为纵向委托代理链，具有链条长、信息不对称程度较高等特点。在中国政治集权的财政分权体制下，上级政府无论是在政治方面还是行政方面对下级政府都享有绝对的权威，对下级政府官员的政绩考核与人事任免均具有重要的决定作用（田发、周琛影，2007）。上级政府通过增加转移支付规模等经济方式以及采用官员晋升等政治手段激励下级政府提高对基本公共服务供给的努力程度，并通过建立反馈机制考察下级政府民生改善的成效。对于积极改善民生建设的下级政府予以一定的奖励，而对于消极改善民生建设的下级政府则予以一定的惩罚，这成为了当前我国政府在基本公共服务领域委托代理关系的基本内容。

第三节　国内外文献综述

一、转移支付对地区财力均等化的影响

考虑到地区基本公共服务的供给水平很大程度上依赖于地方政府的财力状况，所以，多数学者认为在研究转移支付对基本公共服务均等化效应时，首先必须探究转移支付对地方财力均等化的影响，即在上级财政转移支付前后地区间财力的不平等程度是否得到了改善（Boadway & Shah，2007；Shah，2006；Boadway，2004）。鉴于此，大量学者针对上述主题展开了深入的探究，得到了不尽相同的研究结果。

其中，部分学者研究发现财政转移支付规模的扩大能促进地区间财力的均等化。比如，曹俊文和罗良清（2006）运用 1996 ~ 2003 年我国省级面板数据，通过比较人均财政收支差异，发现转移支付对于均衡地区间财力水平的差异具有积极的作用。刘亮（2006）使用变异系数测度了 1997 ~ 2003 年在中央财政转移支付前后各地区财力差异程度，发现转移支付对调节地区间财政差距具有积极作用。李祥云和徐淑丽（2010）利用 2000 ~ 2010 年我国省级面板数据检验了转移支付的平衡效应，结果发现，财政转移支付的纵向平衡效果非常明显，相比而言，横向平衡效果则较为有限。曾芳芳（2013）基于统筹城乡发展的视角，分析了财政转移支付对重庆“一圈两翼”地区在 2006 ~ 2011 年均等化的作用效果，结果发现转移支付对缩小地区间财力差距具有积极作用。周琛影（2013）基于 2000 ~ 2011 年上海市 18 个区县的财政数据，运用泰尔指数分别测算了各区县间在转移支付前后的财力差异，发现转移支付具有促进县域总体财力均等化的效果。戴平生和陈壮（2015）创建了一种结构分解方法将

转移支付均等化效应分解为水平效应与垂直效应两个部分，运用2001～2012年我国省域数据进行实证探究，研究结果发现转移支付对地方财力均等化的效果明显。王晨和马海涛（2016）基于2007～2014年江苏省以下的转移支付数据，运用基尼系数、变异系数等指标进行相关测算，发现转移支付对促进县际间财力的均等化具有积极作用。

然而，在另外部分学者的研究中却得到了与上述截然相反的结论。其中，马骏（1997）首先通过理论分析，并利用1994年中国的财政数据进行实证检验，得到了当时的财政转移支付体制不具有二次分配功能的结论。Tsui（2005）运用基尼系数对1994～2000年中国县级财力均等化程度进行测算，发现基尼系数值呈现出逐年递增的变化趋势，判定转移支付规模的扩大加剧了财力的不均等化程度。尹恒等（2007）基于1993～2003年我国2000余个县级政府的财政数据，发现财政转移支付不但没有对县级财力均等化产生促进作用，反而还进一步拉大了地区间的财力差距，其中，税收返还和专项补助对财力非均等化的效应尤为显著。张恒龙和陈宪（2007）通过构建地方政府财政努力对转移支付的反应函数，并运用1994～2003年省级面板数据进行实证检验，结果发现当时的转移支付制度不仅不利于提升地方政府的努力程度，导致了财政“养懒汉”的行为，而且也没有有效地促进地区间财力的均等化。董再平和凌荣安（2008）分别分析了税收返还、专项转移支付和一般性转移支付对财力均等化的影响，发现在当时的财政转移支付中，由于一般性转移支付的比重太低，且专项转移支付的分配设计不合理等因素，转移支付横向均衡的政策目标未能够实现。史桂芬（2009）分别分析我国纵向和横向的财力分配情况，发现现行的转移支付制度整体上拉大了地区间的财力差距，究其原因在于转移支付的制度设计还缺乏科学性和规范性。赵桂芝和寇铁军（2012）围绕着我国财政转移支付对省际横向财力失衡的调节效应展开了详细分析，发现中央转移支付对矫正和平衡横向财力失衡的作用较为有限，并严重加剧了区域内部的财力失衡。贾晓俊和岳希明（2012）基于1999～2009年省级面板数据，实证分析了均衡性转移支付的资金分配效果，结果显示，财力水平越高的地区获得的人均转移支付资金也就越多，转移支付在某种程度上加深了地区间的财力不均等。陈旭佳（2014）认为由于当时的转移支付制度设计倾向于均衡政府间的财政收入，而缺乏对基本公共服务供给需求和供给成本的考虑，因此，在均衡政府间财政支出方面的效果不佳。

综合学者们的研究来看，由于学者们选择的样本时间跨度不同，研究对象的选取不同，均等化测度的方法存在着一定差异性等诸多复杂原因，造成其对转移支付与地方财力均等化关系的研究结论也不尽相同。

二、转移支付对地区经济发展的影响

转移支付除了能够对地方财力均等化和基本公共服务供给产生直接的作用外，还可以通过影响地区的经济发展，提升地方政府的“造血能力”，进而对地方财力均等化和基本公共服务供给产生间接的作用（马光荣等，2016）。围绕着转移支付对地区经济发展的影响，学者们展开了全面深入的研究。

目前，学术界关于转移支付对经济发展的影响，主要是从经济的数量增长层面进行研究。其中，一部分学者认为转移支付对经济增长具有正向作用，可以有效缩小地区间的经济发展差距。刘凤伟（2007）利用1994～2005年甘肃省的县级数据，实证探究了转移支付对缩小地区间经济发展差距的影响，研究发现适当的转移支付政策能够同时兼顾起促进地区经济增长和缩小地区间经济发展差距的双重目标。张恒龙和秦鹏亮（2011）基于1994～2006年我国省级面板数据，通过构建计量模型实证检验了中央转移支付与省际经济收敛之间的关系，结果显示，我国的转移支付制度在促进地区经济增长和缩小地区间经济差距均具有积极影响，其中财力性转移支付的作用效果尤为显著。陈斐和张延峰（2015）利用1996～2012年我国省级面板数据，探讨了中央转移支付对区域经济增长的影响，研究发现转移支付能够显著地促进区域经济的增长，其中对欠发达地区的作用效果要明显高于对全国的总体水平。然而，另一部分学者则持相反的观点。Garcia－Mila和McGuire等（2001）考察了20世纪80年代中央政府与欧盟对西班牙17个地区转移支付政策效果，通过比较实施政策前后的经济绩效，发现转移支付并未起到改善落后地区经济状况的作用。马拴友和于红霞（2003）基于1995～2000年我国省级面板数据，实证探究了转移支付对地区经济收敛的影响，研究发现转移支付总体上未能实现促进区域间经济协调发展的政策目的。Rodríguez - Pos 和 Fratesi（2004）利用 1989 ~ 1999 年欧盟 152 个地区的面板数据研究发现，欧盟的转移支付资金对经济增长的效果是较为有限的。郭庆旺等（2009）通过建立多级政府框架下的内生增长模型，实证检验了我国中央财政转移支付对各地区的经济增长效应，结果显示在 2002 年分税制改革后，转移支付规模的扩大对地区经济的增长表现出明显的抑制作用。

近年来，随着研究的不断深入，学者们逐渐开始将研究视角从经济的数量增长转向经济的质量增长。詹新宇和崔培培（2016）基于“五大发展理念”，利用 2000 ~ 2014 年我国省级面板数据，实证探讨了转移支付对地区经济增长质量的影响，研究发现转移支付对经济增长质量总体上产生了负向影响；从各分类指数来看，转移支付的作用效果不尽相同，其中对协调和共享的效应为正，而对创新、绿色和开放的效应为负。高菠阳等（2018）选取了包含经济类和社会类的相关指标，通过构建县域社会经济发展的评价体系对 2002 ~ 2009 年我国 1634 个县级市的社会经济综合发展水平进行测度，并利用计量模型实证探究了财政转移支付对社会经济发展的效应，研究发现转移支付总体上并没有有效缩小地区间的发展差距。乔俊峰和张春雷（2019）通过构建共享发展指数，实证检验了 2004 ~ 2015 年期间转移支付对共享发展的影响效应，研究表明转移支付对共享发展具有积极影响，但其促进作用会随着转移支付规模的扩大而逐渐减弱。

综合现有研究来看，学者们围绕着转移支付对促进地区经济增长或缩小地区间经济发展差距展开了丰富的探讨，得到了不同的结论。此外，随着新发展理念的持续推进，越来越多的学者开始关注转移支付对经济质量增长的影响。

三、转移支付对基本公共服务均等化的影响

伴随着财政转移支付制度的持续推进，学者们发现由于各地区在基本公共服务供给成本上存在着一定的差异性，所以相同的地方财力水平并不一定会带来相等的基本公共服务水平，即地区间财力的均等化并不意味着基本公共服务均等化（尹恒、朱虹，2009；岳军，2009）。鉴于此，学者们便将研究直接转

向财政转移支付对基本公共服务均等化的影响。

在转移支付对省域或县域地区基本公共服务均等化的研究方面，郭庆旺和贾俊雪（2008）比较分析了在分税制前后（分税制前：1990～1994 年；分税制后：2001～2005 年）中央财政转移支付对地方政府基本公共服务均等化的影响，研究结果发现转移支付规模的扩大总体上未能有效地促进地区间基本公共服务均等化水平，从分类基本公共服务来看，虽然促进了公共医疗卫生的均等化，但却未能促进公共交通基础设施服务和公共基础教育服务的均等化。曾明等（2014）基于 1994～2012 年全国 31 个省份的面板数据，在充分考虑各省份支出成本差异性的基础上，选用地区的财政自给能力作为门槛变量，构建计量模型实证探讨了转移支付与基本公共服务均等化的关系，发现转移支付能有效促进基本公共服务均等化。王瑞民和陶然（2017）基于 1994～2009 年县级数据研究发现，我国财政转移支付的分配效应更多地表现为促进财政供养人口财力均等化，而对辖区内人口公共服务的均等化的作用效果则相当有限，尤其是专项转移支付，总体上加剧了地区间基本公共服务不均等化程度。胡斌和毛艳华（2018）基于 CGSS2013 调查数据，并匹配与其嵌套的 76 个城市数据，分别探讨了转移支付的规模与结构对基本公共服务均等化的影响，研究结果表明，转移支付规模的扩大对基本公共服务均等化具有积极作用；各类型转移支付对基本公共服务均等化的影响具有明显的差异性，其中，一般性转移支付具有积极作用，而税收返还和专项转移支付的作用效果并不明显。乔俊峰和陈荣汾（2019）利用 2000～2007 年县级面板数据，以国定贫困县划分的政策实验进行模糊断点回归，实证结果显示，每一单位的专项转移支付和一般性转移支付的增加能分别促进基本公共服务均等化指数上升 1.673 个单位和 0.552 个单位，但相较于专项转移支付而言，一般性转移支付的作用效果在减弱。

在转移支付对城乡地区基本公共服务均等化的研究方面，解垩（2007）基于 1995～2004 年我国省级面板数据，分别探讨了不同类型的转移支付与城乡公共产品均等化之间的关系，研究发现税收返还扩大了城乡公共产品的差距，而专项转移支付与财力性转移支付对缩小城乡公共产品差距的作用较为有限。李平和陈萍（2014）研究发现，我国财政支出政策具有较为明显的城市偏向性特征，在一定程度上扩大了城乡间公共服务的差距。缪小林等（2017）

通过构建转移支付对城乡公共服务支出的决策函数，并利用 1996～2014 年我国 26 个省份的数据进行实证检验，研究表明，一般性转移支付和专项转移支付均对城乡公共服务差距的缩小产生了抑制作用，其中，经济赶超水平越高的地区其抑制效应越强，这主要是由于分权体制下地方政府城乡支出理性偏向所造成的。

综合学者们的研究来看，在分税制改革前和分税制初期，转移支付规模的扩大不仅没有促进地区间基本公共服务均等化，还拉大了地区间基本公共服务水平的差距，但随着近年来财政转移支付制度的逐步完善，对基本公共服务均等化的作用日益显现；从城乡基本公共服务均等化层面来看，在地方政府城乡支出理性偏向的影响下，转移支付总体上抑制了城乡公共服务差距的缩小；不同类型的转移支付对促进基本公共服务均等化的作用效果具有明显的差异性。

四、转移支付对地方政府财政行为的影响

财政转移支付对地区基本公共服务供给的影响，关键在于转移支付能否改变地方政府财政支出行为的选择。围绕着转移支付与地方政府财政支出行为之间的关系，学者们对此展开了大量的研究，归纳来看，主要集中在对地方政府财政支出规模与支出结构影响的两个方面。

1. 转移支付对地方财政支出规模的影响

围绕着转移支付是否对地方的财政支出具有“粘蝇纸”效应[①]，在以 Bradford 和 Oates（1971）、Bailey 和 Connolly（1998）为代表的学者提出了“等价性定理”，该理论认为无条件的转移支付的作用效果等价于一定量的减税，二者对地方公共财政支出的影响是相同的。但是，在大量的经验研究中发现上述的研究结论并不成立（Hines & Thaler，1995；Brennan & Pincus，1996；Levaggi & Zanola，2003；Acosta，2010）。其中，在国外的相关研究中，Deller 和 Maher（2005）通过使用美国威斯康星州的地方财政数据，分别比较了转移

① 参照 Hines 和 Thaler（1995）等学者对“粘蝇纸”效应（Flying－paper Effect）的解释：相较于地方政府自有收入的增加，地方政府以财政转移支付形式获得的相等数量收入的增加，可以带来更多的地方财政支出。

支付和税收返还对地方10种财政支出的影响，研究结果发现有8种支出存在着“粘蝇纸”效应。Karnik和Lalvani（2008）基于印度243个地方政府的财政数据发现，虽然地方政府在行政费用支出方面不具有“粘蝇纸”效应，但对于广义上的公共支出领域，“粘蝇纸”效应是明显存在的。

在国内的相关研究中，李永友和沈玉平（2009）通过构建大规模转移支付对地方公共支出的决策函数，并基于1995～2006年省级面板数据进行实证检验，研究发现转移支付对财政支出的决策反应要明显强于税收收入。范子英和张军（2010）运用我国省级面板数据检验发现，分税制改革后“粘蝇纸”效应愈发明显，其中，每一单位转移支付水平的增加可以促进地方政府财政支出水平上升0.6—1.3个单位，而每一单位GDP或者居民收入水平的增长仅能使地方政府财政支出水平上升0.1—0.2个单位。吕炜和赵佳佳（2015）通过使用面板联立方程模型，对我国1998～2012年中央政府与省级政府间的转移支付进行实证检验，研究结果发现对转移支付的依存度越高，越容易引发“粘蝇纸”效应，并造成财政资金使用效率的下降，其中，西部地区和东北地区的“粘蝇纸”效应尤为明显。刘怡和刘维刚（2015）基于我国2002～2009年的县级面板数据，分别计算了转移支付对支出规模的综合效应与替代效应，测算结果显示，西部地区县市的“粘蝇纸”效应较为突出。李丹和张侠（2015）选取了国定扶贫县为研究对象，通过理论模型和实证分析探究了我国贫困地区是否存在“粘蝇纸”效应，研究结果表明，无论是从贫困县的整体样本还是从“老、少、边、穷”四种分类样本的实证结果来看，均存在着显著的“粘蝇纸”效应，即贫困地区的地方政府并没有将转移支付看待成自身财政收入那样珍惜。余珊和丁忠民（2008）聚焦于财政转移支付中的一般性转移支付，利用1996～2006年地方政府的财政数据，证明了属于无条件补助的一般性转移支付也存在着“粘蝇纸”效应。

针对上述“粘蝇纸”效应的发现，Burkhead和Buchanan（1961）、Wagner（1976）、Turnbull（1998）等学者提出了财政幻觉的解释，认为这是由于纳税人对转移支付产生了错误的认识，误以为转移支付是一种政府间的无偿补助，一定程度上可以降低公共产品的供给成本，从而支持政府更多的财政支出。随后，Sausgruber和Tyran（2005）、Sanandaji和Wallace（2011）等国外学者相继从不同国家和地区层面证实了财政幻觉会显著地刺激纳税人的公共需求，扭曲纳税人对公共产品的偏好，进而造成政府财政支出规模的扩张。与此同时，我国部分学者也从财政幻觉的视角对政府财政支出规模膨胀的现象展开了解释，如刘金全（2004）指出，由于公众对公共产品价格的信息掌握不足，财政幻觉致使公共财政支出超过了正常的均衡水平，从而对社会资源的配置效率产生了负向影响。徐诗举（2009）进一步将财政幻觉分为财政乐观幻觉和财政悲观幻觉两类，认为乐观幻觉扩大了公共支出规模和公共服务的供给水平，而悲观幻觉则会降低公共支出规模和公共服务的供给水平。此外，以 Filimon 等（1982）、Worthington（1995）、Bae 和 Feiock（2004）为代表的学者们提出了垄断性政府假说，该理论认为在信息不对称情况下，地方政府会刻意对纳税人隐瞒转移支付的相关信息，预算最大化动机会刺激地方官员制造出更多的公共服务，地区财政支出的规模也就随之扩大。Dougan 和 Kenyon（1988）、Persson 和 Tabellin（2000）、Kotsogiannis 和 Schwager（2008）等学者则从集团利益的视角展开分析，提出了压力集团假说，该理论认为利益集团的游说、投票会左右地方官员的公共支出决策，迫使地方政府将财政转移支付资金用于集团所青睐的项目支出上，这时转移支付对公共支出的影响就远大于自主税收收入对公共支出的影响。另外，Harberger（1962）、Hamilton（1962）、Winer（1983）等学者提出了税收成本假说，该理论认为如果地方政府通过征税的方式来筹集财政资金会造成社会福利损失（或称为无谓损失），这是因为存在着征税的筹资成本；而如果通过转移支付的方式作为地方政府筹资来源时，可以避免这种无谓损失，进而促进地方政府增加公共支出水平。

2. 转移支付对地方财政支出结构的影响

转移支付除了能够显著地扩大地方政府的财政支出规模之外，对地方财政支出结构也会产生重要的影响。围绕着转移支付对地方财政支出结构偏向性的影响，以 Demurger（2001）、乔宝云等（2005）、平新乔和白洁（2006）、傅勇和张晏（2007）为代表的学者们研究发现，在中国式的财政分权体制下，地方财政支出结构呈现出明显的“重经济建设，轻民生改善”的扭曲状况，即相较于科教文卫等软公共产品而言，地方政府更愿意把转移支付资金投资于基础设施建设等生产性领域，这某种程度上与上级政府软公共产品的偏好趋向相矛盾。

近年来，不同学者也相继在实证方面做了大量的探索。王文剑（2010）运用1996～2005年我国省级面板数据研究发现，在官员晋升竞争和地方财政竞争的双重压力下，转移支付资金将会被更偏向于生产性建设支出。王贤彬等（2013）通过采用各省级政府的长官数据，从地方官员的视角对财政支出行为进行了识别和分析，研究结果显示，地方官员的学历差异导致了各地区财政支出结构的不同，高学历的官员更倾向于提高科教文卫支出的占比。李丹和刘小川（2014）以241个民族扶贫县为研究对象，实证考察了转移支付对县级财政支出行为的影响，得到了不同的结果，发现地方政府更倾向于将转移支付资金用于行政管理支出以及上级政府主要考核的教育服务支出上，而较少用于民众关心的社会保障和能够促进经济发展的基本建设上，造成民族扶贫县这种“保运转”“保吃饭”财政支出的主要原因可能是其企图保住“贫困县”帽子而放弃发展。亓寿伟和胡洪曙（2015）运用2005～2013年我国29个省份的面板数据进行实证探究，结果显示，转移支付对地方政府软公共产品供给具有一定时间的滞后性，即需要更长的时间才能实现在民生福利性领域的投入产出目标，并基于此研究结果为深化转移支付制度改革提供了经验证据。肖育才和谢芬（2016）利用四川省138个县（市）的面板数据进行实证分析，研究发现，虽然在我国分税制改革后地方政府的财政自主权大幅提升，但在地方官员自身利益需求的驱动下，财政转移支付资金被更多地投入到经济领域而非基本公共服务的供给中。李英东和刘涛（2017）通过理论分析并利用我国21个大中型城市数据发现，偏向于生产性的公共支出结构严重的抑制了福利性公共支出的提升，造成了流动人口进入到城市公共福利体系的难度增加。郑垚和孙玉栋（2018）研究发现，仅仅靠转移支付无法改变地方政府“重建设、轻民生”的支出偏好，还需要注重于提高地方的财政自给能力。乔俊峰和张春雷（2019）基于2004～2015年全国30个省份的实证发现，转移支付对地方政府支出偏好存在着明显的区域差异性，其中，转移支付恶化了西部、中部地区的政府支出偏好，而对东部地区政府支出偏好则表现出矫正作用；此外，专项转移支付和一般性转移支付的作用效果也不尽相同。

对于上述地方财政支出结构偏向性的发现，主要可以围绕着以下三个理论进行阐释。首先，是以 Keen 和 Marchand（1997）为代表的学者们提出的资本流动假说，该理论认为各地方政府在财政竞争中为争取更多的流动资本，会加大对生产性公共产品的投资力度。其实，是以 Qian 和 Xu（1993）、Montinola 和 Weingast（1995）等为代表的学者们提出的维护市场型联邦主义假说，该理论主要是针对中国的发展经验，认为由于基础设施建设等生产性公共产品能够直接促进经济增长进而实现财政收入的增加，因此，在提高地方财政收入的目标驱动下，地方政府便会过分地投资生产性公共产品，造成一般公共服务相对不足。另外，是以 Brender 和 Drazen（2005）、周黎安（2007）、张军（2007）等为代表的学者们提出的官员晋升锦标赛假说，该理论是从地方官员晋升的视角展开分析，认为由于地方官员的任期有限，因此出于任期内的政绩考虑，会更加青睐投资于在短期内能够促进地区经济水平明显增长的“资源密集型”工程，而基础设施建设等生产性公共产品通常具备这个条件。

综合上述研究来看，在财政支出规模方面，转移支付具有“粘蝇纸”效应已达成了学者们的共识，随着转移支付规模的扩大，地方财政支出规模愈发膨胀；在财政支出结构方面，在中国式的财政分权体制下，地方政府在官员晋升竞争和地方财政竞争的双重压力下，政府财政支出行为表现出了生产性公共产品偏向的特点，这在一定程度上造成了财政支出结构的扭曲。

五、研究评述

综合现有研究成果来看，国内外学者围绕着转移支付对地区间财力均等化的影响、转移支付对地区经济发展的影响、转移支付对地区间基本公共服务均等化的影响、转移支付对地方政府财政支出行为的影响等方面展开了大量的理论分析和实证研究，取得了较为丰硕的研究成果，但笔者认为针对以下几个方面的研究还相对较少，且研究也不够深入：

第一，学者们围绕着转移支付对基本公共服务供给的研究主要局限于央地政府之间（国外研究则是联邦政府与州政府之间），而较少针对省以下的各级政府。作为辖区内大部分基本公共服务供给的责任主体，县级政府是财政转移支付资金最后的落脚点，同时也是在分权体制下财权与事权失配最为严重的行政层级。鉴于此，完善省以下的转移支付制度是落实财政资源优化配置、提高基本公共服务供给水平的有效途径。

第二，现有的多数文献仅从理论层面分析或判断了地区间财政竞争或官员晋升竞争对转移支付资金的影响关系，而较少从实证方面来进行检验，涉及二者对转移支付的综合影响研究就更为罕见。此外，多数研究主要是围绕着全国各省份之间的竞争进行展开，而对于欠发达地区或落后地区而言，县级政府间财政竞争或官员晋升对转移支付资金影响的研究相对不足。

第三，多数学者只是从财政转移支付的总规模或者是从某特定类型的转移支付的视角来探究转移支付与地区基本公共服务供给之间的关系，而涉及转移支付规模、转移支付类型以及转移支付结构对基本公共服务供给的系统性研究还很少，且也不够深入。

本章小结

本章主要对本书研究的核心概念与内涵进行了相关界定、介绍了本书研究的相关理论、梳理了国内外相关的研究现状。其中，概念与内涵界定主要是针对财政转移支付和基本公共服务两方面内容；理论基础包含财政分权理论、公共产品理论、国家治理理论、公平效率理论以及委托—代理理论；国内外相关文献回顾主要是围绕着转移支付对地方财力均等化的影响、转移支付对地区经济发展的影响、转移支付对基本公共服务均等化的影响以及转移支付对地方财政支出行为的影响四个方面展开，并在此基础上做了简要的研究评述。

第二章

转移支付对基本公共服务供给激励的内在逻辑

本章节基于第一章第一、第二节的理论基础以及文献综述的基础上，围绕着转移支付对基本公共服务供给的影响机理与转移支付激励机制的理论构建进行了系统性分析，建立了本书的理论研究框架，为第四章、第五章的实证分析以及第六章重庆市财政转移支付激励机制的构建设计奠定了理论基础。

第一节　财政分权体制下基本公共服务供给的理论分析

一、财政分权对地方政府基本公共服务的供给效应

在财政分权管理体制下，政府对公共产品的供给伴随着各级政府间财政关系的改革而深入推进（田时中，2020）。经典财政分权理论（也称第一代财政分权理论）认为，在财政联邦主义下，地方政府作为中央政府的代理人，由于更加了解当地居民的需求和偏好，具有掌握信息更加完整的优势，对辖区内公共产品的有效供给有较强的激励效果（Hayek，1945；Wright 和 Oates，1974）。在 1956 年 Tiebout 建立的地方财税收入与公共产品供给模型中，人口自由流动所形成的“用脚投票”机制，能准确地表达出居民对公

共产品的选择偏好，促进地方政府间的竞争行为，进而有效地激励地方政府增加公共产品供给，以更好地满足辖区内居民对公共产品的需求。Oates（1973）基于成本与收益的视角比较了财政集权与财政分权的各自优势，强调地区间公共产品偏好的差异程度是决定在集权还是分权决策选择中的重要因素。因此，经典财政分权理论的核心思想是要通过财政分权模式，赋予地方政府一定程度的财政自主权，使得地方政府的公共支出更加符合辖区内居民的公共利益需求，从而达到提高公共产品供给效率，增进辖区内社会福利水平的目的。

但从西方联邦主义国家财政分权改革的实践经验来看，伴随着地方政府对地方经济事务决策权的逐渐增大，地方政府财政收入与支出之间失衡的矛盾将不可避免的出现，进而演绎出财政纵向失衡的问题（Bordignon et al.，2013；Bouton et al.，2008）。虽然部分学者的研究表明在财政分权体制下适度的财政纵向失衡对地区公共支出结构具有优化作用，促进地方政府在公平与效率方面的调整，并有助于中央政府履行宏观调控的职能（Jimenez - Rubio，2011；Boadway，2004）。但是，过度的财政纵向失衡则会造成上下级政府间权责的错配，对地方政府公共产品供给产生诸多的负面效应（孙开、张磊，2019）。多数学者研究发现严重的财政纵向失衡造成地方政府没有足够的财力将辖区内公共产品的支出成本内在化，地方政府为履行基本公共服务职能只能在制度夹缝中寻求利益，进而滋生出财政竞争扭曲、政府规模过度膨胀、地方政府大规模举债以及土地财政等一系列问题（傅勇、张晏，2007；范子英、张军，2013；贾俊雪等，2016；Rodden，2002；Skidmore & Toya，2013）。此外，财政纵向失衡程度过高还会抑制地方政府财政自给能力的提高，造成地方政府对中央政府的“救济预期”产生路径依赖（储德银和迟淑娴，2018），大幅度削弱了地方政府财政支出的灵活性，降低了地方政府的经济效率与行政效率（Beramendi，2003）。因此，合理地对各级政府的权责范围进行清晰界定，实现政府间事权划分的法治化可以激发地方政府对基本公共服务供给的履职，减少因政府职能界定不明确而造成的“越位”或“缺位”现象的发生，有效提高政府的治理能力（Weingast，2009），激励地方政府对基本公共服务供给水平的提升。

二、中国式财政分权对地方政府基本公共服务的供给效应

自 1994 年分税制改革之后，中国式的财政分权应运而生。从制度设计上看，不同于将经济分权与政治分权同步推进的西方联邦主义国家，我国的财政分权是一种财政分权体制与政治集权体制的结合（杜彤伟等，2019；储德银等，2017）。

从财政分权体制来看，中央政府一方面将财权上收，而另一方面将本应属于中央政府的事权下放到地方政府，央地政府之间的财政关系呈现出“财权集中、事权下放”的特点，这种非对称性的分权形成了天然型财力缺口，致使地方政府面临着严峻的财政纵向失衡问题（李伟、燕星池，2014；李齐云、马万里，2012；高玉强、董黎明，2009）。由于我国现行的财政分权体制只是规范了中央政府和省级政府之间的财政关系，而省以下财政关系却没有被明确规范。因此，在各省级政府比照中央与省的财政体制来设定省以下财政体制的现实下，县级基层政府财权和事权不匹配的现象更加严重。县级政府作为辖区内大部分基本公共服务供给的责任主体，财权不仅没有伴随着事权的下放而下沉，反而进一步地上移，再加之自主财政收入的不足，基层政府所面临“活多钱少”的尴尬境地也愈发显著（陈文美、李春根，2018；雷根强等，2015；罗伟卿，2010；贾康、白景明，2002）。

从政治集权体制来看，我国地方官员的政治晋升或任期连任主要是建立在以经济发展为核心的政绩考核体系下，因此 GDP 标尺或 GDP 增长速度便成为地方官员绩效考核的关键性指标（李郇等，2013）。虽然，这一机制为我国经济的快速、持续增长创造了制度激励，但同时却也造成了公共产品供给方面的差强人意（吉富星、鲍曙光，2019）。在地区间激烈的经济横向竞争下，地方官员为了能够在此“经济锦标赛”或“增长竞标赛”中获胜，基于财政竞争的资本流动假说（Keen & Marchand，1997）和维护市场型联邦主义假说（Weingast，1995；Montinola & Weingast，1995）下，势必会更加注重财政支出的短期效应，甚至尝试较为激进的支出政策（Eyraud & Lusinyan，2013）。在此背景下，地方政府会采取机会主义做法，将其财政支出策略性地偏向到生产

性建设领域（如基础设施建设、工业园区建设），以期能够在短中期内迅速地推动地区经济的增长，取得显著的经济治理表现。在这种“资源密集型”建设工程的巨额投资资金需求与地方政府有限的财政预算资金之间又会形成竞争型财力缺口（洪源等，2018）。

总体来看，在中国式的财政分权管理体制下，无论是财政分权体制所造成的天然型财力缺口还是政治集权体制所造成的竞争型财力缺口，均会对地方政府造成巨大的财政压力，愈发加剧各级政府间财政纵向失衡的程度。严重的财政纵向失衡不仅削弱了地方政府基本公共服务的供给能力或激励动力，而且还进一步地加剧了区域间基本公共服务非均等化水平，其所产生的负向效应甚至已经远超过了财政分权自身的正向效应（卢洪友等，2012）。因此，明确划分中央与省级政府间、省级与县级政府间的财权与事权支出责任，积极构建政府间纵向平衡的财政关系，则会有助于激励地方政府基本公共服务供给水平提升和结构优化。

第二节　转移支付对地方政府财政行为的理论分析

一、转移支付对地方政府财政收支的影响

在我国财政分权的体制下，作为链接各级政府间财政关系的重要纽带和衔接财政收入与支出的主要桥梁，转移支付在弥补地方财政收支缺口、矫正地区间财力差距等方面扮演着举足轻重的作用（张凯强，2018；吴强、李楠，2016；汪冲，2014；刘尚希、李敏，2006）。由于地区间经济基础、资源禀赋、区位条件等因素的不同，各地区对转移支付的依赖程度表现出显著的差异性（Yin，2008）。我国西部地区（特别是经济欠发达地区）由于自主财政收入相对不足，对上级政府转移支付的依赖性通常也就越强（李永友、沈玉平，2009）。作为一种上级政府对下级政府的财政援助，转移支付对地方政府所产生的收入效应具有缓解财政纵向失衡、促进地区间财力均等化的直接功效（董再平，2014；Martinezvazquez，2006；Dahlby & Wilson，2003）。然而，转

移支付更重要的目标是在于解决辖区间公共产品的外部性问题、促进地区间基本公共服务均等化发展而仅非地方政府在财力层面上的均等化（Dreyer & Schmid, 2015；贾晓俊等，2015；张侠、刘小川，2015；伏润民等，2012）。因此，如何规范并激励地方政府的财政行为在公共资源的配置决策中优先向基本公共服务领域倾斜，是实现基本公共服务均等化的必要条件。转移支付对地方政府财政行为的影响主要可以围绕着对财政收入和财政支出两个方面来进行分析。

从财政收入方面来看，相较于“授人以渔”通过提高地方政府税收自主权的地方财政治理方式，转移支付则被称为是一种“授人以鱼”的地方财政治理方式（刘勇政等，2019）。虽然增大转移支付规模能够直接缩小、弥补地方财政的收支缺口，可以在一定程度上有效地遏抑地方政府间通过低税负对流动资本的竞争性行为，但也正是这种无成本或较低成本的资金收入使得财政困难地区的地方政府将其作为自主财政收入的替代，进而降低对征税的努力程度（吕冰洋、张凯强，2018；付文林、赵永辉，2016；胡祖铨等，2013）。征税努力程度的下降造成地方政府自主财政收入水平进一步减弱，不仅没有从根本上增强财政的自给能力，反而使得地方政府更加依赖于对上级政府的财政转移支付资金。虽然在政策设计上财政转移支付主要表现出“扶弱”导向的作用功能（王绍光，2002；Bayoumi & Masson，1995），但地方政府这种主动陷入财政困境并对转移支付资金被动的“等、靠、要”行为却与转移支付制度设计的初衷相违背，使得转移支付的政策效果被大幅度削弱。

从财政支出方面来看，转移支付作为一种地方政府的非自有收入，在其使用方面不利于地方政府财政支出成本的内部化，致使地方政府在财政支出上发生道德风险与成本转嫁行为（Jia et al.，2014；贾俊雪等，2010）。具体而言，转移支付资金作为一种公共池资源，这种无成本或较低成本的资金收入会在一定程度上弱化政府的预算约束（Baretti et al.，2002）。因此，当地方政府获得较多的转移支付补助时，地方政府在财政支出行为中的非理性、不谨慎性等问题就会更加凸显，地方官员便会在辖区内居民公共利益诉求与个人职务晋升之间寻求有效的平衡点。地方政府支出规模大幅度地膨胀导致其财政支出收益与成本之间的联系割裂，即地方政府可以通过转移支付这一公共池渠道将其自身的财政支出成本转嫁给上级政府或其他辖区政府，地方政府间这种“搭便车”行为容易造成财政资金的“公地悲剧”（Dahlby，2011；汪冲，2015）。

二、我国转移支付制度设计对地区公共支出的影响

我国真正意义上的财政转移支付制度建立于1994年分税制改革后，整体上经历了从分别以税收返还和专项转移支付为主到一般性转移支付为主的变迁（范子英，2011）。在2002年所得税分改之后，中央政府旨在通过提高其所得税收入分享比例增加财政收入的方式，加大对西部地区的转移支付力度。在此背景下，一般性转移支付和专项转移支付的规模和比重持续增加，取代了倾向于保护地方既得利益的，以税收返还为主的转移支付制度（李丹、裴育，2016；陈思霞、田丹，2013）。作为我国财政转移支付制度中最主要的两种形式，一般性转移支付和专项转移支付由于在资金的分配方式与使用设计上存在着明显的不同，可能会造成地方政府发生财政行为的差异，进而影响到辖区内基本公共服务的供给效果。因此，如何让转移支付最大限度地发挥出“援助之手”的作用，即一方面能够激励地方政府提高对基本公共服务供给努力程度，另一方面又能够尽可能避免让地方政府陷入软预算约束的“激励陷阱”中，科学合理地对财政转移制度进行设计就显得尤为重要。

鉴于专项转移支付的资金使用用途被中央政府明确限制，使得地方政府难以直接改变其支出方向，被部分学者认为可以较好地引导和规范地方政府的财政支出行为，激励地方政府增强在民生领域的建设（吕冰洋等，2018）。但从另一方面来看，由于专项转移支付是上级政府为实现特定政策目标而设计的，所以通常要求下级政府对其专款专用（宋小宁等，2012）。因此在信息不对称的情况下，上级政府往往不如地方政府能够更加准确地了解辖区内居民的真实需求，可能会出现地方政府使用专项转移支付资金对基本公共服务供给与辖区内居民基本公共服务实际需求的不匹配，造成资金的投入浪费和低效率使用。此外，大部分专项转移支付资金会要求地方政府按照一定资金比例进行配套使用，但对于财政压力较大、自主财力不足的经济欠发达地区，地方政府也就没有意愿或者足够的资金支持向上级政府申请相关的专项转移支付资金，较大地

削弱了经济欠发达地区地方政府提供基本公共服务的积极性。再者，我国的专项转移支付类别庞杂、项目数量繁多，资金被多个部委同时掌握，分配的随意性比较强，在资金使用上容易被行政性分割，呈现出“小、散、乱”的特点（王瑞民、陶然，2017；尹振东、汤玉刚，2016；王广庆、王有强，2010），不易于发挥出资金的规模效益，在一定程度上影响专项转移支付资金的作用效果。

相较于专项转移支付资金，一般性转移支付资金则没有被上级政府明确限定使用用途，所以又称为“无条件转移支付”，在支配使用上具有较强的机动性和灵活性（岳希明、蔡萌，2014）。因此，在以一般性转移支付为主的转移支付制度下，地方政府在事权上也被赋予了更高程度的自主权（乔俊峰、张春雷，2019）。一般性转移支付的政策设计在于平衡各地区间的财力差异，促进基本公共服务均等化发展（尹恒、朱虹，2011；贾晓俊、岳希明，2015）。由于一般性转移支付主要是按照法定的公式进行分配，其分配数量与地区财政困难程度、基本公共服务均等化水平等因素呈负相关性，因此也就比较容易产生“鞭打快牛”的效果，对地方政府基本公共服务的供给产生负向激励。此外，在我国地方财政压力和以GDP增长为主要绩效考核内容的地方官员执政评价的双重激励作用下，地方政府未必会按照中央政府的意愿去使用转移支付资金（胡玉杰、彭徽，2019；贾智莲、卢洪友，2010；方红生、张军，2009；周黎安，2004；Li & Zhou，2005）。再加之，由于地方政府尚未形成强有力的预算约束机制，缺乏有效监督机制的一般性转移支付资金很有可能被挪用或挤占，造成资金使用效率的损失（伏润民等；2008）。因此，在我国一般性转移支付比持续增加的背景下，地区财政支出结构发生不同程度的扭曲已成为学者们的共识（尹恒、朱虹，2011；王永钦等，2007），其最直接的表现为政府的财政支出更多地或更大程度地被分配到经济建设领域而非民生建设领域，即便是被分配到民生建设领域，民生类支出也更大比例地倾向于投入到公共交通设施等硬公共产品而偏离教育、医疗卫生和社会保障等软公共产品建设。

鉴于此，在我国现代化财政转移支付制度改革的过程中，需要适当权衡财力均等化与增加基本公共服务供给两大政策目标，在保障地方政府财力均等化的“公平”问题的同时，又要兼顾地方政府基本公共服务供给的“效率”问题。在加大财政转移支付资金规模向经济欠发达地区倾斜的同时，还应当配套相关的激励措施，诱导地方政府将有限的转移支付资金优先地、最大限度地投入到地区基本公共服务的供给上，有效减小转移支付分配设计对地方政府基本公共服务供给所产生的负向激励效应，避免经济欠发达地区，特别是自主财力不足的地区对财政转移支付资金产生过度的依赖。

第三节　转移支付对基本公共服务供给的激励效应分析

结合上述的分析可知，对于经济欠发达地区而言，由于县级政府受制于其有限的自主财税收入水平，财政转移支付便成为解决地方公共产品供给问题的一个重要制度安排。从直接层面看，转移支付能够有效地调节地方政府的财政收支压力，较好地解决因地区间财力差异和公共产品供给成本差异所造成的区域间公共产品供给水平的差距问题，除此之外，还可以消除由于公共产品外部性特征而造成的地区公共产品供给成本与供给收益不匹配的问题；从间接层面看，虽然财政转移支付制度是由上级政府统一安排而实施的，但其资金的具体使用却是由下级政府直接支配的。因此，转移支付在地方政府财政决策和行为的影响作用下，进而能够对辖区内基本公共服务的供给产生一定程度上的激励效果。在中国式的财政分权管理体制下，地方政府财政决策和行为本质上则是其背后地方官员行为选择的表现。目前学术界已有大量文献表明我国地方官员的财政决策和行为是由其晋升压力或政绩考核所决定的（胡斌、毛艳华，2018；钱先航等，2011）。当官员面临的晋升压力越大，地区所面临的经济增长、财政税收等方面的压力也就越大，此时，地方官员越有动机将转移支付资金用于缓解上述压力，进而使得转移支付资金偏离上级政府的基本公共服务均等化政策目标；反之，当官员面临的晋升压力越小，地区所面临的经济增长、财政税收等方面的压力也就越小，转移支付资金则越有可能被用于上级政府所希望的民生建设领域。由此可见，晋升压力对财政转移支付的实施效果有着重要的影响。

对于转移支付对地方政府基本公共服务供给的影响效应，主要可以围绕着转移支付规模扩大所产生的激励效应以及转移支付结构变化所产生的激励效应两方面来展开研究。

一、转移支付规模对基本公共服务供给的激励影响

转移支付规模增加对引导激励地方政府提高基本公共服务供给水平的基本逻辑可以从以下三个方面进行分析。

首先，经济欠发达地区由于其自主财力不足，当地方政府获得的财政转移支付水平较低时，财政收入便面临着较大的压力。相较于地区经济性支出缺口，民生性支出缺口则更容易获得上级政府转移支付的援助。因此，在地方经济建设与民生改善的“二难”目标选择下，地方政府作为理性经济人，其财政支出的行为偏好自然优先倾向于经济发展而无法过多地顾及民生建设，使得地方财政支出呈现出“重经济建设，轻民生改善”的扭曲状况。但是，随着上级政府转移支付力度的逐渐加大以及地区经济发展水平的稳步提高，财政收入规模将会明显增加，地方政府财权与事权的匹配程度也会有效提升。在地方财政收支缺口逐渐缩小的情况下，地方政府也就不再过分地只着急于追求经济发展，而是能够更好地兼顾起经济建设与公共服务供给等政府职能。基于此，转移支付规模的增加能促进地区基本公共服务供给水平的提高。其次，由于财政转移支付的本质是一种政府间的帮扶援助，对于财政收支压力较大的地方政府而言，转移支付可以直接降低其公共产品的供给成本。伴随着转移支付规模的增加，地方政府公共产品供给的边际成本将会逐渐下降，这便有利于激励地方政府增加公共产品的供给规模，以更好地履行公共支出责任、提高社会治理成效。最后，转移支付资金作为一种公共池资源，对于资金的接受方具有无成本或低成本的特点。在地方政府预算软约束下，随着获得转移支付规模的增加可能会给地方政府造成“财政幻觉”。因此，相较于经济欠发达地区自主性的税收收入，地方政府在对财政转移支付资金的使用上也就显得不那么理性和谨慎，容易低估基本公共服务的实际供给成本，造成辖区内基本公共服务供给规模的明显扩张。基于以上三点分析，本书提出第一个研究假设。

研究假设1：财政转移支付规模的扩大能够正向地引导激励地方政府增强对基本公共服务供给的努力程度，进而促进辖区内基本公共服务供给水平的提升，存在着“粘蝇纸”效应。

上述分析只是讨论了转移支付规模与基本公共服务供给水平之间的关系，但对于转移支付规模与基本公共服务供给结构之间又存在着怎样的关系，即伴随着地方政府所获得的财政转移支付水平的不断提高，基本公共服务支出占地方公共财政总支出的比重又呈现出何种变化趋势？转移支付规模增加对地方政府基本公共服务供给结构影响的逻辑思路分析如下：

经济欠发达地区受自主财力有限等因素的限制，民生社会事业的短板较为突出，无论是距离全国还是区域的基本公共服务均等化水平均有较大差距，民生保障亟待改善。在此背景下，随着转移支付规模的不断提升，地方政府的财政压力势必会得到有效缓解，能迅速弥补地区民生事业的历史欠账，以此来推动地区基本公共服务水平尽快达到国家或区域的基本标准。在此阶段，转移支付规模的扩大能够引导激励地方政府加大对公共产品供给的努力程度，基本公共服务支出结构偏向性呈现出逐渐增大的趋势。但是，当地区基本公共服务水平达到一定的基本要求以后（比如已达到国家或区域的基本标准），随着转移支付规模的进一步增加，地方政府未必会按照上级政府的目标和意愿去使用转移支付资金，在一定程度上弱化转移支付资金对增强地区基本公共服务供给的激励效果，即地方政府会逐渐降低在民生建设领域中财政转移支付资金投入的占比比重。在此阶段，基本公共服务支出结构偏向性便会表现出下降趋势，其主要原因可以从以下三个方面来解释：

首先，在我国财政分权体制下地方政府享有对财政收入的剩余索取权。地方政府为缓解财政收支不平衡所带来的压力主要选择依靠推动地区经济快速增长来获得更多的财政收入。依据财政竞争理论中的资本流动假说，由于生产性建设投资（如基础设施建设、工业园区建设）相较于民生性建设投资（如基础教育、医疗卫生以及社会保障等）具有更为显著的经济绩效，在短中期内对地区经济增长的效应更加明显。因此，地方政府则更偏向将有限的转移支付资金投资于生产性建设以争取到更多的流动资本，进而实现提高地区财政收入的目的。其次，根据多任务委托代理理论，当任务代理人同时面临多重任务时，通常会优先选择或者更具有动力去完成易于被观察的任务，而忽视那些相较于不易于被观察到的任务。因此，当地区民生建设水平已经达到了一定的目标要求时，便不再更多地受到法律政策的硬约束。经济欠发达地区的地方政府在财力有限而事权目标较多的情况下，作为上级政府的多任务代理人，基于理性经济人的选择，会将转移支付资金更倾向投资于能够迅速吸引资源流入形成规模经济，在短期内能获取丰厚的经济回报，且经济效应较易于被上级政府所观察到的生产性建设领域。最后，伴随着公共服务型政府建设的不断推进，基本公共服务体系建设便成为服务型政府的重要工作目标。基本公共服务的内涵界定和范围内容也随着地区经济社会发展水平的提升而发生相应的改变。在此背景下，基本公共服务建设内容的不断丰富、类别不断拓展，地方政府的公共财政支出也就有了新的需求。因此，基于上述分析，本书提出第二个研究假设。

研究假设 2：财政转移支付的规模变化对经济欠发达地区基本公共服务供给结构偏向性的影响存在着非线性效应，随着转移支付规模水平的逐步提高，对基本公共服务类别及结构偏向的影响不同，即在财政支出中的比例呈现先增长后逐步下降的特征。

二、转移支付结构对基本公共服务供给的激励影响

由于不同类型的转移支付在其性质与作用方面存在着明显的不同，所以对地方政府财政支出行为所产生的影响也就具有一定程度上的差异性。因此，在财政转移支付的数量总规模一定的情况下，对地方政府基本公共服务供给的激励效应便具体表现在转移支付的结构形式上。转移支付结构的变化调整有可能正向地增强地方政府对基本公共服务供给的努力程度，也有可能负向地削弱地方政府对基本公共服务供给的努力程度。为此，首先有必要厘清不同类型的转移支付对地方政府基本公共服务供给的影响差异。

目前我国的转移支付体系主要包括一般性转移支付、专项转移支付以及税收返还三种转移支付形式。其中，税收返还本质上是一种保护地方既得利益的转移支付形式，这种建立在以地区实际收入为基础上而进行资金分配的计算方

式，相较于一般性转移支付和专项转移支付而言，其更多的是体现出发展理念而非公平理念。因此，对于经济欠发达地区而言，税收返还受限于其规模过小，对地方政府基本公共服务供给的激励效应也就相对较弱。

一般性转移支付在政策设计上具有很强的实现地区间财力均等化的性质，是一种上级政府对下级政府的无偿补助。地方政府所获得的一般性转移支付额度通常取决于其财政收支压力状况，具体而言，地方政府财政收支缺口越大，则地区所获得的一般性转移支付额度也就越高。这种资金分配方式能够有效平衡经济欠发达地区财政收支缺口，增强地方政府公共财政的支出保障，从而激励地方政府提高对基本公共服务供给的努力程度。但是，一般性转移支付资金并非对地区基本公共服务供给水平的提高表现出完全的促进作用。如果地方财政缺乏强有力的预算约束机制和有效的监督机制，在地方官员在以 GDP 为主要晋升考核的刺激作用下，一般性转移支付资金可能会面临着被挪用的风险，从而削弱地方政府对辖区内基本公共服务供给的激励。

相较于一般性转移支付，专项转移支付在政策设计上则更具有目标的特定性（如推动区域间基础教育、医疗卫生等基本公共服务的均等化发展）。由于专项转移支付资金的使用用途通常被上级政府给提前锁定，这意味着专项转移支付资金只能被用于所指定的领域，而不能挪为他用，因此地方政府在其资金使用上所拥有的自主权也就相对较小。对于民生事业历史欠账较多的欠发达地区而言，专项转移支付资金能够有效地弥补地方政府民生建设的资金缺口，激励地方政府增强对基本公共服务供给的努力程度，促进地区基本公共服务供给水平的提高。此外，专项转移支付资金通常要求资金的接受方进行一定比例的配套使用。随着地区财政收支压力的逐渐缓解以及经济发展水平的稳步提高，地方政府也就更加具备财力保障来确保对专项转移支付资金的配套使用，可以较大程度上提高辖区内基本公共服务的供给水平。基于上述分析，本书提出第三个研究假设。

研究假设 3：不同的类型转移支付对地方政府基本公共服务供给的影响存在着明显的区域差异性。一般而言，一般性转移支付或专项转移支付比税收返还更能够正向地激励经济欠发达地区地方政府增强对基本公共服务供给的努力程度，其中专项转移支付比一般性转移支付具有更强的激励作用。

专项转移支付资金由于其使用用途被上级政府明确地规定，所以，相较于一般性转移支付资金而言，专项转移支付具有更小的被挪用风险。但从资金使用的自主程度来看，专项转移支付资金则不如一般性转移支付资金。因此，当地区民生建设达到一定的水平后，由于信息的不对称，上级政府通常不具备掌握信息完整性的优势，这可能会导致专项转移支付资金的分配设计在一定程度上偏离辖区内居民对基本公共服务的实际需求和偏好。再加之专项转移支付资金的配套使用要求，进一步地降低了地方政府申请或使用专项转移支付资金的积极性，对地区基本公共服务供给结构的进一步改善产生负向激励的影响。比较而言，一般性转移支付的资金使用则具有自主性和灵活性的特点。虽然，在经济竞争锦标赛等刺激作用下地方官员的行为选择必定会弱化对基本公共服务供给的激励，造成地区财政支出结构发生一定程度的扭曲。但是，地方政府并非会把全部的一般性转移支付资金投资于经济建设领域，而用于民生建设领域的一般性转移支付资金则会根据辖区内居民的实际需求和偏好，供给更加匹配的基本公共服务，对地区基本公共服务供给结构的持续改善产生正向激励的影响。基于上述分析，本书提出第四个研究假设。

研究假设 4：经济欠发达地区在基本公共服务供给水平达到一定程度时，一般性转移支付资金占比的提高可能会对基本公共服务供给结构的持续改善产生正向激励效应，而专项转移支付资金占比的提高则可能会对基本公共服务供给结构的进一步改善产生负向激励的影响。

第四节 转移支付激励机制构建的理论分析

基于上述财政转移支付对基本公共服务供给的激励效应分析发现，如何构建合理规范的转移支付制度，以此来引导激励地方政府增强对基本公共服务的有效供给，促进并实现区域间基本公共服务均等化的政策目标是当前我国财政分权管理体制所面临的一个重要挑战。

在我国现有的体制背景下，如何有效地发挥财政转移支付的激励作用，引导地方政府持续增强对改善辖区内基本公共服务供给的动力，就必须要分析转移支付激励的内在机理，构建转移支付激励机制。

一、激励机制的理论回顾

组织行为学将激励定义成为是一种能够激发、引导、保持、归化组织成员的行为，通过这种行为方式既可以努力满足组织成员的某些特定需求，还可以促进组织目标更好地实现。经济学中激励理论的研究最初是从企业开始的，主要是研究代理制企业如何激励管理者遵从股东利益目标的问题。20 世纪 70 年代以后，得益于威廉姆斯等人对交易费用理论的发展以及信息经济学、契约理论（委托代理理论）在微观经济学领域的突破，激励问题便成为一个重要的学术研究热点（王伟、江孝感，2003）。在制度经济学中，激励是指通过建立相关的机制或者契约设计，促进代理人提高对完成任务的努力程度，进而实现委托人和代理人各自利益的最大化。现有关于激励的相关研究大多都是围绕着企业或者组织内部的员工展开，而较少涉及对政府的激励。与个体激励机制不同的是，政府激励机制的主体范畴主要是针对政府或相关的部门机构。中央政府通过利用其自身特有的公共权力，采取一定的激励手段来满足地方政府的需要，以此来达到有效地诱发地方政府的行为动机，匡正地方政府不良行为，进而促进下级政府所追求的目标与上级政府目标取向一致的目的（朱士华、丁丽，2004）。

在第一代财政分权理论中，学者们将财政转移支付视为既定的外生变量，所以在研究中并没有过多地考虑转移支付的激励与约束问题。但随着第二代分权理论的演绎以及财政分权在诸多国家的实践探索，转移支付的激励与约束问题日益突出。虽然，财政分权理论强调了地方政府在辖区内公共产品供给中的重要地位，但是，由于各地区在财政能力、经济发展水平、基本公共服务供给成本等方面存在着明显的差异性，很大程度上削弱了资源禀赋相对劣势地区提供基本公共服务的积极性，进而造成了地区间基本公共服务的不均等化发展。在此背景下，转移支付便成为促进地区间基本公共服务均等化发展的重要调控工具。财政转移支付实质上是一种上级政府对下级政府的补偿援助，相较于地方政府的自主财政收入，转移支付具有低成本甚至无成本的特点。由于地方政府具有掌握信息更加完整的优势，因此便容易衍生出机会主义倾向，即地方政府企图通过扭曲财政收支信息真实性的方式来争取更多的转移支付资金。鉴于此，能否构建起一个健全的转移支付激励机制是上级政府在公共财政资源有限的条件下，是否能够有效地调动下级政府积极性的关键。

二、转移支付激励机制的理论分析

所谓激励机制，其本质就是通过建立一套理性化的制度来反映激励主体与激励客体相互作用的方式。延伸至公共财政领域，转移支付激励机制就是指中央政府（上级政府）系统性地使用多种激励手段并使之规范化和相对固定化，而与地方政府（下级政府）相互作用、相互制约的结构、方式、关系及演变规律的总和。

具体来看，转移支付激励机制的设计重点需要处理好转移支付的资金分配、绩效评价等方面问题。一方面，对于转移支付的资金分配方式而言，转移支付资金是地方政府的一项重要收入来源，尤其是对于经济欠发达地区，其地方财政收入对转移支付的依赖性很强。因此，在编制财政预算时，地方政府会充分考虑到来自于上级政府的转移支付资金。但如果转移支付资金不是依据既有的法律法规科学而又合理的分配，而是通过上下级政府间讨价还价、反复博弈来确定，那么就会很大程度上增加地方政府在财政预算安排上的不确定性。在此背景下，下级政府获得的财政转移支付资金便通常具有浓厚的政治谈判色彩（Raiser & Martin，1998），加之在地方政府预算软约束的作用下，会对地区基本公共服务的供给产生一定程度的影响。所以，在转移支付的制度设计中，应该注重转移支付资金分配的规范化，通过设置一个标准、合理的资金分配公式来对不同地区转移支付资金进行公平分配。此外，在资金分配公式的设计中还应该引入地方政府的财政努力程度，以此来降低下级政府对上级政府转移支付的过度依赖性，从而实现转移支付制度不仅具有财政均衡作用，而且还具有财政激励的效果。另一方面，转移支付是否促进了地区间基本公共服务的均等化发展，不仅是受到上级政府转移支付资金分配的影响，还取决于下级政府对转移支付资金的使用效果。实践经验已经表明，保障地区间财力的均等仅仅是实现基本公共服务均等化的前提条件，而引导和规范地方政府的行为偏好，激励地方政府在公共资源的配置决策中优先向基本公共服务领域倾斜，才是实现基本公共服务均等化的必要条件。因此，对转移支付资金的使用效果展开绩效评价有助于促进转移支付达到上级政府政策设计的预期目标。通过构建转移支付资金对基本公共服务供给的绩效评价机制，并将其与转移支付的资金分配机制有效地结合起来，这样便可以使得下级政府获得的转移支付规模与其在基本公共服务供给的努力程度相联系，从而实现转移支付对地方政府基本公共服务供给的激励目标。

由于中央政府（上级政府）与地方政府（下级政府）之间存在着委托代理的关系，地方政府代理中央政府行使着地方治理和基本公共服务供给的职责。对于地方政府在地方治理和基本公共服务供给中的成本，中央政府会通过经济补偿来弥补地方政府的成本支出，此外还会依据地方政府的努力程度和贡献大小进行额外的奖励。经济补偿的手段主要是通过财政转移支付来实现的。但在信息不对称的情况下，中央政府搜寻信息的成本巨大，往往处于信息的劣势方。所以中央政府对地方政府基本公共服务供给的价格成本并不完全了解，再加之地方政府的机会主义行为，会很大可能地导致地方政府发生“逆向选择”与“道德风险”。为了使地方政府的超额利润为零，中央政府和地方政府必须建立一个规范化和相对固定化的契约关系。契约设计包含实现激励的目标、激励的手段、激励的评价、激励的监管等内容。基于上述分析，转移支付激励机制的构建其主要内容就是要围绕着转移支付的资金分配、使用监管、绩效评价等环节设计出一个完善的自我闭合系统，从而有效地规范和引导地方政府在民生建设领域的财政支出行为，实现对地方政府在基本公共服务供给的目标激励和强化激励的复合作用效果。

在中国式财政分权体制下，地方政府间的竞争主要包括招商竞争、管理权竞争、晋升竞争以及公共产品供给竞争四种形式，相较于前三者竞争而言，公共产品供给竞争处于一个相对不重要的地位（张振华，2011）。因此，作为理性经济人，地方政府倾向于将更多的优势资源与精力投入到能直接、明显地促进地方经济增长的领域。而转移支付的政策目标是平衡各地区间财力差距，进而实现区域间基本公共服务的均等化发展。因此，转移支付激励方式的选择需要从政治激励和经济激励两方面来综合考虑。首先在政治激励方面，不同于西方国家自下而上的政治选票制度，我国地方官员任命更多的是采用自上而下的干部任命制，这促使地方官员为了政治晋升要积极地向上级负责。因此，激励机制应该将地方政府对基本公共服务供给的绩效评价纳入到地方官员的人事任免或政治晋升中，以此来规范和引导地方政府对基本公共服务供给的行为选择，从而达到政治激励的效果。其次在经济激励方面，应该充分考虑地方政府对基本公共服务供给的努力程度和效果。通过扩大转移支付规模和提高具有较高自主使用性的一般转移支付的结构占比等方式来促进地方政府努力提高地区基本公共服务供给水平、优化基本公共服务供给结构，并将地方政府对基本公共服务供给的绩效评价作为以后年度转移支付资金分配的重要参考依据，从而达到经济激励的效果。

值得说明的是，上述的政治激励与经济激励并不是完全固定不变的，而是需要依据下级政府基本公共服务供给效果与上级政府既定目标之间的变化而动态调整。即要通过树立“重复博弈”的思想来规范和引导上下级政府的行为选择，使其认识到转移支付激励机制的制度设计是双方多重博弈的结果，企图通过一次性的欺诈或对抗来获得在博弈中的胜利是不可能实现的，促使各级政府放弃短期机会主义行为，以此来促进和维护激励机制的长期形成。具体而言，如果下级政府积极达到或趋近于上级政府的既定目标，则需要继续维持或加强相关的激励，以此达到强化激励的目的；如果下级政府逐渐偏离上级政府的既定目标，则需要接受一定的惩罚，并加强上级政府对财政转移支付资金的监督，以此来约束下级政府的财政支出行为。此外，由于信息的不对称使得上级政府可能出现信息孤岛，这可能会导致在对下级政府基本公共服务供给的目标设定以及绩效评价方面存在着一定程度上的不合理性或不科学性，进而影响地方政府对基本公共服务供给的努力程度。因此，还需要辅之于第三方（如人大代表或社会公众）对基本公共服务供给的履职过程、努力程度及效果进行过程监管，并将监督评估结果直接反馈给上级政府，作为上级政府优化基本公共服务供给目标的重要参考标准以及强化或减少激励选择的主要依据。转移支付激励机制的构建设计如图 2－1 所示。

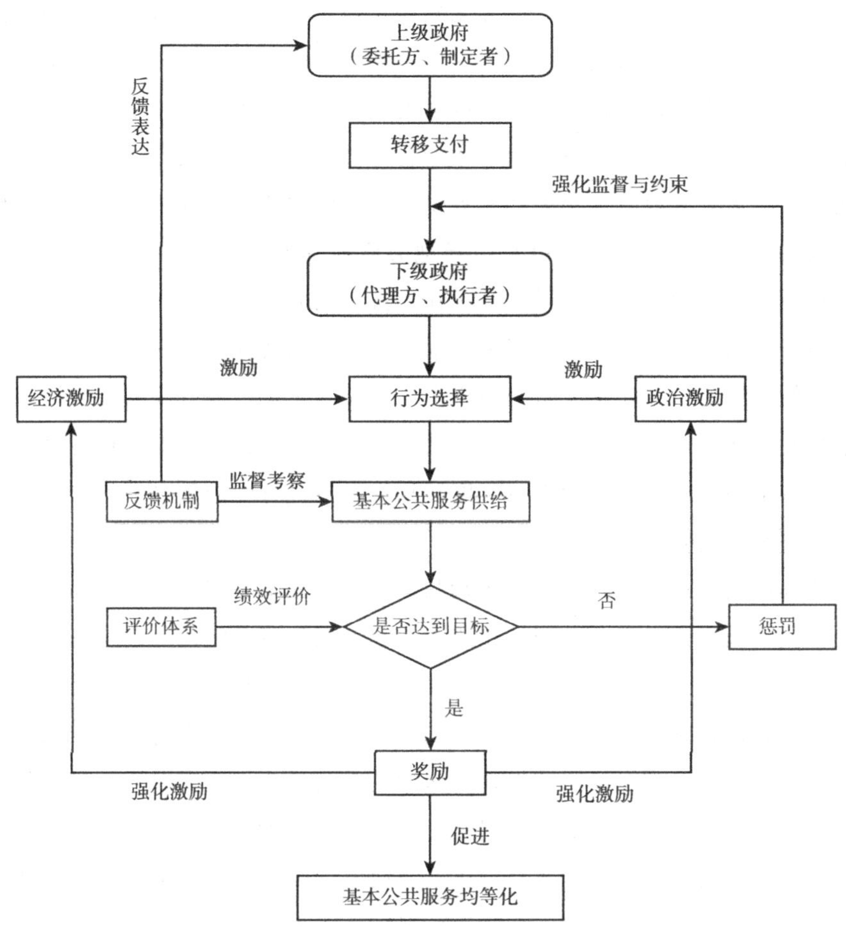

图 2－1　转移支付的激励机制设计图

本章小结

本章主要从理论层面揭示了财政转移支付对基本公共服务供给的影响机理以及财政转移支付激励机制的设计思路，分别围绕着财政分权对地方政府基本公共服务的供给效应、转移支付对地方政府财政行为的影响效应、转移支付对基本公共服务供给的激励效应与激励机制展开系统性的理论分析。本书认为财政转移支付可以通过在其规模扩大与结构变化两方面对地方政府基本公共服务供给产生激励影响。具体而言，转移支付的规模扩大可以对地区基本公共服务的供给水平与供给结构产生影响；不同类型的转移支付和转移支付的结构变化均能够影响地方政府基本公共服务供给的激励程度。针对财政转移支付激励机制的设计思路，本书认为在中国式的财政分权体制下，转移支付激励方式的选择需要从政治激励和经济激励两方面来综合考虑。

第三章

重庆县域公共财政与基本公共服务供给的现状

本章节选取重庆市38个区县为研究对象，分别围绕着县级政府公共财政与基本公共服务供给两个方面展开现状分析。其中，县级政府公共财政的现状分析包括各区县的财政收支状况、市以下转移支付的现状分析；县级政府基本公共服务供给的现状分析包括各区县基本公共服务供给的水平分析、各区县基本公共服务供给水平的综合评价以及各区县基本公共服务的均等化水平。

第一节　县级政府公共财政的现状分析

一、各区县政府的财政收支状况

本章关于重庆各区县政府的财政收支现状将主要从县级政府的财政收入情况、财政支出情况以及财政自给率情况三个方面来展开分析，以期初步把握各区县的财政实力差异以及对财政转移支付的依赖程度。此外，为进一步研究重庆市各区域的财政实力差异以及对财政转移支付的依赖程度，本书在依据“一圈两翼”发展战略思路[①]的基础上，为了简洁明了分析，将

① 重庆市的“一圈两翼”发展战略是以主城为核心、以大约1小时通勤距离为半径范围的“一小时经济圈”，以万州区为中心的三峡库区城镇群组成的渝东北翼和以黔江区为中心的渝东南城镇群组成的渝东南翼。

重庆市划分为四大片区，分别为主城片区、渝西片区、渝东北片区和渝东南片区[①]。

1. 财政收入的状况

鉴于现有的相关统计年鉴未能连续报告县级政府预算外收入的数据，且不同的县级政府对预算外收入的统计口径存在着较为明显的差异，因此，本章主要是针对预算内的财政收入来进行分析，选用一般预算收入指标来衡量财政收入情况。为了消除各区县人口规模差异所带来的影响，本书采用人均量的形式（地区一般预算收入与地区常住人口数之比）。

表3－1报告了重庆各区县的人均财政收入情况。可以发现，在2007～2018年重庆各区县人均财政收入规模呈现出持续增长的趋势，整体均值由2007年的773元增长至2018年的3907元，期末值约为期初值的5.1倍。从各区域的均值水平来看，在各年中均存在着主城片区均值 > 渝西片区均值 > 渝东南片区均值 > 渝东北片区均值；从各区域期初值与期末值的数量变化来看，主城片区的增长量最大，渝西片区次之，渝东南片区随后，渝东北片区最小；在期初时，主城片区均值与渝东南片区、渝东北片区的数量差距分别为1349元和1199元，但到期末时，数量差距分别增加至3295元和2600元，可见各大区域间人均财政收入的数量差距呈现出持续扩大的趋势。

表3－1　2007～2018年重庆各区县的人均财政收入情况　单位：元

年份		2007	2008	2009	2010	2011	2012	2013	2014	2015	2016	2017	2018
主城片区	渝中区	2186	2988	3982	6182	7968	9441	6970	7427	8049	7756	7548	7029
	大渡口区	2121	2853	3130	2832	3588	4000	4156	4759	5321	5462	5449	5995
	江北区	2768	4252	3530	4997	7783	9915	8027	8752	9617	8939	8804	8795
	沙坪坝区	2267	2693	2663	2932	3884	4451	4591	5403	5525	6000	5832	4793
	九龙坡区	1080	1311	1672	2941	5381	5454	4490	4967	5402	4935	4963	5650

① 在本书的研究中，主城片区包括：渝中区、大渡口区、江北区、沙坪坝区、九龙坡区、南岸区、北碚区、渝北区、巴南区等9个区县；渝西片区包括：涪陵区、长寿区、江津区、合川区、永川区、南川区、綦江区、潼南区、铜梁区、大足区、荣昌区、璧山区等12个区县；渝东北片区包括：万州区、梁平区、城口县、丰都县、垫江县、忠县、开州区、云阳县、奉节县、巫山县、巫溪县等11个区县；渝东南片区包括：黔江区、武隆区、石柱县、秀山县、酉阳县、彭水县等6个区县；整体样本共计38个区县。

续表

年份		2007	2008	2009	2010	2011	2012	2013	2014	2015	2016	2017	2018
主城片区	南岸区	1386	2070	2733	3753	6978	7492	8421	9567	9886	8068	7902	6980
	北碚区	818	1081	1572	1994	4159	4940	3021	3198	3515	3556	3613	3746
	渝北区	1588	2231	2315	2779	8186	7838	2892	3326	3729	3761	3797	4545
	巴南区	852	1331	1568	2171	3209	3595	2628	2972	3340	3216	3535	4423
	区域均值	1674	2312	2574	3398	5682	6347	5022	5597	6043	5744	5716	5773
渝西片区	涪陵区	914	1211	1602	2147	2899	3442	4010	4408	4955	5347	5398	4735
	长寿区	839	1182	1733	2480	3092	3206	3383	3870	4249	4526	4395	4183
	江津区	614	902	1249	1589	2303	2450	3043	3669	4301	4802	5096	5135
	合川区	515	703	1063	1399	1958	1934	2240	2480	3012	2989	2987	2893
	永川区	750	1075	1631	1978	2787	2909	3020	3585	4242	4433	4307	4081
	南川区	665	905	1141	1783	2232	2593	3078	3285	3618	4020	4004	3967
	綦江区	460	658	1073	1500	2322	2778	2665	3111	3440	3786	3445	3041
	潼南区	271	338	426	950	1347	1568	1873	2569	2787	2922	2992	2808
	铜梁区	814	1190	1506	1955	2426	2908	2945	3131	3480	3833	4084	4423
	大足区	420	642	938	1536	2882	3235	3656	4183	4658	4947	4787	3908
	荣昌区	613	933	1241	2386	2979	2293	2974	3228	3554	3582	3650	3960
	璧山区	1023	1191	1617	2601	4199	5096	5511	5869	6921	7699	7554	7070
	区域均值	658	911	1268	1859	2619	2868	3200	3616	4101	4407	4392	4184
渝东北片区	万州区	436	586	748	1305	2199	2635	2983	3369	3910	4102	4218	3370
	梁平区	388	513	742	977	1368	1630	1962	2275	2581	480	3284	3194
	城口县	520	726	870	987	1097	1064	1157	1398	1530	9303	2090	2282
	丰都县	285	452	586	695	1010	1356	1901	2093	2443	2516	3291	3350
	垫江县	413	493	596	912	1216	1490	1663	1781	2248	2188	2820	2415
	忠县	369	425	557	800	1136	1288	1473	1678	1892	3444	2300	2498
	开州区	308	378	410	543	833	1008	1292	1605	1841	1657	2091	1969
	云阳县	156	201	251	445	695	882	1112	1159	1415	1646	1818	1720
	奉节县	269	355	483	648	1164	1395	1484	1619	1845	2260	2363	2142
	巫山县	276	374	465	675	1030	1272	1491	1717	1992	2265	2531	2331
	巫溪县	158	198	319	484	982	1176	1346	1541	1727	1919	2027	1986
	区域均值	325	427	548	770	1157	1381	1624	1839	2129	2889	2621	2478

续表

年份		2007	2008	2009	2010	2011	2012	2013	2014	2015	2016	2017	2018
渝东南片区	黔江区	785	1151	1320	2034	2827	3389	3835	4399	4594	4609	4813	5209
	武隆区	588	744	1025	1341	2103	2484	2801	3335	3928	4913	4311	3682
	石柱县	362	479	784	940	1351	1733	2187	2832	3253	3531	3527	2777
	秀山县	473	728	835	1535	1951	2037	2537	2884	2185	2473	2622	2593
	酉阳县	234	288	583	769	1202	1522	1842	1877	2164	2467	2197	2064
	彭水县	407	555	769	820	1086	1424	1645	1991	2462	2797	2860	2713
	区域均值	475	658	886	1240	1754	2098	2475	2886	3098	3465	3388	3173
	整体均值	773	1063	1309	1810	2785	3140	3061	3456	3832	4136	4034	3907

资料来源：计算的原始数据来源于 EPS 数据平台的《重庆县市统计数据库》。

2. 财政支出的状况

对于财政支出情况的分析，本章选用一般预算支出指标来衡量。同样，采用人均量的形式（地区一般预算支出与地区常住人口数之比）来避免不同区县因人口规模差异所带来的影响。

表 3 - 2 报告了重庆各区县的人均财政支出情况。在 2007 ~ 2018 年重庆各区县人均财政支出规模表现出明显的持续增长趋势，整体均值由 2007 年的 1781 元增长至 2018 年的 10503 元，期末值约为期初值的 5.9 倍。从各区域的均值水平来看，在 2007 年期初时表现为主城片区均值 > 渝东南片区均值 > 渝西片区均值 > 渝东北片区均值，但到 2018 年期末时发生了明显变化，表现为渝东南片区均值 > 渝东北片区均值 > 渝西片区均值 > 主城片区均值。其中，渝东南片区和渝东北片区均值均显著的高于渝西片区均值与主城片区均值，情况正好与 2018 年人均财政收入的情况相反。可见，对于重庆县级政府的财政收支状况，财政收入水平较低的区县通常面临着财政支出较大的压力。

表 3 - 2　　2007 ~ 2018 年重庆各区县的人均财政支出情况　　单位：元

年份		2007	2008	2009	2010	2011	2012	2013	2014	2015	2016	2017	2018
主城片区	渝中区	3141	3932	5772	8167	10399	12156	9660	10682	11348	11521	12785	10798
	大渡口区	2816	4073	5502	5159	6251	5519	6534	7012	7947	8948	9787	9953
	江北区	3630	5385	5426	6127	9953	11782	10393	11266	12599	12656	11705	11423
	沙坪坝区	2994	3724	4620	3853	4787	7069	6433	6805	8278	8534	8131	7709

续表

年份		2007	2008	2009	2010	2011	2012	2013	2014	2015	2016	2017	2018
主城片区	九龙坡区	1761	2169	3025	4094	6910	7537	6503	7271	8284	7112	7962	8734
	南岸区	2783	3571	4904	5694	8479	9874	10278	11608	13059	13119	11717	10567
	北碚区	1595	2114	3013	4118	5522	6784	6047	6338	6648	6533	7049	7222
	渝北区	2702	3475	3922	4203	9202	10779	4977	5029	6435	6108	6484	6398
	巴南区	1740	2692	3395	4301	5896	5923	5579	5802	6219	6570	7185	7703
	区域均值	2574	3460	4398	5079	7489	8603	7378	7979	8980	9011	9200	8945
渝西片区	涪陵区	1994	2420	3520	4188	5910	6976	7914	8259	11096	10286	10892	10834
	长寿区	1645	2179	3034	4469	5603	6209	6176	6644	7185	7808	7973	7794
	江津区	1381	1936	2624	3590	4779	5019	5528	6334	7245	8290	8752	9729
	合川区	1182	1497	2162	2744	3513	4762	4496	4759	5321	6216	6872	7048
	永川区	1638	2393	3083	3878	5100	5418	5670	6078	7328	8604	9034	9518
	南川区	1656	2330	3047	4321	5814	6816	7458	7300	8443	9426	10323	10008
	綦江区	1317	1817	2676	3562	5340	6414	6050	6528	7426	8122	8791	8896
	潼南区	1197	1633	2319	3343	4427	5350	5878	6648	7483	8242	9708	9663
	铜梁区	1509	2147	2843	3908	4623	5707	6117	6225	7090	6860	7475	8790
	大足区	1120	1763	2081	3377	5967	6430	7215	7658	9212	9440	11311	12305
	荣昌区	1382	1879	2750	4236	5222	5604	6275	6544	7023	7824	8686	9923
	璧山区	1603	2432	2936	4065	7002	7173	7912	8348	9833	10775	10509	11003
	区域均值	1469	2035	2756	3807	5275	5990	6391	6777	7890	8491	9194	9626
渝东北片区	万州区	1402	2072	2692	3429	4763	6650	6249	6933	7910	8488	9055	7749
	梁平区	1159	1832	2245	3466	4113	5218	5876	6450	8421	4612	9716	10633
	城口县	2623	3319	4424	5386	7752	12675	11385	12581	14533	27518	18567	21897
	丰都县	1241	1827	2538	2916	4014	5630	6348	7267	8712	7616	11590	11728
	垫江县	1145	1589	2274	2980	3939	4578	4953	5492	6479	7593	9276	9796
	忠县	1259	1813	2266	3101	4336	5167	5397	5802	7202	11382	8229	8143
	开州区	1237	1765	2140	2910	3920	4640	5243	5622	6442	4832	7790	8213
	云阳县	1123	1632	2187	3208	3896	5007	5428	5917	7243	7996	8579	9021
	奉节县	1067	1772	2176	2778	4514	5414	6098	6627	8430	8987	11022	11375
	巫山县	1574	2082	2544	3569	4995	6368	7351	7727	9197	9988	11936	13985
	巫溪县	1491	2033	2998	4090	5439	6842	7882	8679	10332	12039	12500	13291
	区域均值	1393	1976	2590	3440	4698	6199	6565	7191	8627	10096	10751	11439

续表

年份		2007	2008	2009	2010	2011	2012	2013	2014	2015	2016	2017	2018
渝东南片区	黔江区	2799	3795	5020	6484	8238	9318	10187	10714	11757	12589	12013	13440
	武隆区	2157	2901	4097	5424	7536	8650	8970	9953	10662	15725	14711	13993
	石柱县	1697	2470	3016	4333	5617	7604	8471	9515	11117	11866	13357	13536
	秀山县	1789	2645	3268	4357	6141	7238	7562	8508	8293	9645	10208	11624
	酉阳县	1657	2288	3278	3852	5668	7109	7136	7959	9199	10541	11069	11948
	彭水县	1480	2201	3061	3585	4667	6094	6583	7945	8986	10437	11212	12734
	区域均值	1930	2717	3623	4672	6311	7669	8152	9099	10002	11801	12095	12879
	整体均值	1781	2463	3234	4139	5796	6934	6953	7548	8695	9601	10104	10503

资料来源：计算的原始数据来源于 EPS 数据平台的《重庆县市统计数据库》。

3. 财政自给率的状况

在对各区县财政收入与财政支出情况进行分析后，为进一步了解重庆各区县政府对财政转移支付的依赖程度，本章选用财政自给率（地区一般预算收入与一般预算支出之比）来进行分析。若地区财政自给率的指标数值越大，则表明县级政府的“造血能力”也就越强，对财政转移支付的依赖程度也就越低；反之，县级政府对财政转移支付的依赖程度越高。

表 3－3 报告了重庆各区县的财政自给率情况。在 2007～2018 年重庆县级政府财政自给率的整体均值以 2014 年为拐点，呈现先上升后下降的倒“U”形变化趋势，期初均值与期末均值基本一致。从各区域的均值水平来看，在各年中均存在着主城片区均值 > 渝西片区均值 > 渝东南片区均值 > 渝东北片区均值，其中，渝东南片区和渝东北片区的均值都远低于整体均值水平。这表明，渝东南片区和渝东北片区对财政转移支付的依赖程度远高于主城片区和渝西片区。从渝东南片区和渝东北片区的均值变化来看，都经历了先上升后下降的趋势，其各自的期末值较期初值的变化不大。这表明，渝东南片区和渝东北片区对财政转移支付的依赖程度仍然偏高。

表 3－3　2007～2018 年重庆各区县的财政自给率情况　单位：%

年份		2007	2008	2009	2010	2011	2012	2013	2014	2015	2016	2017	2018
主城片区	渝中区	0.696	0.760	0.690	0.757	0.766	0.777	0.722	0.695	0.709	0.673	0.590	0.651
	大渡口区	0.753	0.701	0.569	0.549	0.574	0.725	0.636	0.679	0.670	0.610	0.557	0.602
	江北区	0.762	0.790	0.651	0.816	0.782	0.842	0.772	0.777	0.763	0.706	0.752	0.770

续表

年份		2007	2008	2009	2010	2011	2012	2013	2014	2015	2016	2017	2018
主城片区	沙坪坝区	0. 757	0. 723	0. 577	0. 761	0. 811	0. 630	0. 714	0. 794	0. 667	0. 703	0. 717	0. 622
	九龙坡区	0. 613	0. 605	0. 553	0. 718	0. 779	0. 724	0. 690	0. 683	0. 652	0. 694	0. 623	0. 647
	南岸区	0. 498	0. 580	0. 557	0. 659	0. 823	0. 759	0. 819	0. 824	0. 757	0. 615	0. 674	0. 661
	北碚区	0. 513	0. 511	0. 522	0. 484	0. 753	0. 728	0. 499	0. 505	0. 529	0. 544	0. 513	0. 519
	渝北区	0. 588	0. 642	0. 590	0. 661	0. 890	0. 727	0. 581	0. 661	0. 579	0. 616	0. 586	0. 710
	巴南区	0. 490	0. 494	0. 462	0. 505	0. 544	0. 607	0. 471	0. 512	0. 537	0. 489	0. 492	0. 574
	区域均值	0. 630	0. 645	0. 574	0. 657	0. 747	0. 724	0. 656	0. 681	0. 652	0. 628	0. 612	0. 640
渝西地区	涪陵区	0. 458	0. 500	0. 455	0. 513	0. 491	0. 493	0. 507	0. 534	0. 447	0. 520	0. 496	0. 437
	长寿区	0. 510	0. 542	0. 571	0. 555	0. 552	0. 516	0. 548	0. 582	0. 591	0. 580	0. 551	0. 537
	江津区	0. 445	0. 466	0. 476	0. 443	0. 482	0. 488	0. 550	0. 579	0. 594	0. 579	0. 582	0. 528
	合川区	0. 435	0. 470	0. 492	0. 510	0. 557	0. 406	0. 498	0. 521	0. 566	0. 481	0. 435	0. 411
	永川区	0. 458	0. 449	0. 529	0. 510	0. 546	0. 537	0. 533	0. 590	0. 579	0. 515	0. 477	0. 429
	南川区	0. 402	0. 388	0. 375	0. 413	0. 384	0. 380	0. 413	0. 450	0. 428	0. 426	0. 388	0. 396
	綦江区	0. 349	0. 362	0. 401	0. 421	0. 435	0. 433	0. 440	0. 477	0. 463	0. 466	0. 392	0. 342
	潼南区	0. 227	0. 207	0. 184	0. 284	0. 304	0. 293	0. 319	0. 386	0. 372	0. 355	0. 308	0. 291
	铜梁区	0. 540	0. 555	0. 530	0. 500	0. 525	0. 509	0. 481	0. 503	0. 491	0. 559	0. 546	0. 503
	大足区	0. 375	0. 364	0. 451	0. 455	0. 483	0. 503	0. 507	0. 546	0. 506	0. 524	0. 423	0. 318
	荣昌区	0. 444	0. 496	0. 451	0. 563	0. 571	0. 409	0. 474	0. 493	0. 506	0. 458	0. 420	0. 399
	璧山区	0. 638	0. 490	0. 551	0. 640	0. 600	0. 710	0. 696	0. 703	0. 704	0. 715	0. 719	0. 643
	区域均值	0. 440	0. 441	0. 455	0. 484	0. 494	0. 473	0. 497	0. 530	0. 521	0. 515	0. 478	0. 436
渝东北片区	万州区	0. 311	0. 283	0. 278	0. 381	0. 462	0. 396	0. 477	0. 486	0. 494	0. 483	0. 466	0. 435
	梁平区	0. 335	0. 280	0. 330	0. 282	0. 333	0. 312	0. 334	0. 353	0. 306	0. 104	0. 338	0. 300
	城口县	0. 198	0. 219	0. 197	0. 183	0. 141	0. 084	0. 102	0. 111	0. 105	0. 338	0. 113	0. 104
	丰都县	0. 230	0. 247	0. 231	0. 238	0. 252	0. 241	0. 299	0. 288	0. 280	0. 330	0. 284	0. 286
	垫江县	0. 361	0. 310	0. 262	0. 306	0. 309	0. 325	0. 336	0. 324	0. 347	0. 288	0. 304	0. 247
	忠县	0. 293	0. 235	0. 246	0. 258	0. 262	0. 249	0. 273	0. 289	0. 263	0. 303	0. 279	0. 307
	开州区	0. 249	0. 214	0. 191	0. 187	0. 213	0. 217	0. 246	0. 285	0. 286	0. 343	0. 268	0. 240
	云阳县	0. 139	0. 123	0. 115	0. 139	0. 178	0. 176	0. 205	0. 196	0. 195	0. 206	0. 212	0. 191
	奉节县	0. 252	0. 200	0. 222	0. 233	0. 258	0. 258	0. 243	0. 244	0. 219	0. 251	0. 214	0. 188
	巫山县	0. 175	0. 180	0. 183	0. 189	0. 206	0. 200	0. 203	0. 222	0. 217	0. 227	0. 212	0. 167
	巫溪县	0. 106	0. 097	0. 106	0. 118	0. 181	0. 172	0. 171	0. 177	0. 167	0. 159	0. 162	0. 149
	区域均值	0. 241	0. 217	0. 215	0. 229	0. 254	0. 239	0. 263	0. 271	0. 262	0. 276	0. 259	0. 238

续表

年份		2007	2008	2009	2010	2011	2012	2013	2014	2015	2016	2017	2018
渝东南片区	黔江区	0.280	0.303	0.263	0.314	0.343	0.364	0.377	0.411	0.391	0.366	0.401	0.388
	武隆区	0.273	0.256	0.250	0.247	0.279	0.287	0.312	0.335	0.368	0.312	0.293	0.263
	石柱县	0.214	0.194	0.260	0.217	0.241	0.228	0.258	0.298	0.293	0.298	0.264	0.205
	秀山县	0.264	0.275	0.255	0.352	0.318	0.281	0.336	0.339	0.263	0.256	0.257	0.223
	酉阳县	0.141	0.126	0.178	0.200	0.212	0.214	0.258	0.236	0.235	0.234	0.198	0.173
	彭水县	0.275	0.252	0.251	0.229	0.233	0.234	0.250	0.251	0.274	0.268	0.255	0.213
	区域均值	0.241	0.235	0.243	0.260	0.271	0.268	0.298	0.311	0.304	0.289	0.278	0.244
	整体均值	0.396	0.392	0.380	0.415	0.449	0.433	0.436	0.456	0.443	0.437	0.415	0.396

资料来源：计算的原始数据来源于 EPS 数据平台的《重庆县市统计数据库》。

二、市以下转移支付的现状分析

现阶段重庆市对各区县的财政转移支付分为三类：一般性转移支付、专项转移支付以及税收返还。鉴于在 2016 年后重庆市财政局官网重新公开了重庆市市对区县转移支付的预算执行情况，因此，本章分别从总额量形式和占比量形式对 2016 年后重庆市对各区县不同类型转移支付的执算数来展开相关分析，以期把握重庆市市对各区县财政转移支付的近期状况。

表 3－4 和 3－5 分别报告了重庆市市对各区县的一般性转移支付和专项转移支付的规模情况①。可以发现，从重庆各区县的整体均值水平来看，一般性

① 在重庆市财政局官网公布的重庆市市对区县转移支付预算执行情况的财政报告中，未直接公布重庆市对各区县一般性转移支付的总额和专项转移支付的总额，因此作者需要对各区县各分类转移支付进行手工整理，以此来计算出各区县一般性转移支付的总额和专项转移支付的总额。

以 2017 年为例，各区县的一般性转移支付包括：均衡财力和激励引导转移支付、收入分配改革转移支付、体制结算补助、城乡义务教育等转移支付、城乡居民医疗保险转移支付、社会保障转移支付等 9 类；各区县的专项转移支付包括：学前教育发展资金、教师培训补助资金、公共文化服务体系建设专项资金、医疗服务能力建设补助资金、民政管理事务补助资金、社会福利补助资金、环保专项补助资金、城建基础设施建设补助资金、农村人居环境建设补助资金等共计 78 类。此外，值得重点说明的是，各年中的一般性转移支付和专项转移支付所包含的种类与数量并非完全相同，尤其是对于专项转移支付。比如，2018 年各区县的专项转移支付包括共计 79 类；2019 年各区县的专项转移支付包括共计 62 类。

转移支付和专项转移支付在转移支付总规模中的比重分别超过了50%和30%，这表明一般性转移支付和专项转移支付为重庆市市对区县转移支付的最主要的两种形式，而税收返还的地位相对较低，其比重大约只占7%。从各区域一般性转移支付和专项转移支付的均值水平来看，渝东北片区和渝东南片区的数量规模均明显地高于主城片区；从各区域不同类型转移支付占转移支付总规模的比重来看，存在着较为明显的区域差异性。其中，主城片区的一般性转移支付和专项转移支付的比重要明显地低于各区县的整体均值水平，其他区域虽然都存在着一般性转移支付占比高于专项转移支付占比的情况，但对于渝东北片区和渝东南片区，只有一般性转移支付比重要明显地高于各区县的整体均值水平，而渝西片区只有专项转移支付比重要明显高于各区县的整体均值水平。

表3－4　2017～2019年重庆各区县的一般性转移支付规模情况

		总额量形式（万元）			占整体转移支付的比重（%）		
年份		2017	2018	2019	2017	2018	2019
主城片区	渝中区	149390	141400	145624	45.06%	46.51%	47.03%
	大渡口区	51868	62257	37778	51.50%	52.74%	42.12%
	江北区	157649	130680	101283	46.79%	36.99%	31.71%
	沙坪坝区	154892	138994	155767	45.45%	41.10%	43.01%
	九龙坡区	150576	116515	107411	41.64%	36.01%	37.33%
	南岸区	100132	112909	78799	41.98%	40.06%	37.09%
	北碚区	128467	160495	107409	52.94%	51.55%	43.62%
	渝北区	199066	196644	254624	48.49%	46.44%	51.10%
	巴南区	219485	202621	136582	59.80%	54.32%	49.99%
	区域均值	145725	140279	125031	48.04%	44.66%	43.30%
渝西片区	涪陵区	217500	229688	242688	36.67%	33.63%	41.44%
	长寿区	123406	135850	136224	45.45%	48.59%	48.73%
	江津区	219024	235025	249362	50.46%	48.57%	48.26%
	合川区	205844	237518	232948	47.47%	55.56%	52.86%
	永川区	167874	179385	194588	40.92%	44.25%	48.17%
	南川区	157646	167177	167366	51.54%	50.82%	47.57%
	綦江区	233047	247848	262272	45.60%	47.59%	47.36%

续表

		总额量形式（万元）			占整体转移支付的比重（%）		
年份		2017	2018	2019	2017	2018	2019
渝西片区	潼南区	184678	195135	191549	53.86%	57.69%	56.79%
	铜梁区	126727	141734	134958	53.14%	52.90%	53.53%
	大足区	176481	185124	195366	51.11%	52.40%	57.63%
	荣昌区	134060	141424	142698	50.76%	50.56%	46.33%
	璧山区	96505	102397	102365	49.22%	44.88%	42.19%
	区域均值	170233	183192	187699	47.00%	47.83%	48.84%
渝东北片区	万州区	391931	385354	389977	61.57%	63.16%	61.86%
	梁平区	177723	185112	188214	52.92%	53.99%	52.63%
	城口县	134150	153177	158379	46.56%	46.08%	42.55%
	丰都县	199360	208796	222399	58.97%	55.62%	57.55%
	垫江县	189812	192289	183759	58.06%	60.12%	56.74%
	忠县	214915	222328	244084	62.47%	61.84%	58.69%
	开州区	363324	398506	400828	61.91%	67.90%	68.69%
	云阳县	323095	371575	370344	63.62%	68.34%	65.13%
	奉节县	271045	301225	317624	56.17%	61.81%	62.47%
	巫山县	186669	214282	215608	52.22%	56.74%	55.00%
	巫溪县	194461	223818	230801	53.20%	56.98%	53.77%
	区域均值	240590	259678	265638	57.91%	60.41%	58.81%
渝东南片区	黔江区	152278	168142	174542	48.39%	44.68%	47.08%
	武隆区	143176	150433	145560	51.36%	51.56%	51.15%
	石柱县	182227	207225	216594	54.72%	56.98%	58.34%
	秀山县	198575	219792	232846	61.58%	59.11%	57.00%
	酉阳县	264836	308530	316037	60.71%	63.82%	57.78%
	彭水县	212838	251327	258100	58.65%	60.72%	57.05%
	区域均值	192322	217575	223947	56.34%	56.73%	55.19%
	整体均值	188282	200598	201141	52.25%	52.74%	52.31%

资料来源：计算的原始数据来源于重庆市财政局官网。

表 3－5　　2017～2019 年重庆各区县的专项转移支付规模情况

		总额量形式（万元）			占整体转移支付的比重（%）		
年份		2017	2018	2019	2017	2018	2019
主城片区	渝中区	58429	38897	40286	17.62%	12.79%	13.01%
	大渡口区	35698	42643	38772	35.45%	36.12%	43.23%
	江北区	73915	117319	112830	21.94%	33.20%	35.32%
	沙坪坝区	119037	132343	139524	34.93%	39.13%	38.52%
	九龙坡区	138090	134152	107407	38.19%	41.46%	37.33%
	南岸区	73871	104438	69131	30.97%	37.05%	32.54%
	北碚区	82026	118684	106688	33.80%	38.12%	43.32%
	渝北区	132907	148268	165113	32.38%	35.01%	33.14%
	巴南区	112836	135678	101929	30.74%	36.38%	37.31%
	区域均值	91868	108047	97964	30.28%	34.40%	33.93%
渝西片区	涪陵区	311200	388830	278476	52.46%	56.93%	47.55%
	长寿区	111317	106943	106543	41.00%	38.25%	38.11%
	江津区	178835	212735	231198	41.20%	43.96%	44.74%
	合川区	193498	155687	173419	44.62%	36.42%	39.35%
	永川区	205033	188667	172076	49.98%	46.54%	42.59%
	南川区	130533	144109	166773	42.67%	43.80%	47.40%
	綦江区	244044	238956	257607	47.76%	45.89%	46.51%
	潼南区	147583	132513	135150	43.04%	39.17%	40.07%
	铜梁区	91741	106177	97158	38.47%	39.63%	38.54%
	大足区	146688	146024	121487	42.48%	41.33%	35.84%
	荣昌区	111379	119624	146636	42.17%	42.76%	47.61%
	璧山区	77741	103915	118465	39.65%	45.55%	48.82%
	区域均值	162466	170348	167082	44.86%	44.47%	43.48%
渝东北片区	万州区	222842	202944	218677	35.01%	33.26%	34.68%
	梁平区	152915	152557	164201	45.53%	44.50%	45.92%
	城口县	152430	177663	212258	52.90%	53.45%	57.03%
	丰都县	134972	162884	160287	39.92%	43.39%	41.48%
	垫江县	131158	121599	134140	40.12%	38.02%	41.42%
	忠县	124316	132412	167022	36.13%	36.83%	40.16%
	开州区	216132	181001	175332	36.83%	30.84%	30.04%

续表

		总额量形式（万元）			占整体转移支付的比重（%）		
年份		2017	2018	2019	2017	2018	2019
渝东北片区	云阳县	180765	168119	194245	35.59%	30.92%	34.16%
	奉节县	207024	181589	186321	42.90%	37.26%	36.64%
	巫山县	163925	156534	169566	45.86%	41.45%	43.25%
	巫溪县	168762	166699	196159	46.17%	42.44%	45.70%
	区域均值	168658	164000	179837	40.60%	38.15%	39.82%
渝东南片区	黔江区	112151	157946	145889	35.64%	41.97%	39.35%
	武隆区	131538	137259	134954	47.18%	47.05%	47.42%
	石柱县	135956	141606	139863	40.83%	38.94%	37.67%
	秀山县	115170	143349	166954	35.72%	38.55%	40.87%
	酉阳县	165404	168981	224972	37.92%	34.95%	41.13%
	彭水县	137465	149968	181678	37.88%	36.23%	40.16%
	区域均值	132947	149852	165718	38.95%	39.07%	40.84%
	整体均值	142877	150519	154189	39.65%	39.57%	40.10%

资料来源：计算的原始数据来源于重庆市财政局官网。

第二节 各区县基本公共服务供给的现状分析

一、各区县基本公共服务的供给水平状况

虽然目前学术界尚未对基本公共服务均等化的内涵界定达成完全统一的认识，但是大多数学者都强调基本公共服务均等化的标准应该坚持“底线标准”，即对于任何地区的居民，政府都应该为其提供具有统一标准的、底线均等的基本公共服务（郭小聪、代凯，2013；曹静晖，2011；陈昌盛、蔡跃洲，2007）。本节紧密联系重庆各区县的实际情况，基于相关的基本公共服务供给的已有研究成果，借鉴《国民经济与社会发展十三五规划纲要》和《中共中央关于构建社会主义和谐社会若干重大问题的决定》等相关政策文件要求，兼顾指标数据的可获得性原则，重点围绕着基础教育服务、公共卫

生服务、社会保障服务以及公共文化服务等四大方面，对重庆县域基本公共服务的供给现状分析展开分析。沿用学者辛冲冲和陈志勇（2019）、乔俊峰和陈荣汾（2019）、熊兴等（2018）、杨光（2015）、武力超等（2014）对基本公共服务内涵阐释以及对基本公共服务供给水平评价指标体系的设计思路，本节从基本公共服务供给的“投入”与“产出”两个维度，构建了重庆县域基本公共服务供给指标体系，具体指标变量的选取如表 3－6 所示。

表 3－6　　重庆县域基本公共服务供给指标体系

<table>
<tr><th>总指标</th><th>一级指标</th><th>二级指标</th><th>测算方法</th></tr>
<tr><td rowspan="18">重庆县域基本公共服务供给状况</td><td rowspan="5">基础教育服务</td><td>小学生师比（人）</td><td>小学在校学生数/小学专任教师数</td></tr>
<tr><td>每万名学生拥有的小学学校数量（所）</td><td>小学学校数/小学在校学生数</td></tr>
<tr><td>普通中学生师比（人）</td><td>普通中学在校学生数/普通中学专任教师数</td></tr>
<tr><td>每万名学生拥有的普通中学学校数（所）</td><td>普通中学学校数/普通中学在校学生数</td></tr>
<tr><td>人均财政教育支出（元）</td><td>财政教育支出/常住人口</td></tr>
<tr><td rowspan="5">公共卫生服务</td><td>每万人拥有的执业（助理）医师数（人）</td><td>执业（助理）医师/地区常住人口（万人）</td></tr>
<tr><td>每万人拥有的注册护士数（人）</td><td>注册护士/地区常住人口（万人）</td></tr>
<tr><td>每万人拥有的卫生机构床位数（张）</td><td>卫生机构床位数/地区常住人口（万人）</td></tr>
<tr><td>每万人拥有的医院、卫生院个数（个）</td><td>医院、卫生院个数/地区常住人口（万人）</td></tr>
<tr><td>人均财政卫生支出（元）</td><td>财政卫生支出/常住人口</td></tr>
<tr><td rowspan="3">社会保障服务</td><td>每万人拥有的社会福利收养单位床位数（张）</td><td>社会福利收养单位床位数/地区常住人口（万人）</td></tr>
<tr><td>每万人中的年末失业人员登记数（人）</td><td>年末失业人员登记数/地区常住人口（万人）</td></tr>
<tr><td>人均财政社会保障和就业支出（元）</td><td>财政社会保障就业支出/常住人口</td></tr>
<tr><td rowspan="3">公共文化服务</td><td>广播覆盖率（%）</td><td>数据直接来源于《重庆统计年鉴》</td></tr>
<tr><td>电视覆盖率（%）</td><td>数据直接来源于《重庆统计年鉴》</td></tr>
<tr><td>每万人拥有的公共图书馆藏书册数（册）</td><td>公共图书馆藏书/地区常住人口（万人）</td></tr>
</table>

1. 基础教育服务

表 3 – 7 报告了重庆各区县的人均财政教育支出情况。从重庆县域对基础教育服务的资源投入来看，在 2007 ~ 2018 年重庆各区县人均财政教育支出规模呈现出持续增长的趋势，整体均值由 2007 年的 352 元增长至 2018 年的 1909 元，期末值约为期初值的 5.4 倍。从各区域的均值水平来看，在 2007 年期初时表现为渝东南片区均值 > 主城片区均值 > 渝东北片区均值 > 渝西片区均值，但到 2018 年期末时发生了明显变化，表现为渝东南片区均值 > 渝东北片区均值 > 渝西片区均值 > 主城片区均值。无论是从均值增长的绝对量还是从增长幅度来看，渝东南片区最大，渝东北片区次之，渝西片区随后，主城片区最小，期末值相较于期初值分别增长了 6.3 倍、6.2 倍、5.4 倍和 4.0 倍。从极值分布来看，在 2007 年人均财政教育支出水平最低的五个区县分别是合川区（219 元）、九龙坡区（236 元）、丰都县（255 元）、梁平区（266 元）和大足区（268 元），人均财政教育支出水平最高的五个区县分别是江北区（583 元）、黔江区（517 元）、城口县（502 元）、酉阳县（471 元）、永川区（423 元），其中极大值约为极小值的 2.7 倍；在 2018 年人均财政教育支出最低水平的五个区县分别是渝北区（1152 元）、合川区（1342 元）、巴南区（1347 元）、九龙坡区（1400 元）和璧山区（1411 元），人均财政教育支出水平最高的五个区县分别是彭水县（2886 元）、石柱县（2804 元）、酉阳县（2693 元）、城口县（2675 元）、巫溪县（2501 元），其中，极大值约为极小值的 2.5 倍，由此可见，较大值的区县主要是分布在渝东南片区，而较小值的区县则主要是分布在主城片区或渝西片区。

表 3 – 7　2007 ~ 2018 年重庆各区县的人均财政教育支出情况　单位：元

年份		2007	2008	2009	2010	2011	2012	2013	2014	2015	2016	2017	2018
主城片区	渝中区	384	502	636	1075	1187	1822	1336	1337	1437	1544	1951	1877
	大渡口区	340	475	844	899	1111	1184	1323	1470	1598	1472	1760	1531
	江北区	583	675	887	1202	1346	1790	1756	1546	1628	1607	1584	1516
	沙坪坝区	403	471	603	658	637	1321	1023	1015	1311	1460	1535	1569
	九龙坡区	236	294	435	680	938	1420	1405	1395	1524	1509	1249	1400
	南岸区	408	601	702	947	1240	1697	1734	1509	1549	1523	1544	1573
	北碚区	305	390	531	703	853	1172	868	870	986	1186	1489	1513

续表

年份		2007	2008	2009	2010	2011	2012	2013	2014	2015	2016	2017	2018
主城片区	渝北区	330	403	510	487	678	1144	834	754	966	990	1126	1152
	巴南区	388	470	633	826	978	1179	1223	1208	1195	1181	1176	1347
	区域均值	375	476	642	831	996	1414	1278	1234	1355	1386	1490	1497
渝西片区	涪陵区	355	445	570	684	837	1498	1486	1471	1481	1480	1474	1565
	长寿区	343	382	527	863	778	1278	897	932	1119	1251	1396	1573
	江津区	299	360	482	596	806	1032	1075	1154	1452	1512	1651	1634
	合川区	219	326	411	505	588	1065	827	823	924	1073	1251	1342
	永川区	423	595	753	850	1070	1252	1246	1240	1504	1681	1873	1902
	南川区	335	428	514	689	882	1230	1215	1077	1252	1493	1575	1617
	綦江区	303	351	405	645	846	1351	932	1129	1369	1419	1653	1678
	潼南区	319	382	514	727	933	1305	1297	1371	1356	1370	1765	1943
	铜梁区	303	424	528	699	908	1267	1127	1281	1480	1341	1493	1729
	大足区	268	348	416	599	890	1449	1448	1501	1612	1724	1801	1860
	荣昌区	301	459	613	890	943	1258	1255	1303	1467	1727	1820	2037
	璧山区	325	438	498	574	1163	1346	1304	1470	1137	1233	1396	1411
	区域均值	316	411	519	693	887	1278	1176	1229	1346	1442	1596	1691
渝东北片区	万州区	299	369	511	526	726	1205	964	991	1141	1276	1423	1560
	梁平区	266	373	429	541	794	1193	1215	1256	1411	657	1854	2071
	城口县	502	469	550	697	916	2084	1329	1740	1986	6051	2547	2675
	丰都县	255	339	488	495	572	1233	796	1213	1488	1192	2184	2251
	垫江县	328	378	513	581	802	1185	1204	1203	1352	1722	1829	1913
	忠县	275	367	491	496	683	1097	902	1062	1206	2431	1517	1753
	开州区	361	428	539	601	752	1150	1150	1202	1471	896	1688	1905
	云阳县	361	339	440	588	761	1229	956	1197	1545	1644	1908	2030
	奉节县	328	437	515	583	993	1388	1390	1464	1773	1846	2057	2194
	巫山县	353	446	531	625	850	1442	1254	1449	1703	1776	2138	2357
	巫溪县	418	422	544	642	901	1387	1255	1644	1831	2134	2337	2501
	区域均值	341	397	505	579	796	1327	1129	1311	1537	1966	1953	2110

续表

年份		2007	2008	2009	2010	2011	2012	2013	2014	2015	2016	2017	2018
渝东南片区	黔江区	517	587	837	1017	1289	2138	1987	2054	2276	2367	2418	2450
	武隆区	346	389	576	647	884	1522	1357	1765	1831	3000	2362	2359
	石柱县	348	483	633	848	1110	1974	1986	2083	2331	2689	2816	2804
	秀山县	422	560	624	847	1045	1783	1160	1562	1695	1876	2206	2375
	酉阳县	471	496	676	685	1022	1675	1697	1767	2098	2284	2483	2693
	彭水县	365	472	603	702	871	1596	1388	1782	2074	2369	2549	2886
	区域均值	412	498	658	791	1037	1781	1596	1835	2051	2431	2472	2595
	整体均值	352	436	566	708	910	1404	1253	1350	1515	1737	1813	1909

资料来源：计算的原始数据来源于EPS数据平台的《重庆县市统计数据库》。

表3-8报告了重庆各区县的小学生师比情况。从重庆县域对小学师资的数量配置来看，各地区表现出明显的差异性。从样本的整体均值变化来看，虽然在2012年和2013年出现了一定程度上的波动，但是总体上表现出明显的递减趋势，从2007年的19.53人下降到2018年的16.41人，这表明重庆市整体的小学师资数量配置不充足的状况正在持续改善。从各区域的小学生师比均值变化来看，其中，主城片区以2012年为拐点，呈现出先下降后上升的“U”形变化趋势，期末值比期初值高出约1.23人；渝西片区均值除在2011～2014年表现出递增外，在其余时间内均表现出了明显的下降趋势，从2007年的19.21人下降到2018年的16.63人；渝东北片区的均值呈现出持续下降趋势，且下降幅度最为明显，从期初的21.63人下降到期末的15.45人，降幅约为28.6%；渝东南片区的均值变化情况与渝西片区相似，除在2012～2014年表现出递增外，在其余时间内均呈现出明显的下降趋势，从2007年的19.82人下降到2018年的14.72人。从极值分布来看，在2007年小学生师比数值最小的五个区县分别是渝中区（14.98人）、北碚区（15.04人）、武隆区（15.31人）、城口县（15.65人）和巫溪县（15.76人），小学生师比数值最大的五个区县分别是潼南区（26.65人）、巫山县（25.77人）、奉节县（25.41人）、云阳县（25.03人）和开州区（22.78人），其中极大值比极小值高出约11.67人；在2018年小学生师比数值最小的五个区县分别是石柱县（12.68人）、巫溪县（12.69人）、渝中区（12.89人）、长寿区（12.90人）和武隆区

（13.08人），小学生师比数值最大的五个区县分别是南岸区（23.48人）、沙坪坝区（21.54人）、九龙坡区（21.46人）、永川区（19.40人）和大渡口区（18.88人），其中极大值比极小值高出约10.80人，由此可见，极大值与极小值的数量差距表现出减小趋势，期初和期末的较大值与较小值的地区分布发生了明显的改变，尤其是对于渝东北片区，其小学师资的数量配置得到了明显的优化。

表3-8　2007~2018年重庆各区县的小学生师比情况　单位：人

年份		2007	2008	2009	2010	2011	2012	2013	2014	2015	2016	2017	2018
主城片区	渝中区	14.98	15.37	15.54	15.38	15.22	14.78	13.91	13.74	13.63	13.13	12.82	12.89
	大渡口区	20.11	20.20	19.87	19.37	19.02	18.58	18.24	18.35	18.24	18.31	18.34	18.88
	江北区	16.14	15.86	15.81	15.89	15.82	15.69	16.26	16.69	17.35	17.69	18.28	17.13
	沙坪坝区	18.01	17.99	17.65	17.66	17.47	18.07	17.95	18.25	18.69	19.33	20.42	21.54
	九龙坡区	18.17	18.27	17.92	18.29	17.58	17.47	18.08	18.49	18.62	20.15	20.98	21.46
	南岸区	20.17	20.06	19.77	19.73	19.82	19.30	19.48	19.97	20.40	20.83	22.28	23.48
	北碚区	15.04	13.75	12.93	12.23	12.37	12.34	13.09	13.84	14.28	14.65	14.89	15.36
	渝北区	16.14	15.90	15.77	15.77	15.61	15.67	16.30	16.68	17.17	17.46	17.65	17.86
	巴南区	15.96	15.17	14.79	14.91	14.92	15.40	16.11	16.63	17.15	17.16	16.80	17.17
	区域均值	17.19	16.95	16.67	16.58	16.42	16.36	16.60	16.96	17.28	17.64	18.05	18.42
渝西片区	涪陵区	16.72	15.19	14.19	13.58	14.23	15.44	15.90	17.01	17.30	18.08	17.74	17.30
	长寿区	18.81	17.51	16.00	14.09	14.33	14.82	15.21	14.91	14.56	13.72	13.02	12.90
	江津区	21.51	21.76	18.52	18.14	17.48	17.75	18.03	18.61	18.48	18.63	18.10	17.36
	合川区	20.54	18.34	16.96	16.39	16.94	17.66	18.60	19.59	18.91	17.96	17.12	16.89
	永川区	17.83	17.57	17.08	17.06	17.87	19.61	21.02	21.57	21.24	20.51	19.95	19.40
	南川区	17.52	16.09	14.72	14.32	14.48	15.35	16.59	17.67	17.74	16.11	16.41	16.29
	綦江区	17.01	15.78	15.31	15.32	14.49	14.63	14.82	14.82	14.49	14.05	13.81	14.11
	潼南区	26.65	24.26	23.82	22.86	22.42	21.04	19.97	18.71	19.34	17.40	16.28	16.06
	铜梁区	17.00	15.68	15.08	15.14	15.81	17.70	20.30	19.84	18.34	18.49	19.08	17.94
	大足区	16.83	15.27	13.89	13.88	14.89	17.68	18.96	18.92	19.86	18.40	17.82	17.55
	荣昌区	19.98	19.03	17.65	17.45	17.30	17.45	17.59	17.27	16.94	16.42	15.37	15.25
	璧山区	20.18	19.28	18.27	18.10	18.16	18.40	17.57	18.30	18.39	18.04	18.06	18.53
	区域均值	19.21	17.98	16.79	16.36	16.53	17.29	17.88	18.10	17.97	17.32	16.90	16.63

续表

年份		2007	2008	2009	2010	2011	2012	2013	2014	2015	2016	2017	2018
渝东北片区	万州区	20.88	20.47	19.48	18.26	17.66	17.24	17.14	17.71	18.11	18.72	19.00	18.56
	梁平区	21.53	20.07	19.19	18.20	17.77	17.68	18.23	18.86	18.61	18.10	17.12	15.79
	城口县	15.65	15.70	15.31	15.59	15.95	16.34	16.49	16.85	17.24	16.77	16.00	15.69
	丰都县	22.66	22.91	20.06	20.39	21.06	20.63	20.12	19.38	18.79	17.23	16.35	14.95
	垫江县	21.63	20.45	20.31	20.71	21.23	22.17	21.62	21.12	20.08	17.14	15.56	14.69
	忠县	20.78	19.90	18.40	17.64	17.51	19.26	20.49	21.20	19.69	19.24	17.73	16.55
	开州区	22.78	22.68	20.53	20.37	19.15	18.32	18.57	18.68	18.71	18.10	18.05	17.88
	云阳县	25.03	22.61	22.00	21.43	18.62	16.24	15.55	15.24	14.86	14.09	14.25	14.03
	奉节县	25.41	24.06	22.60	20.49	19.25	18.19	16.88	16.59	16.36	15.44	14.49	14.30
	巫山县	25.77	27.10	23.84	21.50	20.95	18.39	18.12	17.36	16.64	15.87	15.36	14.85
	巫溪县	15.76	14.49	12.98	12.51	12.00	12.47	12.52	12.64	12.98	12.66	12.61	12.69
	区域均值	21.63	20.95	19.52	18.83	18.29	17.90	17.79	17.78	17.46	16.67	16.05	15.45
渝东南片区	黔江区	20.92	19.34	18.78	18.16	16.72	17.04	16.83	16.76	16.84	16.57	16.14	16.36
	武隆区	15.31	14.56	13.88	13.36	13.27	13.83	14.66	15.08	15.02	14.19	13.47	13.08
	石柱县	18.02	17.35	15.48	15.04	15.04	15.13	15.02	14.75	14.28	13.18	12.58	12.68
	秀山县	21.33	18.44	16.39	15.25	14.06	13.82	14.05	14.64	14.92	16.12	15.99	15.84
	酉阳县	21.10	18.98	18.33	17.93	17.56	16.59	16.89	17.76	18.11	17.63	17.27	16.42
	彭水县	22.22	18.72	17.60	16.36	15.74	16.15	15.78	15.61	15.37	15.05	14.54	13.92
	区域均值	19.82	17.90	16.74	16.02	15.40	15.43	15.54	15.77	15.76	15.46	15.00	14.72
	整体均值	19.53	18.58	17.54	17.07	16.84	16.96	17.18	17.37	17.31	16.91	16.62	16.41

资料来源：计算的原始数据来源于 EPS 数据平台的《重庆县市统计数据库》。

表 3 -9 报告了重庆各区县的万人小学学校数量情况。从样本的整体均值变化来看，总体上表现出了逐年下降的趋势，从 2007 年的 32.53 减少到 2018 年的 14.62 所，降幅约为 55%。其中，渝东北片区的下降幅度最大，其次是渝东南片区，降幅大约分别为 64% 和 50%。这主要是受到在此期间内全国中小学合并的影响，尤其是对于农村地区，农村小学撤点合并使得农村学校规模小、分布散等情况得到有效的改善。从各区域的均值比较来看，在 2007 年期初表现为渝东北片区均值 > 渝东南片区均值 > 渝西片区均值 > 主城片区均值，

其中渝东北片区均值约为主城片区的2.5倍；在2018年期末时表现为渝东南片区均值 > 渝东北片区均值 > 渝西片区均值 > 主城片区均值，其中渝东南片区均值约为主城片区的1.9倍，均值最大的区域与均值最小的区域间差距明显减小。

表3-9　　2007~2018年重庆各区县的万人小学学校数量情况　　单位：所

年份		2007	2008	2009	2010	2011	2012	2013	2014	2015	2016	2017	2018
主城片区	渝中区	11.78	11.17	11.20	10.12	9.36	10.04	10.45	9.94	10.12	10.34	10.45	10.58
	大渡口区	13.41	12.43	12.54	12.51	11.94	11.88	11.71	11.32	11.62	11.60	10.40	9.51
	江北区	20.75	20.21	18.92	14.12	14.52	13.22	12.20	11.25	10.61	10.35	9.18	8.34
	沙坪坝区	14.83	13.70	13.57	12.05	11.96	11.85	11.25	11.24	9.90	9.28	9.70	8.34
	九龙坡区	12.54	10.45	10.03	9.51	9.49	7.97	7.55	6.98	6.81	6.37	6.27	5.85
	南岸区	14.32	13.86	12.25	9.88	9.54	9.58	9.78	8.99	8.54	7.81	7.61	6.97
	北碚区	23.82	22.33	23.48	23.39	23.06	23.39	21.88	19.39	17.04	16.32	15.00	14.20
	渝北区	27.91	27.07	26.14	20.25	16.91	14.45	10.74	10.18	9.98	9.57	7.80	7.47
	巴南区	26.59	14.22	14.95	15.63	15.13	13.07	13.32	12.08	11.85	11.44	11.75	11.39
	区域均值	18.44	16.16	15.90	14.16	13.55	12.83	12.10	11.26	10.72	10.34	9.80	9.18
渝西片区	涪陵区	21.04	21.40	19.62	19.17	18.92	17.96	15.91	15.06	14.43	13.87	13.09	13.39
	长寿区	21.46	19.71	18.68	16.70	8.47	8.27	16.16	16.61	16.55	16.87	17.09	17.10
	江津区	50.83	53.72	70.78	28.18	23.96	22.30	21.68	20.20	11.57	11.24	11.47	11.74
	合川区	15.57	17.39	19.15	19.72	19.98	19.79	18.79	17.74	16.11	16.06	16.03	15.39
	永川区	42.37	41.89	40.24	34.96	32.52	29.84	23.62	21.54	20.04	14.20	14.50	14.84
	南川区	25.52	20.09	17.93	17.76	17.12	16.34	15.23	14.90	14.27	13.51	13.07	13.28
	綦江区	45.10	44.15	41.15	10.77	13.71	13.03	12.93	13.15	12.40	12.34	11.81	11.86
	潼南区	26.87	27.44	25.00	24.23	25.25	24.36	26.81	28.63	26.49	24.51	24.44	23.75
	铜梁区	20.04	23.69	20.68	17.70	17.15	15.80	14.36	13.48	12.92	12.27	12.11	12.60
	大足区	44.24	47.72	47.26	45.63	37.48	32.10	27.79	25.66	23.03	22.40	21.77	22.28
	荣昌区	38.77	37.11	37.65	32.47	31.44	29.28	29.67	29.19	28.62	26.72	26.34	26.25
	璧山区	13.21	13.97	13.26	13.46	13.88	13.91	13.34	10.40	9.93	10.46	9.34	9.10
	区域均值	30.42	30.69	30.95	23.40	21.66	20.25	19.69	18.88	17.20	16.20	15.92	15.96

续表

年份		2007	2008	2009	2010	2011	2012	2013	2014	2015	2016	2017	2018
渝东北片区	万州区	24.67	22.17	23.88	19.88	21.02	18.91	19.32	17.30	10.03	9.70	9.49	11.76
	梁平区	40.86	40.51	28.75	11.97	12.19	11.98	11.44	12.04	12.10	12.22	12.56	13.15
	城口县	87.57	89.49	94.57	89.96	89.56	71.30	68.93	66.43	62.11	33.16	33.63	20.32
	丰都县	26.32	27.60	27.95	26.25	22.76	22.09	21.71	21.77	22.40	12.26	13.09	13.68
	垫江县	21.21	21.37	20.73	19.03	18.54	8.97	13.45	12.05	12.80	13.55	14.91	14.87
	忠县	66.26	69.72	71.13	41.97	41.97	39.94	37.15	32.62	14.74	14.61	15.26	16.50
	开州区	44.19	40.58	40.17	35.55	37.67	33.47	29.64	29.09	27.94	9.04	9.19	9.33
	云阳县	39.31	51.16	59.17	41.09	39.69	37.02	36.64	36.66	36.78	15.12	14.74	14.83
	奉节县	39.37	39.53	40.40	39.97	41.62	39.28	39.91	38.81	37.23	15.37	16.15	16.68
	巫山县	45.42	42.51	47.24	44.74	46.22	53.23	55.21	52.78	49.03	22.71	23.31	23.88
	巫溪县	62.19	61.93	65.15	65.36	67.25	66.04	66.38	66.13	51.54	22.90	22.73	22.81
	区域均值	45.21	46.05	47.20	39.61	39.86	36.57	36.34	35.06	30.61	16.42	16.82	16.16
渝东南片区	黔江区	34.06	34.91	32.57	31.97	27.63	27.52	26.21	23.66	23.65	22.55	22.65	16.69
	武隆区	34.41	34.23	35.90	32.75	33.42	31.16	30.09	28.74	28.43	20.54	21.32	22.30
	石柱县	48.76	50.81	49.82	43.99	44.34	41.65	44.34	45.56	47.43	20.36	21.94	22.80
	秀山县	37.65	41.88	45.71	48.87	53.62	45.60	34.72	32.41	31.50	10.41	10.79	11.03
	酉阳县	25.84	27.74	26.00	25.73	26.94	27.97	27.32	25.59	20.89	15.35	15.53	15.84
	彭水县	27.26	29.38	29.84	27.13	20.65	21.82	23.49	23.83	23.83	13.98	14.53	15.06
	区域均值	34.66	36.49	36.64	35.07	34.43	32.62	31.03	29.97	29.29	17.20	17.79	17.29
	整体均值	32.53	32.61	32.99	27.75	27.02	25.17	24.50	23.51	21.45	15.04	15.03	14.62

资料来源：计算的原始数据来源于 EPS 数据平台的《重庆县市统计数据库》。

表 3－10 报告了重庆各区县的普通中学生师比情况。从重庆县域对普通中学师资的数量配置来看，各地区表现出一定程度上的差异性。从样本的整体均值变化来看，总体上呈现出了逐年下降的趋势，从 2007 年期初的 18.3 人减少到 2018 年期末的 14.1 人，这说明重庆市整体的普通中学师资数量配置不充足的状况正在持续改善，但相较于小学生师比的变化幅度而言，普通中学生师比的变化程度不那么明显。从各区域的普通中学生师比均值变化来看，总体上均表现出稳步下降的趋势，其中，渝东南片区的变化程度最大，从期初的 19.91 人下降到期末的 14.42 人，降幅约为 27.6%；渝东北片区次之，从期初的 20.58 人下降到期末的 15.13 人，降幅约为 26.5%；渝西片区随后，从期初的

17.83 人下降到期末的 13.96 人，降幅约为 21.7%；主城片区居后，从期初的 15.05 人下降到期末的 12.79 人，降幅约为 15.0%。从极值分布来看，在 2007 年普通中学生师比数值最小的五个区县分别是渝中区（13.72 人）、渝北区（14.37 人）、沙坪坝区（14.47 人）、南岸区（14.64 人）和江北区（14.85 人），普通中学生师比数值最大的五个区县分别是云阳县（25.75 人）、梁平区（22.59 人）、奉节县（22.51 人）、潼南区（21.48 人）和开州区（21.35 人），其中极大值比极小值高出约 12.03 人；在 2018 年普通中学生师比数值最小的五个区县分别是渝中区（8.45 人）、长寿区（11.08 人）、綦江区（11.24 人）、大渡口区（11.84 人）和巴南区（12.33 人），普通中学生师比数值最大的五个区县分别是垫江县（18.28 人）、江北区（17.29 人）、忠县（16.09 人）、南川区（15.57 人）和酉阳县（15.53 人），其中极大值比极小值高出约 9.83 人。由此可见，期初时较小值分布全为主城地区，较大值基本分布在渝东北片区，而到期末时的较大值与较小值的地区分布发生了明显的改变，特别是对于渝东北片区，其普通中学师资的数量配置得到了明显的优化。此外，极大值与极小值的数量差距也呈现出减小趋势。

表 3-10　2007～2018 年重庆各区县的普通中学生师比情况　单位：人

年份		2007	2008	2009	2010	2011	2012	2013	2014	2015	2016	2017	2018
主城片区	渝中区	13.72	12.63	11.27	10.94	10.58	10.28	10.02	9.44	8.84	8.41	8.28	8.45
	大渡口区	15.90	16.56	16.49	16.39	15.83	15.19	14.86	13.51	12.14	10.97	11.04	11.84
	江北区	14.85	15.11	16.82	15.93	16.41	15.96	20.47	19.90	17.99	17.34	18.03	17.29
	沙坪坝区	14.47	13.57	13.52	13.02	12.56	11.74	11.14	11.11	11.55	11.53	11.88	12.55
	九龙坡区	14.97	14.12	13.64	13.45	12.97	12.68	12.37	12.37	12.67	13.01	13.28	13.51
	南岸区	14.64	15.58	16.33	16.93	16.35	15.74	14.83	14.25	13.87	14.13	13.83	13.67
	北碚区	15.54	15.52	15.12	15.13	14.60	14.74	13.69	13.37	12.30	11.38	11.99	12.59
	渝北区	14.37	14.48	14.11	13.89	13.97	13.89	13.80	13.62	13.00	12.67	12.77	12.87
	巴南区	16.97	16.65	15.79	15.43	14.08	13.81	13.51	13.06	12.47	11.97	11.90	12.33
	区域均值	15.05	14.91	14.79	14.57	14.15	13.78	13.85	13.40	12.76	12.38	12.56	12.79
渝西片区	涪陵区	16.19	16.84	16.87	16.25	15.57	14.46	13.99	13.95	13.13	12.88	12.58	13.89
	长寿区	16.20	16.49	16.80	15.38	13.86	12.80	11.89	11.35	10.54	10.39	10.61	11.08
	江津区	17.28	17.57	16.27	15.94	15.24	15.23	14.44	14.37	13.92	14.05	14.26	15.01

续表

年份		2007	2008	2009	2010	2011	2012	2013	2014	2015	2016	2017	2018
渝西片区	合川区	20.12	20.71	20.36	19.23	17.73	16.18	14.58	13.69	12.90	12.48	12.53	13.17
	永川区	15.35	15.29	14.83	14.66	14.23	13.19	12.58	12.54	12.53	13.26	14.24	15.46
	南川区	17.64	18.82	18.29	18.17	18.11	16.68	15.15	14.81	14.79	14.97	15.28	15.57
	綦江区	17.69	17.25	16.67	15.98	14.73	13.61	12.53	11.54	11.01	10.77	10.87	11.24
	潼南区	21.48	22.08	20.96	19.51	17.98	16.43	15.10	14.67	14.21	13.40	14.01	14.04
	铜梁区	19.81	20.42	19.43	18.00	16.63	15.74	15.12	14.56	14.84	13.41	13.72	14.80
	大足区	18.39	18.04	16.42	15.20	13.60	12.33	10.96	11.12	10.81	12.23	13.94	14.49
	荣昌区	16.73	17.23	17.52	16.52	15.61	14.57	14.23	13.74	13.58	14.45	14.11	14.80
	璧山区	17.12	17.54	17.86	16.99	16.10	14.65	13.50	12.86	13.25	13.55	13.98	14.02
	区域均值	17.83	18.19	17.69	16.82	15.78	14.66	13.67	13.27	12.96	12.99	13.35	13.96
渝东北片区	万州区	20.07	20.27	19.74	19.35	18.99	18.04	17.39	16.32	15.05	14.08	13.61	14.14
	梁平区	22.59	21.32	20.93	19.59	18.26	17.02	16.02	15.20	14.08	14.04	14.29	15.22
	城口县	16.63	16.00	16.94	17.03	16.23	16.01	16.04	16.08	15.26	15.64	15.37	14.80
	丰都县	18.23	19.79	19.13	18.28	17.08	16.62	16.03	16.16	16.04	16.14	15.78	15.29
	垫江县	21.20	20.72	20.68	20.67	19.60	20.09	18.90	18.20	18.79	18.23	18.66	18.28
	忠县	18.44	18.83	18.13	17.91	18.01	16.95	16.06	14.89	13.62	13.99	14.65	16.09
	开州区	21.35	21.14	19.84	19.64	18.23	16.09	15.50	14.96	15.18	15.01	14.92	15.37
	云阳县	25.75	25.06	23.91	23.90	23.37	20.21	18.52	17.41	15.97	15.42	14.95	14.68
	奉节县	22.51	23.57	22.39	21.66	20.43	19.83	17.82	17.27	16.54	15.42	15.01	15.36
	巫山县	19.14	18.25	17.99	17.92	17.06	15.77	15.32	14.82	14.03	13.88	13.62	13.68
	巫溪县	20.43	19.95	18.43	16.92	15.47	14.40	13.68	14.04	13.76	13.45	13.41	13.56
	区域均值	20.58	20.45	19.83	19.35	18.43	17.37	16.48	15.94	15.30	15.03	14.93	15.13
渝东南片区	黔江区	20.35	21.49	20.61	18.95	17.27	16.21	15.65	15.17	15.04	14.70	13.67	13.11
	武隆区	17.96	19.03	18.57	18.57	18.59	17.19	16.31	15.14	15.07	14.58	15.00	14.89
	石柱县	19.87	20.02	20.36	20.46	18.50	16.97	15.76	15.28	14.80	14.40	14.37	14.26
	秀山县	19.57	19.82	18.68	17.77	16.80	14.97	13.93	13.46	13.01	13.54	13.54	13.49
	酉阳县	20.62	22.02	22.70	22.34	20.31	18.49	16.74	15.89	15.24	15.10	15.72	15.53
	彭水县	21.09	22.54	22.00	20.82	20.59	18.51	17.22	16.56	16.49	16.58	16.00	15.25
	区域均值	19.91	20.82	20.49	19.82	18.68	17.06	15.93	15.25	14.94	14.82	14.72	14.42
	整体均值	18.30	18.48	18.06	17.49	16.62	15.61	14.88	14.39	13.90	13.72	13.83	14.10

资料来源：计算的原始数据来源于 EPS 数据平台的《重庆县市统计数据库》。

表3－11报告了重庆各区县的万人普通中学学校数量情况。从样本的整体均值变化来看，共经历了两次下降变化。第一次是从2007年的7.46所下降到2010年的6.67所；第二次是从2015年的7.33所下降到2018年的6.75所。从期初和期末值的变化来看，总体上下降了0.71所。从各区域的变化幅度来看，主城片区的下降幅度最大，其次是渝东南片区，降幅大约分别为11.9%和11.8%，渝东北片区的下降幅度最小，约为5.3%。从各区域的均值比较来看，在2007年期初时表现为渝西片区均值>主城片区均值>渝东南片区均值>渝东北片区均值，其中渝西片区均值约为渝东北片区的1.13倍；在2018年期末时表现为渝西片区均值>主城片区均值>渝东北片区均值>渝东南片区均值，其中渝东南片区均值约为主城片区的1.08倍，均值最大的区域与均值最小的区域间差距发生了减小，但并不明显。

表3－11　2007～2018年重庆各区县的万人普通中学学校数量情况　单位：所

	年份	2007	2008	2009	2010	2011	2012	2013	2014	2015	2016	2017	2018
主城片区	渝中区	6.00	5.39	5.86	5.54	5.35	5.49	5.63	5.49	5.86	6.17	6.32	6.19
	大渡口区	4.27	4.01	3.91	3.87	4.48	4.53	4.58	5.50	5.84	6.90	6.71	6.22
	江北区	7.95	6.71	5.60	5.47	4.83	4.76	4.64	4.62	4.78	4.85	5.25	5.35
	沙坪坝区	7.31	7.51	7.10	7.47	7.25	7.12	6.89	7.02	7.66	8.00	7.81	7.49
	九龙坡区	7.48	7.13	6.54	6.51	6.49	6.23	6.05	5.65	5.46	5.04	4.99	5.03
	南岸区	8.37	7.54	6.69	6.25	6.17	6.26	6.62	6.63	6.38	5.94	6.68	6.88
	北碚区	6.43	6.65	6.67	6.36	6.38	6.71	6.86	6.91	5.80	5.69	5.80	5.36
	渝北区	9.74	9.91	9.60	8.70	8.74	7.51	7.26	7.43	7.68	7.33	7.03	7.03
	巴南区	10.74	10.81	10.97	10.27	9.78	9.88	9.96	10.25	11.07	11.15	10.62	10.69
	区域均值	7.59	7.30	6.99	6.72	6.61	6.50	6.50	6.61	6.73	6.79	6.80	6.69
渝西片区	涪陵区	8.94	8.31	8.14	8.25	8.50	9.14	8.83	8.35	9.08	9.30	9.30	8.36
	长寿区	5.84	5.58	5.73	5.99	6.43	7.25	7.79	8.16	8.67	8.89	8.87	9.36
	江津区	7.96	7.70	8.16	8.01	7.49	7.75	7.95	7.09	7.16	7.13	7.07	6.65
	合川区	5.06	4.72	4.70	4.82	5.19	5.67	6.28	6.12	6.37	6.54	6.58	6.34
	永川区	9.49	8.85	8.83	8.33	8.46	8.55	8.17	8.10	8.03	6.92	6.47	6.05
	南川区	11.23	10.50	10.28	9.84	9.98	10.53	10.77	9.33	9.28	6.13	5.98	5.56
	綦江区	10.58	10.26	10.49	10.94	10.67	11.28	12.29	12.90	13.29	13.61	13.90	13.85
	潼南区	7.77	6.50	6.87	6.49	7.13	7.69	7.75	8.13	7.95	6.21	5.84	5.68

续表

年份		2007	2008	2009	2010	2011	2012	2013	2014	2015	2016	2017	2018
渝西片区	铜梁区	5.02	5.09	4.81	4.89	5.28	5.62	6.09	6.67	6.85	5.66	5.48	5.06
	大足区	5.67	5.06	5.36	5.35	5.96	6.59	6.95	7.11	7.39	7.23	7.17	6.42
	荣昌区	9.33	9.09	8.67	8.80	8.55	8.26	8.10	8.20	7.40	6.36	5.34	5.19
	璧山区	7.34	7.37	6.78	7.19	7.51	8.09	8.42	8.82	8.86	7.65	6.21	6.14
	区域均值	7.85	7.42	7.40	7.41	7.60	8.04	8.28	8.25	8.36	7.64	7.35	7.05
渝东北片区	万州区	6.40	5.92	5.80	5.72	5.80	5.73	5.83	6.02	6.43	6.84	7.11	7.04
	梁平区	6.94	6.52	6.35	6.57	6.87	7.01	7.46	7.85	8.09	7.99	8.05	7.30
	城口县	7.59	7.19	6.83	6.52	6.50	6.54	6.55	6.50	6.60	6.40	6.87	6.50
	丰都县	13.15	10.42	9.21	9.48	9.12	9.19	9.13	9.10	9.08	8.82	8.83	8.73
	垫江县	7.01	6.40	6.43	6.36	5.77	5.00	5.02	5.09	4.74	4.51	4.15	3.60
	忠县	5.77	5.54	5.46	5.48	5.72	6.05	6.37	6.27	6.11	6.13	5.44	4.96
	开州区	6.51	6.12	5.94	5.66	5.97	6.48	6.50	7.46	7.44	7.49	7.40	7.20
	云阳县	7.31	6.89	6.60	6.05	6.21	6.96	7.06	7.46	8.05	7.26	6.87	6.96
	奉节县	5.31	5.09	5.03	4.80	5.12	5.38	5.93	5.99	6.36	6.71	6.87	6.75
	巫山县	5.14	5.05	5.29	5.12	5.22	5.43	5.63	5.78	5.93	5.70	6.08	5.99
	巫溪县	5.56	5.45	5.69	6.16	6.42	6.98	7.27	7.14	7.69	8.03	7.89	7.55
	区域均值	6.97	6.42	6.24	6.17	6.25	6.43	6.61	6.79	6.96	6.90	6.87	6.60
渝东南片区	黔江区	6.87	6.10	5.78	5.23	5.32	5.27	5.37	5.78	5.80	6.17	7.15	7.30
	武隆区	6.58	6.11	5.02	5.00	5.18	5.72	6.15	6.08	6.10	6.13	5.95	5.24
	石柱县	6.47	5.57	5.38	5.68	5.97	6.41	6.71	7.18	7.25	6.81	6.70	6.61
	秀山县	6.95	6.66	7.06	7.02	7.29	7.95	7.71	7.78	8.18	7.93	7.76	7.27
	酉阳县	9.02	7.40	7.12	6.75	7.12	7.87	7.94	8.46	8.55	7.93	7.62	7.24
	彭水县	8.44	7.52	6.70	6.42	8.86	7.64	6.21	5.89	5.40	5.45	5.43	5.43
	区域均值	7.39	6.56	6.18	6.02	6.62	6.81	6.68	6.86	6.88	6.74	6.77	6.52
	整体均值	7.46	6.96	6.78	6.67	6.82	7.01	7.12	7.22	7.33	7.08	6.99	6.75

资料来源：计算的原始数据来源于 EPS 数据平台的《重庆县市统计数据库》。

2. 公共卫生服务

表 3－12 报告了重庆各区县的人均财政卫生支出情况。从重庆县域对公共卫生服务的资源投入来看，2007～2018 年重庆各区县人均财政卫生支出规模表现出明显的持续增长趋势，整体均值由 2007 年的 103 元增长至 2018 年的

1092元，期末值约为期初值的10.6倍。从各区域的均值水平来看，在2007年期初时表现为渝东南片区均值 > 主城片区均值 > 渝西片区均值 > 渝东北片区均值，除渝东南片区外，其余各区域的均值水平相距并不明显，渝东南片区均值也仅为渝东北片区的1.26倍。但到2018年期末时发生了明显变化，表现为渝东北片区均值 > 渝东南片区均值 > 渝西片区均值 > 主城片区均值，渝东北片区均值和渝东南片区均值分别为主城片区的1.80倍和1.78倍。无论是从均值增长的绝对量还是从增长幅度来看，渝东北片区最大，主城片区最小，期末值相较于期初值分别增长了13.4倍和6.8倍。从极值分布来看，在2007年人均财政卫生支出水平最低的五个区县分别是奉节县（66元）、大足区（69元）、北碚区（70元）、潼南区（74元）和巫山县（75元），人均财政卫生支出水平最高的五个区县分别是城口县（159元）、江北区（153元）、黔江区（146元）、南岸区（135元）、武隆区（131元），其中极大值约为极小值的2.4倍；在2018年人均财政卫生支出水平最低的五个区县分别是渝北区（624元）、九龙坡区（680元）、大渡口区（696元）、渝中区（704元）和江北区（723元），人均财政卫生支出水平最高的五个区县分别是城口县（1538元）、石柱县（1466元）、巫溪县（1391元）、巫山县（1374元）、梁平区（1372元），其中极大值约为极小值的2.5倍。其中，造成近年来渝东北片区和渝东南片区均值水平普遍高于主城片区和渝西片区均值水平的主要原因是，渝东北片区和渝东南片区主要为人口净流出区县，即地区常住人口数远小于地区户籍人口数，而主城片区和渝西片区主要为人口净流入区县，即地区常住人口数远大于地区户籍人口数。

表3-12　2007~2018年重庆各区县的人均财政卫生支出情况　单位：元

年份		2007	2008	2009	2010	2011	2012	2013	2014	2015	2016	2017	2018
主城片区	渝中区	110	183	189	278	354	358	399	572	616	640	727	704
	大渡口区	105	142	198	211	372	348	357	537	580	684	669	696
	江北区	153	193	252	245	301	346	387	536	595	768	639	723
	沙坪坝区	88	173	203	207	267	418	503	552	615	817	684	746
	九龙坡区	99	138	169	225	264	342	416	599	630	637	616	680
	南岸区	135	197	252	304	594	625	619	841	807	791	722	754
	北碚区	70	124	157	250	328	410	494	569	670	664	752	831

续表

年份		2007	2008	2009	2010	2011	2012	2013	2014	2015	2016	2017	2018
主城片区	渝北区	113	190	211	188	323	334	300	387	510	479	532	624
	巴南区	81	130	142	184	316	358	422	593	688	755	769	735
	区域均值	106	163	197	232	347	393	433	576	635	693	679	722
渝西片区	涪陵区	113	169	229	304	449	572	650	849	1426	1582	1168	1108
	长寿区	124	203	250	328	416	507	573	762	789	937	1350	1061
	江津区	98	145	218	337	432	475	570	742	993	933	954	1206
	合川区	88	180	192	341	446	459	499	587	804	827	900	943
	永川区	127	187	248	314	475	946	1087	940	1032	1123	901	935
	南川区	110	195	245	305	478	605	632	841	947	965	1080	1039
	綦江区	83	132	245	240	437	457	557	758	888	988	1042	1069
	潼南区	74	144	259	305	532	597	664	887	970	995	1106	1263
	铜梁区	94	160	242	495	567	601	638	830	908	907	1174	1168
	大足区	69	122	171	256	515	577	676	835	967	1028	1079	1097
	荣昌区	90	137	214	285	405	483	608	699	790	842	941	1129
	璧山区	104	171	201	263	401	852	1194	1100	1108	1153	1114	1003
	区域均值	98	162	226	314	463	594	696	819	969	1023	1067	1085
渝东北片区	万州区	98	173	241	245	382	502	607	615	709	748	946	937
	梁平区	99	126	171	251	429	610	628	913	1133	337	1349	1372
	城口县	159	201	349	295	575	637	748	1051	1384	4151	1296	1538
	丰都县	104	120	175	245	385	503	589	766	1351	688	1801	1356
	垫江县	89	148	226	294	428	547	724	926	1008	1283	1645	1313
	忠县	98	146	177	293	528	554	690	792	1357	1918	1224	1234
	开州区	88	182	199	278	456	539	641	826	1135	639	1094	1243
	云阳县	86	181	214	275	474	574	709	862	1070	1153	1209	1267
	奉节县	66	76	157	276	404	506	604	820	1131	1668	1778	1227
	巫山县	75	141	191	292	438	552	661	819	991	1037	1127	1374
	巫溪县	107	137	247	271	458	532	715	803	952	1048	1175	1391
	区域均值	97	148	213	274	451	551	665	836	1111	1334	1331	1296
渝东南片区	黔江区	146	225	276	373	539	649	723	967	1147	1220	1256	1224
	武隆区	131	193	336	293	479	512	626	921	937	2422	1303	1256
	石柱县	117	159	207	310	506	415	543	861	1202	1280	1354	1466

续表

年份		2007	2008	2009	2010	2011	2012	2013	2014	2015	2016	2017	2018
渝东南片区	秀山县	119	155	225	316	557	584	729	895	960	1132	1124	1290
	酉阳县	114	164	299	297	493	584	672	856	1071	1200	1329	1154
	彭水县	102	140	230	271	459	542	613	856	1042	1053	1081	1321
	区域均值	122	173	262	310	505	548	651	893	1060	1385	1242	1285
	整体均值	103	160	221	283	438	527	618	778	945	1092	1079	1092

资料来源：计算的原始数据来源于 EPS 数据平台的《重庆县市统计数据库》。

表 3－13 报告了重庆各区县的万人执业（助理）医师数情况。从重庆县域对执业医师的数量配置来看，各地区表现出了一定的差异性。从样本整体均值和各区域均值的变化趋势来看，均呈现出明显的递增趋势。具体来看，主城片区均值从期初的 21.08 人增长到期末的 38.62 人，涨幅约为 83.2%；渝西片区均值从期初的 12.57 人增长到期末的 19.64 人，涨幅约为 56.2%；渝东北片区均值从期初的 10.71 人增长到期末的 19.71 人，涨幅约为 84.0%；渝东南片区均值从期初的 10.23 人增长到期末的 19.91 人，涨幅约为 94.6%。其中，渝东北和渝东南片区的期初与期末值差距并不明显，而主城片区的期初、期末均值都显著地高于其他地区。从极值分布来看，在 2007 年万人执业（助理）医师数值最小的五个区县分别是彭水县（7.36 人）、秀山县（7.86 人）、巫山县（7.97 人）、大足区（8.72 人）和巫溪县（9.09 人），万人执业（助理）医师数值最大的五个区县分别是渝中区（53.31 人）、江北区（22.33 人）、大渡口区（20.73 人）、九龙坡区（18.56 人）和北碚区（18.25 人），其中极大值比极小值高出约 45.95 人；在 2018 年万人执业（助理）医师数值最小的五个区县分别是大足区（14.95 人）、潼南区（15.06 人）、酉阳县（15.61 人）、江津区（16.21 人）和丰都县（17.33 人），万人执业（助理）医师数值最大的五个区县分别是渝中区（99.11 人）、江北区（40.29 人）、南岸区（35.38 人）、九龙坡区（34.85 人）和沙坪坝区（34.46 人），其中极大值比极小值高出约 84.16 人，由此可见，极大值与极小值的数量差距表现出明显的增大趋势。较大值的区县基本上分布在主城片区，而较小值的区县主要分布在渝东北和渝东南片区。

表3-13 2007~2018年重庆各区县的万人执业（助理）医师数情况 单位：人

年份		2007	2008	2009	2010	2011	2012	2013	2014	2015	2016	2017	2018
主城片区	渝中区	53.31	56.55	55.01	64.23	68.84	68.52	73.64	85.24	85.67	85.24	89.07	99.11
	大渡口区	20.73	21.86	22.76	21.26	20.08	22.42	25.58	27.00	28.85	29.74	30.99	31.51
	江北区	22.33	21.77	25.15	23.85	21.94	25.88	28.33	32.37	33.01	35.43	38.12	40.29
	沙坪坝区	15.26	15.22	17.73	18.31	19.56	20.90	22.39	23.26	25.75	28.66	29.85	34.46
	九龙坡区	18.56	18.29	21.84	22.59	24.99	26.16	26.92	28.72	30.94	30.50	32.71	34.85
	南岸区	17.48	17.88	17.79	19.23	19.61	20.29	21.28	23.01	24.87	26.46	24.74	35.38
	北碚区	18.25	19.64	17.62	27.06	26.45	24.83	22.78	21.68	21.92	21.62	22.40	27.52
	渝北区	9.33	10.20	13.50	12.12	12.19	12.87	16.33	15.54	17.31	19.78	22.70	20.98
	巴南区	14.42	14.11	14.43	15.49	17.09	17.21	17.61	17.84	19.04	20.85	21.52	23.45
	区域均值	21.08	21.72	22.87	24.90	25.64	26.56	28.32	30.52	31.93	33.14	34.68	38.62
渝西片区	涪陵区	16.07	15.39	16.79	17.58	18.60	18.98	19.51	19.49	19.92	20.60	21.70	23.54
	长寿区	12.90	13.07	14.38	14.17	15.00	14.53	15.60	16.07	15.60	15.61	17.13	17.93
	江津区	10.75	10.65	4.51	12.16	12.54	14.57	14.78	14.52	15.12	15.39	16.20	16.21
	合川区	10.65	9.98	3.03	10.90	12.79	12.30	12.68	13.49	14.13	15.12	16.06	19.43
	永川区	14.63	13.77	5.51	13.90	14.57	15.75	17.59	17.45	17.71	18.51	18.81	21.38
	南川区	12.14	12.47	9.06	13.49	14.22	13.80	16.62	15.51	17.61	18.44	20.20	21.69
	綦江区	10.41	10.33	16.88	12.47	14.26	13.91	14.09	15.77	13.97	15.40	16.11	19.50
	潼南区	9.40	9.27	18.96	11.41	13.56	18.99	11.13	11.70	10.48	12.74	13.64	15.06
	铜梁区	16.31	16.70	21.49	16.95	19.13	15.34	19.42	19.15	19.85	20.04	20.76	22.64
	大足区	8.72	8.77	8.97	10.15	11.43	10.13	12.86	12.91	14.03	14.08	14.50	14.95
	荣昌区	14.07	13.77	14.39	14.27	17.80	18.81	19.13	18.89	19.71	20.02	19.87	21.17
	璧山区	14.84	14.53	13.17	13.75	14.86	14.31	13.73	13.69	19.77	21.10	22.05	22.21
	区域均值	12.57	12.39	12.26	13.43	14.90	15.12	15.59	15.72	16.49	17.25	18.09	19.64
渝东北片区	万州区	17.48	17.66	18.42	19.09	22.68	23.02	24.50	24.88	24.64	25.90	26.04	25.63
	梁平区	9.59	9.61	14.88	11.78	14.51	15.91	16.12	17.12	17.52	18.51	18.75	20.33
	城口县	12.32	12.11	35.93	11.24	12.35	12.12	13.64	14.13	16.64	15.95	18.34	19.79
	丰都县	9.66	8.78	15.07	9.66	11.06	11.90	12.83	12.99	15.09	15.66	16.42	17.33
	垫江县	10.10	11.30	10.61	13.63	14.96	15.43	15.85	17.00	18.03	19.66	20.79	21.23
	忠县	11.11	11.12	2.99	11.99	14.39	15.23	15.79	16.37	16.14	15.77	17.06	18.60
	开州区	10.87	11.77	4.92	12.16	15.87	16.64	17.39	17.87	16.63	17.14	18.08	19.38
	云阳县	9.72	9.62	8.47	14.30	14.95	16.22	16.57	16.26	15.94	16.45	17.30	19.89

续表

年份		2007	2008	2009	2010	2011	2012	2013	2014	2015	2016	2017	2018
渝东北片区	奉节县	9.85	8.41	4.62	9.86	11.56	11.92	12.82	13.43	14.62	15.69	16.35	18.64
	巫山县	7.97	8.02	17.68	9.09	10.80	12.50	13.24	14.36	17.76	17.80	17.27	18.67
	巫溪县	9.09	9.84	31.07	12.03	10.16	10.59	11.61	11.98	13.25	14.91	15.47	17.33
	区域均值	10.71	10.75	14.97	12.26	13.93	14.68	15.49	16.03	16.93	17.59	18.35	19.71
渝东南片区	黔江区	12.82	12.34	13.82	17.37	17.54	18.04	18.63	19.40	20.24	19.31	20.18	21.68
	武隆区	10.66	11.65	22.50	10.34	11.88	12.53	12.85	14.02	14.51	16.47	17.45	18.70
	石柱县	12.88	14.16	26.63	14.55	16.53	15.92	17.19	17.83	18.76	21.80	23.98	24.15
	秀山县	7.86	7.88	15.99	7.68	8.80	8.93	10.27	11.29	13.21	15.30	16.19	21.02
	酉阳县	9.79	9.65	7.29	8.56	9.62	10.47	10.80	12.48	13.21	14.07	14.41	15.61
	彭水县	7.36	8.30	8.47	9.14	9.29	11.16	11.62	13.22	13.61	14.73	15.75	18.28
	区域均值	10.23	10.66	15.78	11.27	12.28	12.84	13.56	14.71	15.59	16.95	17.99	19.91
	整体均值	13.68	13.85	16.11	15.47	16.75	17.34	18.25	19.16	20.13	21.06	22.08	24.20

资料来源：计算的原始数据来源于 EPS 数据平台的《重庆县市统计数据库》。

表 3-14 报告了重庆各区县的万人注册护士数情况。从重庆县域对注册护士的数量配置来看，其整体均值的变化趋势与万人执业（助理）医师数的变化趋势大致相同，呈现出明显的递增趋势，从 2007 年期初的 8.2 人上升至 2018 年期末的 30.2 人。从各区域的万人注册护士数均值增长的绝对量来看，主城片区最大，从 2007 年的 16.1 人增加到 2018 年的 51.7 人，期末值比期初值高出约 35.6 人；渝东南片区次之，从 2007 年的 5.2 人增加到 2018 年的 24.7 人，期末值比期初值高出约 19.5 人；渝西片区随后，由 2007 年的 6.8 人增加到 2018 年的 24.4 人，期末值比期初值高出约 17.6 人；渝东北片区最小，从 2007 年的 4.9 人增加到 2018 年的 22.0 人，期末值比期初值高出约 17.1 人；从极值分布来看，在 2007 年万人注册护士数值最小的五个区县分别是彭水县（3.1 人）、秀山县（3.2 人）、奉节县（3.3 人）、云阳县（3.4 人）和巫溪县（3.4 人），万人注册护士数值最大的五个区县分别是渝中区（41.2 人）、江北区（21.6 人）、九龙坡区（15.2 人）、大渡口区（12.9 人）和南岸区（12.8 人），其中极大值比极小值高出约 38.1 人；在 2018 年万人注册护士数值最小的五个区县分别是巫溪县（14.5 人）、武隆区（15.2 人）、江津区（15.4 人）、大足区（16.4 人）和潼南区（17.3 人），万人注册护士数值最大的五个

区县分别是渝中区（154.0 人）、江北区（55.5 人）、沙坪坝区（47.4 人）、九龙坡区（43.8 人）和大渡口区（41.0 人），其中极大值比极小值高出约 139.5 人，极大值与极小值的数量差距表现出明显的增大趋势。与万人执业（助理）医师数区域分布情况相似，较大值的区县基本上分布在主城片区，而较小值的区县主要分布在渝东北和渝东南片区，尤其是渝中区，其万人注册护士数远高于其余任何区县。

表 3－14　2007～2018 年重庆各区县的万人注册护士数情况　单位：人

年份		2007	2008	2009	2010	2011	2012	2013	2014	2015	2016	2017	2018
主城片区	渝中区	41.2	59.5	59.6	71.8	85.5	96.8	100.5	112.4	122.9	128.2	145.1	154.0
	大渡口区	12.9	16.8	17.3	18.1	16.7	19.8	22.3	26.8	32.8	37.1	35.4	41.0
	江北区	21.6	21.3	23.5	21.4	21.9	24.7	28.3	43.4	47.4	48.5	50.4	55.5
	沙坪坝区	11.2	12.3	16.5	17.4	19.9	23.2	25.1	27.8	31.1	36.1	38.5	47.4
	九龙坡区	15.2	14.5	18.7	20.3	24.0	28.2	29.7	33.3	37.0	38.1	40.9	43.8
	南岸区	12.8	12.8	14.5	16.7	19.3	20.9	21.8	24.5	27.7	30.6	32.1	39.1
	北碚区	12.7	14.0	13.5	21.7	21.2	21.4	20.9	22.1	23.9	25.5	27.2	30.0
	渝北区	5.3	5.5	10.1	9.7	10.9	12.6	15.9	16.6	21.5	25.6	29.0	25.1
	巴南区	12.3	12.3	14.0	15.8	17.7	19.1	21.0	21.3	24.8	26.2	27.9	29.0
	区域均值	16.1	18.8	20.9	23.7	26.4	29.6	31.7	36.5	41.0	44.0	47.4	51.7
渝西片区	涪陵区	8.3	8.9	12.2	13.2	14.6	15.7	17.9	19.5	20.6	22.8	24.6	25.7
	长寿区	8.2	9.7	11.6	12.8	14.2	15.5	16.7	18.6	19.8	20.6	21.6	23.6
	江津区	5.2	5.3	2.6	8.2	8.5	10.2	11.0	11.6	12.9	14.4	15.1	15.4
	合川区	6.7	6.7	1.3	8.6	9.2	10.8	11.9	12.8	14.4	17.4	18.6	24.0
	永川区	8.4	10.3	2.2	14.0	14.3	17.1	18.8	20.6	22.3	23.0	24.7	29.0
	南川区	7.8	7.7	5.3	13.3	14.9	15.2	17.7	19.2	21.4	23.3	28.8	30.9
	綦江区	9.2	9.1	8.8	13.2	16.8	18.5	19.6	21.4	22.2	24.0	26.3	29.8
	潼南区	5.5	5.6	13.6	7.7	8.5	14.1	9.3	11.0	12.2	15.0	16.1	17.3
	铜梁区	6.4	7.4	18.6	12.4	13.5	10.6	17.5	18.4	21.0	23.2	23.5	24.4
	大足区	3.5	4.1	5.8	5.7	7.0	8.1	10.6	13.6	15.4	15.5	15.9	16.4
	荣昌区	6.7	7.4	15.7	10.0	10.9	15.6	15.2	17.6	18.5	21.1	23.4	27.0
	璧山区	5.8	6.2	8.3	9.7	9.5	10.3	12.8	14.9	16.6	20.0	24.7	29.8
	区域均值	6.8	7.3	8.8	10.7	11.8	13.5	14.9	16.6	18.1	20.0	21.9	24.4

续表

年份		2007	2008	2009	2010	2011	2012	2013	2014	2015	2016	2017	2018
渝东北片区	万州区	12.3	12.4	15.8	18.0	19.2	22.1	24.3	25.3	25.9	27.1	28.7	30.0
	梁平区	5.4	5.6	9.2	9.3	10.9	12.9	15.2	16.4	18.0	19.8	22.2	22.6
	城口县	3.9	3.8	18.9	4.0	5.1	7.5	9.3	9.7	11.7	13.7	18.9	21.3
	丰都县	3.7	3.4	8.5	8.7	9.9	11.6	13.3	15.3	17.3	19.5	21.5	22.9
	垫江县	4.3	4.6	4.6	9.3	10.6	12.3	14.0	15.5	17.9	21.2	22.1	25.6
	忠县	6.0	6.1	1.1	8.7	9.3	10.9	11.5	12.8	13.6	14.7	17.1	19.9
	开州区	3.8	6.3	3.6	8.7	10.5	13.2	15.7	17.3	16.8	17.5	19.0	20.1
	云阳县	3.4	3.6	4.3	6.3	7.7	9.0	10.3	11.6	12.5	13.9	15.1	18.1
	奉节县	3.3	3.4	2.2	5.1	7.3	10.0	11.9	13.1	16.3	18.8	20.7	24.9
	巫山县	4.7	5.9	9.4	7.5	8.0	9.8	10.6	11.6	14.3	17.8	18.2	21.5
	巫溪县	3.4	3.7	19.0	5.2	6.4	7.6	8.3	8.8	9.4	10.8	12.3	14.5
	区域均值	4.9	5.3	8.8	8.2	9.5	11.5	13.1	14.3	15.8	17.7	19.6	22.0
渝东南片区	黔江区	11.1	11.6	14.0	17.1	20.1	23.2	25.6	28.5	30.1	32.9	33.9	37.2
	武隆区	4.3	4.4	15.7	5.7	7.0	7.5	9.9	10.7	12.5	14.0	14.9	15.2
	石柱县	5.4	6.5	10.8	9.5	12.6	14.8	16.2	19.5	21.5	25.1	29.8	30.7
	秀山县	3.2	3.2	6.4	6.2	8.3	9.4	12.6	15.9	21.8	23.2	24.7	26.3
	酉阳县	3.8	3.7	5.6	4.4	5.6	7.5	8.7	10.0	12.1	14.7	15.5	17.3
	彭水县	3.1	4.6	2.6	5.9	6.7	9.1	10.5	13.0	14.7	16.9	18.4	21.2
	区域均值	5.2	5.7	9.2	8.1	10.0	11.9	13.9	16.3	18.8	21.1	22.8	24.7
	整体均值	8.2	9.2	11.7	12.7	14.3	16.5	18.2	20.6	23.0	25.2	27.4	30.2

资料来源：计算的原始数据来源于 EPS 数据平台的《重庆县市统计数据库》。

表 3－15 报告了重庆各区县的万人卫生机构床位数情况。从重庆县域对卫生机构床位的数量配置来看，2007～2018 年呈现出持续增长的趋势，整体均值由 2007 年的 25.9 张增长至 2018 年的 72.1 张，期末值约为期初值的 2.8 倍。从各区域的均值水平来看，在 2007 年期初时表现为主城片区均值 > 渝西片区均值 > 渝东北片区均值 > 渝东南片区均值，到 2018 年期末时表现为主城片区均值 > 渝东南片区均值 > 渝东北片区均值 > 渝西片区均值。无论是从均值增长的绝对量还是从增长幅度来看，渝东南片区最大，期末值为期初值的 4.2 倍。渝西片区均值的增长绝对量最小，从期初的 25.4 张增加至期末的 62.3 张，期末值比期初值高出约 36.9 张。从极值分布来看，在 2007 年万人卫生机构床位

数最低的五个区县分别是巫溪县（13.2 张）、酉阳县（13.8 张）、渝北区（14.1 张）、巫山县（14.3 张）和开州区（14.6 张），万人卫生机构床位数最高的五个区县分别是渝中区（102.6 张）、江北区（53.7 张）、九龙坡区（40.0 张）、北碚区（37.7 张）、大渡口区（34.5 张），其中极大值约为极小值的 7.8 倍；在 2018 年万人卫生机构床位数最低的五个区县分别是渝北区（43.3 张）、巫溪县（44.2 张）、合川区（48.4 张）、潼南区（53.6 张）和铜梁区（57.3 张），万人卫生机构床位数最高的五个区县分别是渝中区（218.3 张）、江北区（100.9 张）、石柱县（97.2 张）、九龙坡区（94.1 张）、沙坪坝区（91.1 张），其中极大值约为极小值的 5.1 倍。与万人注册护士数的区域分布情况相似，较大值的区县基本上分布在主城地区，而较小值的区县主要分布在非主城地区，尤其是渝中区，其万人卫生机构床位数远高于其余任何区县。

表 3－15　2007～2018 年重庆各区县的万人卫生机构床位数情况　单位：张

	年份	2007	2008	2009	2010	2011	2012	2013	2014	2015	2016	2017	2018
主城片区	渝中区	102.6	107.3	107.3	128.7	138.3	145.1	153.2	159.2	166.9	184.4	198.4	218.3
	大渡口区	34.5	38.8	35.3	36.3	36.4	44.1	54.8	56.1	70.0	87.6	76.2	76.4
	江北区	53.7	47.5	57.5	53.7	57.1	63.6	76.4	77.2	88.9	87.7	90.1	100.9
	沙坪坝区	32.3	34.9	37.7	37.8	44.3	43.4	54.2	60.0	62.8	69.7	75.7	91.1
	九龙坡区	40.0	40.2	43.4	42.4	48.1	61.4	63.9	76.1	83.4	87.9	94.8	94.1
	南岸区	32.5	30.7	30.7	30.6	30.6	35.4	36.9	46.4	55.3	58.0	59.6	62.9
	北碚区	37.7	39.8	39.4	46.6	48.3	49.2	48.4	52.9	56.4	56.5	64.9	64.6
	渝北区	14.1	15.6	32.2	24.3	25.2	28.8	31.8	36.6	45.4	49.1	51.7	43.3
	巴南区	30.4	29.0	29.7	36.9	42.4	45.4	53.5	55.0	64.5	68.1	68.7	65.7
	区域均值	42.0	42.6	45.9	48.6	52.3	57.4	63.7	68.9	77.1	83.2	86.7	90.8
渝西片区	涪陵区	28.6	33.5	38.9	39.4	40.1	44.4	46.4	48.9	52.3	54.2	54.9	58.5
	长寿区	26.8	32.4	36.4	38.7	39.9	44.0	46.6	50.0	56.1	57.2	60.1	60.4
	江津区	24.3	28.8	7.9	35.4	38.3	45.5	49.5	51.7	50.2	51.5	56.4	58.0
	合川区	28.8	21.6	7.2	26.5	26.5	29.8	33.4	33.6	36.4	40.8	46.8	48.4
	永川区	34.1	37.6	15.4	42.4	43.7	51.6	54.2	55.6	58.5	64.6	68.8	70.8
	南川区	26.5	30.7	17.4	45.8	45.9	47.3	51.8	51.4	56.9	63.5	73.9	71.3
	綦江区	25.0	28.4	50.4	34.7	41.3	47.8	51.3	52.6	59.8	63.3	70.9	78.3
	潼南区	14.7	16.4	42.7	23.8	26.0	44.0	34.5	37.3	40.4	47.5	50.7	53.6

续表

年份		2007	2008	2009	2010	2011	2012	2013	2014	2015	2016	2017	2018
渝西片区	铜梁区	23.6	26.1	60.9	35.4	40.2	58.7	46.8	45.3	48.7	55.3	55.0	57.3
	大足区	21.0	24.6	27.7	35.1	42.0	24.2	52.7	52.4	58.2	53.1	61.9	62.0
	荣昌区	24.3	26.8	39.6	33.3	36.6	41.2	43.0	48.0	47.6	58.6	59.8	62.9
	璧山区	26.5	29.4	25.6	28.3	30.5	31.2	38.0	44.8	47.1	64.7	63.7	65.6
	区域均值	25.4	28.0	30.9	34.9	37.6	42.5	45.7	47.6	51.0	56.2	60.2	62.3
渝东北片区	万州区	26.4	30.1	32.7	36.4	46.1	52.1	61.4	62.5	64.6	62.6	63.4	63.5
	梁平区	17.8	19.4	26.3	28.0	29.9	36.2	43.5	52.9	56.2	58.4	59.5	61.2
	城口县	19.2	30.1	114.9	34.7	42.8	42.4	44.1	48.3	49.0	47.2	53.5	63.8
	丰都县	18.9	24.0	31.9	30.3	34.9	44.2	47.8	50.7	59.5	61.4	75.5	77.9
	垫江县	17.2	20.2	22.4	35.9	36.3	39.8	49.5	54.4	56.5	61.1	69.1	72.9
	忠县	19.4	22.2	8.3	32.8	33.7	35.9	41.0	48.4	51.2	51.8	55.7	61.0
	开州区	14.6	19.2	14.5	29.7	34.0	37.7	51.4	56.1	56.6	57.7	61.9	65.7
	云阳县	19.1	22.5	18.8	31.8	34.9	38.0	47.4	53.4	54.7	55.7	62.1	66.2
	奉节县	16.7	19.8	8.5	27.3	32.2	36.6	40.6	42.4	54.5	60.4	67.5	73.3
	巫山县	14.3	17.9	40.2	20.6	23.6	27.3	28.8	31.0	44.3	47.7	59.0	73.7
	巫溪县	13.2	16.3	62.7	20.2	22.1	32.7	35.3	35.6	41.4	41.7	43.0	44.2
	区域均值	17.9	22.0	34.6	29.8	33.7	38.4	44.6	48.7	53.5	55.1	60.9	65.8
渝东南片区	黔江区	26.4	28.0	33.1	47.9	58.3	64.4	64.9	76.1	76.0	81.0	70.9	83.3
	武隆区	17.1	21.0	49.6	26.4	37.1	36.7	42.3	54.5	59.2	65.0	66.5	71.6
	石柱县	18.4	20.5	55.8	32.4	41.1	45.5	48.2	54.2	61.9	75.0	93.7	97.2
	秀山县	15.9	16.6	36.7	22.0	24.9	30.7	34.3	37.0	43.5	53.3	55.7	63.5
	酉阳县	13.8	17.7	15.6	25.8	31.7	32.7	33.9	42.9	49.5	54.8	61.6	62.4
	彭水县	14.7	16.5	14.1	20.9	25.3	28.9	34.9	40.0	49.2	52.0	60.6	72.4
	区域均值	17.7	20.0	34.2	29.2	36.4	39.8	43.1	50.8	56.5	63.5	68.2	75.1
	整体均值	25.9	28.5	36.0	35.8	39.7	44.4	49.2	53.5	58.8	63.4	68.0	72.1

资料来源：计算的原始数据来源于 EPS 数据平台的《重庆县市统计数据库》。

表 3 - 16 报告了重庆各区县的万人医院、卫生院个数情况。从重庆县域对医院、卫生院的数量配置来看，各地区存在着较大差异。样本整体均值虽然在 2010 ~ 2012 年出现了明显回落，但总体上看呈现出平稳的上升趋势，从 2007 年的 0.564 所增加到 2018 年的 0.616 所，涨幅约为 9.2%。从各区域均值水平

的大小比较来看，在期初时表现为渝东南片区均值 > 渝东北片区均值 > 渝西片区均值 > 主城片区均值，到期末时表现为渝东南片区均值 > 渝东北片区均值 > 主城片区均值 > 渝西片区均值。其中，除渝西片区外，其余地区都表现出不同程度的增长。渝东南片区均值增长的绝对量最大，从 2007 年的 0.758 所增加至 2018 年的 0.901 所；主城片区次之，从 2007 年的 0.379 所增加至 2018 年的 0.478 所；渝东北片区最小，从 2007 年的 0.692 所增加至 2018 年的 0.739 所。均值最大的渝东南片区与其他区域的数量差距相对稳定。

表 3-16　2007~2018 年重庆各区县的万人医院、卫生院个数情况　单位：个

年份		2007	2008	2009	2010	2011	2012	2013	2014	2015	2016	2017	2018
主城片区	渝中区	0.338	0.351	0.320	0.333	0.329	0.339	0.323	0.338	0.370	0.396	0.501	0.515
	大渡口区	0.408	0.514	0.541	0.532	0.507	0.521	0.579	0.605	0.631	0.794	0.732	0.728
	江北区	0.490	0.422	0.373	0.366	0.348	0.333	0.361	0.382	0.412	0.430	0.457	0.475
	沙坪坝区	0.404	0.321	0.350	0.320	0.335	0.342	0.363	0.342	0.355	0.362	0.348	0.417
	九龙坡区	0.347	0.342	0.407	0.443	0.466	0.505	0.500	0.547	0.531	0.599	0.634	0.612
	南岸区	0.304	0.298	0.294	0.395	0.355	0.356	0.338	0.309	0.303	0.309	0.303	0.352
	北碚区	0.357	0.334	0.328	0.485	0.472	0.456	0.486	0.493	0.407	0.377	0.397	0.432
	渝北区	0.398	0.292	0.451	0.312	0.310	0.307	0.341	0.346	0.451	0.480	0.502	0.391
	巴南区	0.367	0.357	0.341	0.316	0.321	0.317	0.323	0.318	0.378	0.371	0.365	0.377
	区域均值	0.379	0.359	0.378	0.389	0.382	0.386	0.402	0.409	0.426	0.457	0.471	0.478
渝西片区	涪陵区	0.631	0.614	0.543	0.525	0.526	0.537	0.537	0.546	0.587	0.453	0.474	0.497
	长寿区	0.464	0.446	0.443	0.584	0.562	0.584	0.598	0.606	0.570	0.545	0.525	0.538
	江津区	0.324	0.306	0.266	0.292	0.288	0.287	0.293	0.294	0.293	0.288	0.298	0.296
	合川区	0.259	0.265	0.272	0.317	0.335	0.312	0.339	0.336	0.331	0.342	0.367	0.355
	永川区	0.477	0.462	0.439	0.400	0.259	0.286	0.281	0.295	0.328	0.333	0.348	0.350
	南川区	0.791	0.784	0.762	0.805	0.762	0.756	0.726	0.715	0.780	0.768	0.790	0.778
	綦江区	0.432	0.429	0.439	0.487	0.511	0.501	0.495	0.485	0.501	0.516	0.492	0.546
	潼南区	0.521	0.405	0.459	0.453	0.405	0.481	0.401	0.395	0.425	0.525	0.517	0.513
	铜梁区	0.483	0.495	0.651	0.517	0.483	0.729	0.487	0.467	0.480	0.445	0.455	0.455
	大足区	0.552	0.548	0.558	0.611	0.617	0.355	0.376	0.373	0.367	0.359	0.368	0.355
	荣昌区	0.369	0.336	0.592	0.302	0.360	0.358	0.370	0.365	0.357	0.383	0.394	0.419
	璧山区	0.543	0.533	0.543	0.375	0.302	0.281	0.318	0.375	0.372	0.452	0.459	0.455
	区域均值	0.487	0.468	0.497	0.472	0.451	0.456	0.435	0.438	0.449	0.451	0.457	0.463

续表

	年份	2007	2008	2009	2010	2011	2012	2013	2014	2015	2016	2017	2018
渝东北片区	万州区	0.474	0.450	0.454	0.441	0.439	0.436	0.689	0.698	0.691	0.690	0.617	0.601
	梁平区	0.520	0.505	0.433	0.538	0.541	0.530	0.552	0.574	0.587	0.597	0.597	0.581
	城口县	1.375	1.381	2.173	1.347	1.366	1.347	1.364	1.381	1.396	1.406	1.465	1.573
	丰都县	0.579	0.562	0.358	0.539	0.547	0.573	0.596	0.605	0.621	0.630	0.691	0.718
	垫江县	0.375	0.375	0.387	0.412	0.414	0.416	0.451	0.486	0.532	0.552	0.536	0.556
	忠县	0.621	0.622	0.350	0.665	0.682	0.687	0.697	0.693	0.706	0.656	0.649	0.704
	开州区	0.391	0.373	0.303	0.345	0.336	0.336	0.387	0.385	0.376	0.375	0.390	0.389
	云阳县	0.921	0.791	0.266	0.745	0.659	0.518	0.544	0.545	0.547	0.526	0.518	0.515
	奉节县	0.423	0.423	0.328	0.623	0.647	0.662	0.688	0.698	0.743	0.756	0.756	0.736
	巫山县	0.565	0.565	1.004	0.545	0.551	0.564	0.553	0.558	0.692	0.703	0.736	0.739
	巫溪县	1.367	1.370	0.979	1.449	0.806	0.940	1.659	0.994	0.997	1.003	1.012	1.018
	区域均值	0.692	0.674	0.640	0.695	0.635	0.637	0.744	0.692	0.717	0.717	0.724	0.739
渝东南片区	黔江区	0.688	0.688	0.730	0.697	0.695	0.690	0.684	0.723	0.714	0.709	0.712	0.744
	武隆区	0.843	0.844	1.072	0.855	0.918	0.915	0.916	0.919	0.952	0.983	0.979	1.034
	石柱县	0.792	0.793	1.601	0.819	0.851	0.849	0.877	0.893	0.906	1.017	1.134	1.032
	秀山县	0.706	0.707	0.743	0.698	0.704	0.546	0.610	0.632	0.651	0.740	0.749	0.721
	酉阳县	0.718	0.719	0.489	0.709	0.696	0.704	0.709	0.871	0.898	0.870	0.892	0.914
	彭水县	0.801	0.784	1.114	0.789	0.795	0.773	0.800	0.814	0.849	0.903	0.917	0.962
	区域均值	0.758	0.756	0.958	0.761	0.776	0.746	0.766	0.809	0.828	0.870	0.897	0.901
	整体均值	0.564	0.548	0.583	0.563	0.539	0.538	0.569	0.563	0.581	0.596	0.607	0.616

资料来源：计算的原始数据来源于 EPS 数据平台的《重庆县市统计数据库》。

3. 社会保障服务

表 3－17 报告了重庆各区县的人均财政社会保障和就业支出情况。从重庆县域对社会保障服务的资源投入来看，2007～2018 年重庆各区县人均财政社会保障和就业支出规模呈现出持续增长的趋势，整体均值由 2007 年的 295 元增长至 2018 年的 1166 元，期末值约为期初值的 4.0 倍。从各区域的均值水平来看，在 2007 年期初时表现为主城片区均值＞渝西片区均值＞渝东北片区均值＞渝东南片区均值，其中渝东南片区的均值水平与渝东北片区大致相同；但到 2018 年期末时发生了明显变化，表现为渝东南片区均值＞渝东北片区均值＞渝西片区均值＞主城片区均值，虽然渝东南片区的均值水平与渝东北片区

几乎仍然持平，但是其明显高于主城片区和渝西片区均值，分别高出 308 元和 215 元。无论是从均值增长的绝对量还是从增长幅度来看，渝东南片区最大，渝东北片区次之，渝西片区随后，主城片区最小，期末值相较于期初值分别增长了 5.13 倍、5.06 倍、4.00 倍和 2.52 倍。从极值分布来看，在 2007 年人均财政社会保障和就业支出水平最低的五个区县分别是垫江县（172 元）、梁平区（176 元）、大足区（202 元）、云阳县（205 元）和潼南区（215 元），人均财政社会保障和就业支出水平最高的五个区县分别是渝中区（549 元）、大渡口区（531 元）、沙坪坝区（522 元）、城口县（429 元）、南岸区（411 元），其中极大值约为极小值的 3.2 倍；在 2018 年人均财政社会保障和就业支出水平最低的五个区县分别是渝北区（733 元）、北碚区（783 元）、南岸区（805 元）、璧山区（850 元）和江北区（878 元），人均财政社会保障和就业支出水平最高的五个区县分别是城口县（2056 元）、渝中区（1839 元）、巫山县（1552 元）、酉阳县（1533 元）、武隆区（1392 元），其中极大值约为极小值的 2.8 倍，可见，极大值与极小值的相对差距表现出明显的减小趋势。

表 3-17　2007～2018 年重庆各区县的人均财政社会保障和就业支出情况

单位：元

年份		2007	2008	2009	2010	2011	2012	2013	2014	2015	2016	2017	2018
主城片区	渝中区	549	621	1398	1060	1388	1314	1364	1524	1667	1983	1885	1839
	大渡口区	531	554	1716	754	853	798	773	895	945	1110	933	1011
	江北区	402	455	577	596	745	748	875	945	1077	1066	909	878
	沙坪坝区	522	443	665	639	649	748	752	806	1039	1022	973	1006
	九龙坡区	265	302	770	503	611	641	682	753	820	888	864	1014
	南岸区	411	474	1171	613	909	805	819	1032	937	943	867	805
	北碚区	279	308	507	598	646	744	820	830	994	972	944	783
	渝北区	298	335	420	351	553	543	445	512	556	621	693	733
	巴南区	318	407	482	555	845	842	775	832	914	881	822	924
	区域均值	397	433	856	630	800	798	812	903	994	1054	988	999
渝西片区	涪陵区	349	377	544	504	685	728	810	854	1079	1099	1080	1148
	长寿区	367	458	681	664	766	925	928	944	995	997	948	1078
	江津区	299	339	501	490	695	693	761	876	949	941	1086	1103

续表

年份		2007	2008	2009	2010	2011	2012	2013	2014	2015	2016	2017	2018
渝西片区	合川区	232	263	392	505	794	649	704	801	893	943	934	1055
	永川区	269	321	467	475	607	577	629	750	756	817	793	914
	南川区	259	310	416	440	655	713	719	762	913	987	1268	1177
	綦江区	278	322	423	482	671	735	751	848	993	1195	1157	1221
	潼南区	215	263	376	499	547	601	633	698	863	947	1052	1085
	铜梁区	278	306	388	525	724	781	790	801	876	980	906	1082
	大足区	202	289	327	442	631	681	759	769	932	973	1088	1213
	荣昌区	223	317	399	470	611	600	621	692	810	914	996	1182
	璧山区	307	381	514	469	676	672	684	652	811	865	1032	850
	区域均值	273	329	452	497	672	696	732	787	906	971	1028	1092
渝东北片区	万州区	328	465	564	558	782	792	853	896	1083	997	1141	955
	梁平区	176	230	317	411	596	603	648	729	906	452	833	1159
	城口县	429	471	646	692	853	1029	1295	1301	1429	3611	1684	2056
	丰都县	247	328	474	482	596	672	740	825	1063	793	1079	1231
	垫江县	172	227	353	435	476	444	533	756	907	963	1176	1042
	忠县	240	278	461	431	638	662	763	788	878	1518	889	1086
	开州区	232	292	383	449	646	629	735	850	895	501	1101	1309
	云阳县	205	268	385	426	596	626	690	840	1111	1063	1164	1280
	奉节县	237	314	340	363	558	492	678	782	936	971	1063	1366
	巫山县	335	372	441	506	701	730	872	868	1251	1174	1266	1552
	巫溪县	242	308	554	458	591	652	716	891	1093	1170	1143	1335
	区域均值	258	323	447	474	639	667	775	866	1050	1201	1140	1306
渝东南片区	黔江区	302	417	813	640	776	806	855	901	996	1206	1106	1331
	武隆区	301	381	508	597	829	867	969	1089	1240	1792	1694	1392
	石柱县	228	318	379	327	481	521	655	797	1010	1138	1133	982
	秀山县	245	378	595	537	793	705	749	814	877	982	1229	1309
	酉阳县	228	364	466	464	624	656	744	855	982	1079	1259	1533
	彭水县	227	344	393	419	552	578	632	731	989	1078	1251	1293
	区域均值	255	367	526	497	676	689	767	864	1016	1212	1278	1307
	整体均值	295	358	558	522	693	711	769	850	986	1096	1091	1166

资料来源：计算的原始数据来源于 EPS 数据平台的《重庆县市统计数据库》。

表3-18报告了重庆各区县的万人社会福利收养单位床位数情况。从重庆县域对社会福利收养单位床位的数量配置来看，各地区表现出一定程度上的差异性。从各区县万人社会福利收养单位床位数的变化趋势来看，2007~2014年表现出不同程度上的增长，但在2015年时均出现了较大幅度的下降，这主要是由于统计口径变化所导致。对比各区域期初和期末值之间的差距可以发现，在2007年时渝东北片区的均值水平明显地高于其他地区，主城片区和渝西片区的均值水平差距不大；在2018年时，主城片区的均值水平最高且明显地高于其他地区，渝西片区、渝东北片区和渝东南片区的均值水平差距不大。仅从期初期末值的增长数量规模来看，主城片区最大、渝西片区次之，渝东南片区随后，渝东北片区最小。

表3-18　2007~2018年重庆各区县的万人社会福利收养单位床位数情况

单位：张

年份		2007	2008	2009	2010	2011	2012	2013	2014	2015	2016	2017	2018
主城片区	渝中区	14.77	15.80	14.60	16.76	17.95	23.84	25.81	34.30	20.12	24.56	24.49	26.27
	大渡口区	7.20	7.13	8.19	7.64	23.24	20.34	33.65	58.72	18.70	18.29	22.48	29.10
	江北区	11.61	9.83	10.86	10.31	10.48	9.17	10.53	14.14	2.38	4.67	4.60	4.54
	沙坪坝区	16.49	17.83	38.06	41.88	46.65	47.91	54.14	62.74	53.84	53.53	53.27	53.21
	九龙坡区	12.56	10.36	10.95	16.17	15.68	16.47	20.05	35.24	23.25	17.90	23.55	25.04
	南岸区	21.52	23.56	25.52	26.75	31.64	30.43	33.45	40.23	33.38	38.83	36.35	45.22
	北碚区	24.17	29.99	32.60	41.15	40.80	42.97	40.24	48.01	20.52	23.98	24.42	29.89
	渝北区	32.43	45.66	41.35	29.10	28.58	29.92	31.33	33.69	14.49	13.87	16.06	52.28
	巴南区	19.21	19.18	21.81	24.45	44.14	58.14	70.94	82.97	63.92	61.54	56.12	55.55
	区域均值	17.8	19.9	22.7	23.8	28.8	31.0	35.6	45.6	27.8	28.6	29.0	35.7
渝西片区	涪陵区	22.46	22.68	22.61	25.96	25.55	30.46	39.01	44.28	25.64	25.47	25.21	23.82
	长寿区	19.67	20.97	21.88	24.94	33.76	34.20	37.36	48.45	23.03	22.99	23.02	23.65
	江津区	16.41	23.92	26.18	37.80	46.86	49.15	56.75	64.34	53.86	53.08	47.66	48.75
	合川区	15.07	19.66	22.06	36.48	39.75	39.64	44.58	47.05	25.01	24.96	34.02	35.61
	永川区	36.35	25.00	27.81	29.04	33.14	35.80	33.79	45.19	42.70	41.24	37.24	13.61
	南川区	23.82	34.47	34.85	36.50	35.23	32.95	23.75	43.16	8.86	8.73	10.62	16.36
	綦江区	9.16	13.38	15.55	27.92	26.15	30.16	34.96	49.62	9.03	11.27	24.07	22.86
	潼南区	17.05	9.69	23.24	27.59	37.37	40.51	29.00	52.33	38.50	37.26	36.71	36.46

续表

	年份	2007	2008	2009	2010	2011	2012	2013	2014	2015	2016	2017	2018
渝西片区	铜梁区	18.53	35.42	35.01	48.16	48.09	55.13	40.54	48.19	26.47	35.16	42.91	42.70
	大足区	9.75	25.24	30.67	35.24	33.97	40.08	44.04	61.48	47.40	46.98	30.40	34.97
	荣昌区	29.55	29.77	27.99	27.88	49.20	50.19	40.60	52.41	39.74	36.50	24.35	26.45
	璧山区	18.25	34.23	36.89	21.93	31.54	29.28	41.04	52.71	15.84	18.42	20.12	23.81
	区域均值	19.7	24.5	27.1	31.6	36.7	39.0	38.8	50.8	29.7	30.2	29.7	29.1
渝东北片区	万州区	39.72	43.40	46.11	43.23	44.87	51.43	47.11	58.16	34.32	37.44	37.08	37.69
	梁平区	13.05	11.88	14.62	17.27	17.36	17.47	18.74	26.69	20.89	21.24	18.69	31.94
	城口县	48.65	50.98	46.10	48.19	48.87	51.81	46.69	61.07	0.54	0.54	0.54	51.63
	丰都县	20.11	17.85	21.13	23.84	25.91	34.93	42.66	50.40	47.38	48.04	40.55	45.86
	垫江县	41.02	16.39	19.99	23.89	24.85	27.94	31.13	48.09	74.89	78.13	28.32	28.91
	忠县	24.64	24.44	29.30	29.36	29.48	31.27	50.59	53.90	51.84	49.60	49.48	48.52
	开州区	22.22	22.66	25.32	25.91	40.97	43.44	44.70	64.88	21.01	20.94	17.83	19.75
	云阳县	27.70	31.66	31.60	41.81	36.82	38.35	71.18	84.53	12.79	12.02	9.43	18.16
	奉节县	25.21	25.23	26.52	31.40	45.98	53.70	60.56	77.39	17.30	17.73	18.04	17.91
	巫山县	19.06	19.18	19.08	19.19	19.39	38.87	40.12	77.36	10.19	10.34	11.18	11.21
	巫溪县	24.61	29.26	31.76	36.44	53.85	54.55	60.01	85.27	8.95	3.34	3.82	3.84
	区域均值	27.8	26.6	28.3	31.0	35.3	40.3	46.7	62.5	27.3	27.2	21.4	28.7
渝东南片区	黔江区	34.58	33.52	38.33	30.90	38.92	38.90	27.19	40.56	5.13	3.76	3.66	8.27
	武隆区	26.67	33.78	41.41	40.74	41.03	42.32	42.36	73.46	0.87	0.87	0.86	0.86
	石柱县	10.11	27.62	32.17	30.93	31.21	34.80	22.65	26.06	2.92	4.41	4.19	8.89
	秀山县	14.66	15.40	23.71	42.90	54.55	83.95	79.50	100.12	23.81	24.06	24.35	24.09
	酉阳县	20.75	20.89	16.90	19.05	22.47	22.49	32.95	45.61	1.44	1.54	1.82	1.83
	彭水县	23.68	28.13	36.36	38.12	42.69	47.66	43.65	50.90	1.18	1.20	1.22	1.68
	区域均值	21.74	26.56	31.48	33.77	38.48	45.02	41.38	56.12	5.89	5.97	6.02	7.60
	整体均值	21.9	24.4	27.1	29.9	34.7	38.4	40.7	53.8	24.8	25.1	23.4	27.1

资料来源：计算的原始数据来源于 EPS 数据平台的《重庆县市统计数据库》。

表 3－19 报告了重庆各区县的万人年末失业人员登记数情况。从样本的整体均值变化来看，虽然在 2014 年和 2016 年出现了一定程度上的波动，但总体上呈现出递减趋势，从 2007 年的 48.4 人下降到 2018 年的 41.5 人，降幅约为 14.3%，这表明重庆市整体的就业状况正在持续变好。从期初值和期末值的变

化来看，主城片区的下降幅度最大（约为25.3%），其次是渝东南片区（约为11.4%），渝西片区随后（约为6.6%），渝东北片区最小（约为4.9%）。从各区域的均值比较来看，期初与期末的排名尚未发生变化，均表现为主城片区均值 > 渝西片区均值 > 渝东南片区均值 > 渝东北片区均值，在2007年和2018年，主城片区均值分别为渝东北片区的2.00倍和1.68倍，均值最大的区域与均值最小的区域间差距明显缩小。

表3－19　2007～2018年重庆各区县的万人年末失业人员登记数情况　单位：人

年份		2007	2008	2009	2010	2011	2012	2013	2014	2015	2016	2017	2018
主城片区	渝中区	133.6	106.7	109.1	133.9	117.4	109.0	81.3	80.7	78.1	94.8	91.0	98.4
	大渡口区	90.8	99.9	101.1	76.4	42.4	40.9	47.6	42.7	49.7	53.0	58.8	52.5
	江北区	84.8	80.5	81.2	72.6	71.3	68.1	54.7	65.9	99.6	126.5	77.2	85.9
	沙坪坝区	114.0	99.2	102.8	107.7	105.3	97.0	63.9	74.4	69.8	87.7	69.5	65.6
	九龙坡区	123.5	75.8	74.0	73.1	71.5	69.7	65.1	71.2	82.2	87.8	81.5	71.1
	南岸区	56.4	47.7	119.8	75.1	69.2	47.1	54.9	53.5	48.2	53.2	55.6	57.9
	北碚区	30.8	24.1	32.7	51.1	44.1	36.9	27.8	31.9	46.5	49.3	45.0	38.4
	渝北区	58.6	39.0	38.5	25.3	37.8	32.6	36.2	53.1	49.4	53.2	43.8	32.9
	巴南区	35.5	38.6	32.4	33.1	31.8	33.3	41.8	48.4	46.9	44.7	41.2	41.1
	区域均值	80.9	67.9	76.8	72.0	65.6	59.4	52.6	58.0	63.4	72.2	62.6	60.4
渝西片区	涪陵区	65.3	63.6	66.4	66.0	67.3	49.1	33.9	36.0	30.3	44.9	40.2	44.0
	长寿区	46.8	45.1	50.1	46.6	47.9	45.4	58.4	68.9	89.3	99.5	53.5	50.3
	江津区	42.7	36.0	34.9	35.0	35.3	35.2	37.1	38.9	37.6	40.1	34.9	39.6
	合川区	36.4	28.8	25.5	19.6	14.3	17.6	22.0	36.3	38.3	44.9	46.2	24.6
	永川区	33.4	26.4	33.5	29.3	29.8	24.7	37.8	42.2	38.2	45.5	50.4	27.1
	南川区	65.5	38.3	7.0	48.9	60.8	59.0	55.7	54.4	53.9	62.6	55.4	55.7
	綦江区	41.8	43.0	42.6	54.0	63.1	57.1	48.0	56.7	44.3	59.8	53.9	46.4
	潼南区	23.1	22.7	22.1	26.6	24.2	25.1	23.7	29.3	24.5	31.8	22.1	17.3
	铜梁区	27.8	31.4	35.9	38.2	41.6	40.3	43.1	42.6	53.4	52.7	39.4	36.4
	大足区	19.8	20.5	20.3	27.1	29.4	31.5	32.0	35.8	35.0	34.3	44.3	39.5
	荣昌区	48.0	50.7	54.0	37.5	51.6	51.0	45.9	47.3	45.4	47.7	50.5	53.6
	璧山区	40.4	42.4	43.0	46.9	49.1	34.8	27.1	34.2	30.7	36.9	41.8	23.7
	区域均值	40.9	37.4	36.3	39.6	42.9	39.2	38.7	43.5	43.4	50.1	44.4	38.2

续表

年份		2007	2008	2009	2010	2011	2012	2013	2014	2015	2016	2017	2018
渝东北片区	万州区	67.3	41.1	38.7	24.1	20.5	34.9	36.1	38.9	44.0	42.2	49.5	40.6
	梁平区	23.2	23.4	23.9	25.0	26.3	26.5	28.7	32.4	35.8	34.4	37.6	32.0
	城口县	22.7	23.9	24.5	21.0	28.5	26.6	33.1	25.1	31.1	24.6	27.0	28.0
	丰都县	35.6	35.4	37.6	38.2	38.8	41.3	40.5	39.8	42.5	43.2	43.3	44.9
	垫江县	31.5	33.0	33.4	36.0	35.2	34.2	33.5	37.9	39.1	41.2	44.5	35.8
	忠县	26.1	26.1	30.9	22.5	14.3	16.8	32.0	44.6	72.9	50.9	33.7	35.1
	开州区	29.3	29.1	26.6	25.1	25.4	24.1	20.9	20.5	21.1	20.5	24.3	30.4
	云阳县	35.0	35.2	35.3	38.4	34.9	37.9	37.0	41.7	37.1	38.5	34.7	29.9
	奉节县	41.1	57.2	57.9	58.3	58.3	54.4	53.9	50.8	58.3	35.2	34.5	31.4
	巫山县	39.8	38.1	32.6	31.1	64.4	60.7	63.5	52.4	65.5	73.1	31.1	24.9
	巫溪县	27.0	25.9	28.3	21.4	22.2	22.4	22.6	21.5	21.1	20.8	25.3	26.9
	区域均值	34.4	33.5	33.6	31.0	33.5	34.5	36.5	36.8	42.6	38.6	35.0	32.7
渝东南片区	黔江区	49.6	49.6	49.4	47.0	44.8	47.0	41.2	34.1	36.6	43.4	48.3	46.9
	武隆区	46.9	48.3	54.3	55.6	36.7	33.2	32.4	21.7	16.6	25.8	19.7	13.9
	石柱县	56.3	39.0	41.1	46.0	46.0	45.7	47.0	50.2	47.3	46.3	38.7	46.0
	秀山县	31.9	32.0	32.9	32.7	33.0	29.3	30.4	29.4	30.2	30.7	35.5	38.6
	酉阳县	25.2	26.3	25.2	25.4	22.9	22.3	26.1	29.1	30.2	32.3	36.3	33.0
	彭水县	32.9	31.0	30.8	29.8	29.5	28.1	27.4	28.9	29.6	31.4	36.7	37.0
	区域均值	40.5	37.7	38.9	39.4	35.5	34.2	34.1	32.2	31.7	35.0	35.9	35.9
	整体均值	48.4	43.5	45.5	44.8	44.4	41.9	40.7	43.2	46.1	49.6	44.7	41.5

资料来源：计算的原始数据来源于 EPS 数据平台的《重庆县市统计数据库》。

4. 公共文化服务

表 3－20 报告了重庆各区县的广播覆盖率情况。从样本的整体均值变化情况来看，尤其是在 2009 年后呈现出明显的递增趋势，从 2007 年期初的 91.01% 增加至 2018 年期末的 98.79%。从各区域的均值变化来看，各地区表现出了不同程度的上升趋势。无论是从均值增长的绝对量还是从增长幅度来看，渝东南片区最大，渝东北片区次之，渝西片区随后，主城片区最小，涨幅分别为 46.8%、8.3%、2.0% 和 0.6%。从极值分布来看，在 2007 年广播覆盖率水平最低的五个区县分别是秀山县（24.76%）、彭水县（60.57%）、酉阳县（61.39%）、石柱县（66.76%）和城口县（67.22%），渝中区、大渡口

区、江北区、沙坪坝区、九龙坡区、南岸区、铜梁区和荣昌区等 8 个区县的广播覆盖率水平最高，均达到了 100%，其中极大值与极小值相差 75.24%；在 2018 年广播覆盖率水平最低的五个区县分别是彭水县（91.22%）、巫溪县（93.22%）、城口县（95.18%）、石柱县（96.42%）和黔江区（97.01%），渝中区、大渡口区、江北区、沙坪坝区、九龙坡区、南岸区、北碚区、渝北区、江津区、铜梁区、荣昌区、璧山区和武隆区等 13 个区县的广播覆盖率水平最高，均达到了 100%，其中极大值与极小值相差 8.78%，由此可见，极大值与极小值的数量差距表现出了明显的缩小趋势，较大值的区县主要分布在主城片区和渝西片区，而较小值的区县则主要分布在渝东南片区和渝东北片区。

表 3－20　　2007～2018 年重庆各区县的广播覆盖率情况　　单位：%

	年份	2007	2008	2009	2010	2011	2012	2013	2014	2015	2016	2017	2018
主城片区	渝中区	100%	100%	100%	100%	100%	100%	100%	100%	100%	100%	100%	100%
	大渡口区	100%	100%	100%	100%	100%	100%	100%	100%	100%	100%	100%	100%
	江北区	100%	100%	100%	100%	100%	100%	100%	100%	100%	100%	100%	100%
	沙坪坝区	100%	100%	100%	100%	100%	100%	100%	100%	100%	100%	100%	100%
	九龙坡区	100%	100%	100%	100%	100%	100%	100%	100%	100%	100%	100%	100%
	南岸区	100%	100%	100%	100%	100%	100%	100%	100%	100%	100%	100%	100%
	北碚区	99.59%	99.66%	99.70%	100%	100%	100%	100%	100%	100%	100%	100%	100%
	渝北区	99.00%	99.00%	99.01%	100%	100%	100%	100%	100%	100%	100%	100%	100%
	巴南区	95.50%	95.55%	95.55%	98.58%	98.60%	98.65%	98.66%	98.66%	99.00%	99.01%	99.10%	99.11%
	区域均值	99.34%	99.36%	99.36%	99.84%	99.84%	99.85%	99.85%	99.85%	99.89%	99.89%	99.90%	99.90%
渝西片区	涪陵区	98.60%	98.60%	98.89%	99.00%	99.30%	99.39%	99.45%	99.47%	99.48%	99.91%	99.92%	99.93%
	长寿区	99.82%	99.83%	99.83%	99.82%	99.90%	99.90%	99.90%	99.93%	99.94%	99.94%	99.94%	99.96%
	江津区	98.95%	98.95%	98.95%	99.44%	99.55%	99.55%	99.55%	99.55%	99.55%	99.55%	99.55%	100%
	合川区	95.29%	96.00%	96.17%	97.36%	98.67%	99.32%	99.34%	99.34%	99.34%	99.33%	99.33%	99.33%
	永川区	96.45%	96.50%	96.60%	97.27%	98.82%	99.01%	99.08%	99.12%	99.32%	99.41%	99.41%	99.41%
	南川区	96.53%	96.53%	96.61%	96.70%	97.09%	97.22%	97.29%	98.01%	98.08%	98.09%	98.12%	98.28%
	綦江区	94.52%	94.69%	94.78%	95.15%	98.37%	98.37%	98.40%	98.82%	98.58%	98.98%	99.39%	—
	潼南区	96.42%	96.41%	96.41%	96.41%	98.49%	98.49%	99.00%	99.00%	99.19%	99.40%	99.40%	99.41%
	铜梁区	100%	100%	100%	100%	100%	100%	100%	100%	100%	100%	100%	100%
	大足区	96.00%	96.20%	95.87%	96.19%	97.15%	97.15%	98.26%	98.30%	99.65%	99.66%	99.80%	99.84%

续表

年份		2007	2008	2009	2010	2011	2012	2013	2014	2015	2016	2017	2018
渝西片区	荣昌区	100%	100%	99.92%	99.96%	99.96%	100%	100%	100%	100%	100%	100%	100%
	璧山区	99.95%	99.95%	99.95%	99.95%	99.95%	99.95%	99.95%	99.95%	99.95%	100%	100%	100%
	区域均值	97.71%	97.81%	97.83%	98.11%	98.94%	99.03%	99.19%	99.29%	99.42%	99.52%	99.57%	99.65%
渝东北片区	万州区	94.00%	95.50%	95.50%	95.50%	99.50%	99.50%	99.50%	99.50%	99.50%	99.73%	99.73%	99.73%
	梁平区	95.01%	95.01%	95.01%	96.12%	98.51%	98.51%	98.52%	98.52%	98.53%	92.06%	93.77%	98.55%
	城口县	67.22%	67.22%	67.25%	76.69%	91.08%	91.28%	91.30%	91.32%	91.33%	99.50%	99.50%	95.18%
	丰都县	91.62%	91.99%	92.30%	96.99%	97.09%	97.22%	98.00%	98.18%	98.18%	100%	100%	98.23%
	垫江县	99.24%	99.23%	99.23%	99.24%	99.24%	99.24%	99.25%	99.25%	99.50%	99.30%	99.49%	99.50%
	忠县	98.17%	98.51%	98.51%	98.51%	98.56%	99.05%	99.05%	99.05%	99.05%	99.11%	99.11%	99.52%
	开州区	95.01%	95.02%	95.25%	96.00%	98.00%	98.00%	98.20%	98.72%	98.87%	98.53%	98.54%	99.11%
	云阳县	95.32%	95.30%	95.30%	95.30%	96.30%	96.30%	96.30%	98.00%	99.00%	99.00%	99.04%	99.05%
	奉节县	89.00%	89.01%	89.01%	89.01%	92.00%	92.00%	92.99%	93.00%	94.09%	95.95%	98.12%	98.37%
	巫山县	82.95%	86.75%	86.99%	93.00%	95.00%	95.99%	95.99%	96.01%	96.01%	97.20%	97.20%	97.57%
	巫溪县	88.00%	88.00%	88.00%	87.99%	90.00%	90.00%	89.99%	90.00%	90.01%	93.00%	93.00%	93.22%
	区域均值	90.50%	91.05%	91.12%	93.12%	95.93%	96.10%	96.28%	96.50%	96.73%	97.58%	97.95%	98.00%
渝东南片区	黔江区	96.72%	96.73%	96.74%	96.75%	96.79%	96.79%	96.81%	96.99%	97.00%	97.00%	97.00%	97.01%
	武隆区	86.16%	86.24%	86.47%	98.00%	98.01%	100%	100%	100%	100%	98.30%	98.30%	100%
	石柱县	66.76%	66.75%	66.29%	92.10%	92.29%	93.96%	93.97%	94.20%	96.00%	96.19%	96.40%	96.42%
	秀山县	24.76%	25.42%	25.42%	63.00%	97.91%	97.92%	97.92%	97.92%	97.94%	97.96%	97.96%	97.97%
	酉阳县	61.39%	62.21%	62.03%	94.99%	97.56%	97.68%	98.80%	98.80%	98.80%	98.86%	98.86%	99.20%
	彭水县	60.57%	61.21%	61.21%	65.34%	90.11%	90.14%	90.14%	90.14%	90.15%	90.72%	90.72%	91.22%
	区域均值	66.06%	66.43%	66.36%	85.03%	95.45%	96.08%	96.27%	96.34%	96.65%	96.51%	96.54%	96.97%
	整体均值	91.01%	91.26%	91.28%	95.01%	97.73%	97.91%	98.04%	98.15%	98.32%	98.57%	98.70%	98.79%

资料来源：计算的原始数据来源于 EPS 数据平台的《重庆县市统计数据库》，“—”表示相关数据的缺失。

表 3－21 报告了重庆各区县的电视覆盖率情况。从样本的整体均值变化情况来看，呈现出稳定的递增趋势，从 2007 年期初的 95.83% 增加至 2018 年期末的 99.17%。从各区域的均值变化来看，主城片区的均值变化不大，在期初到期末时间段内始终保持在 99% 以上，除北碚区、渝北区和巴南区以外，其余六个区县在 2007 年均已经达到 100%。渝西片区、渝东南片区以及渝东北片

区的均值都表现出了不同幅度的增加，其中，渝东南片区均值从 2007 年的 90.66% 上升至 2018 年的 98.36%，增幅约为 8.5%；渝东北片区均值从 2007 年的 95.22% 上升至 2018 年的 98.89%，增幅约为 3.9%；渝西片区均值从 2007 年的 96.37% 上升至 2018 年的 99.28%，增幅约为 3.0%。从极值分布来看，在 2007 年电视覆盖率水平最低的五个区县分别是石柱县（83.02%）、秀山县（86.35%）、酉阳县（89.44%）、綦江区（90.01%）和梁平区（90.01%），极大值与极小值相差 16.98%；在 2018 年电视覆盖率水平最低的五个区县分别是石柱县（95.02%）、梁平区（95.57%）、城口县（96.77%）、彭水县（96.97%）和南川区（97.38%），渝中区、大渡口区、江北区、沙坪坝区、九龙坡区、南岸区、北碚区、铜梁区、荣昌区、垫江县和武隆区等 11 个区县的电视覆盖率水平最高，均达到了 100%，极大值与极小值相差 4.98%；由此可见，极大值与极小值的数量差距表现出了明显的缩小趋势。与广播覆盖率情况相似，较大值的区县主要分布在主城片区和渝西片区，而较小值的区县则主要分布在渝东南片区和渝东北片区。

表 3－21　　2007～2018 年重庆各区县的电视覆盖率情况　　单位:%

年份		2007	2008	2009	2010	2011	2012	2013	2014	2015	2016	2017	2018
主城片区	渝中区	100%	100%	100%	100%	100%	100%	100%	100%	100%	100%	100%	100%
	大渡口区	100%	100%	100%	100%	100%	100%	100%	100%	100%	100%	100%	100%
	江北区	100%	100%	100%	100%	100%	100%	100%	100%	100%	100%	100%	100%
	沙坪坝区	100%	100%	100%	100%	100%	100%	100%	100%	100%	100%	100%	100%
	九龙坡区	100%	100%	100%	100%	100%	100%	100%	100%	100%	100%	100%	100%
	南岸区	100%	100%	100%	100%	100%	100%	100%	100%	100%	100%	100%	100%
	北碚区	98.72%	98.86%	98.92%	100%	100%	100%	100%	100%	100%	100%	100%	100%
	渝北区	96.99%	96.99%	96.99%	99.12%	99.48%	99.62%	99.72%	99.75%	99.77%	99.78%	99.79%	99.79%
	巴南区	98.00%	98.05%	98.07%	99.17%	99.25%	99.29%	99.30%	99.30%	99.56%	99.57%	99.60%	99.61%
	区域均值	99.30%	99.32%	99.33%	99.81%	99.86%	99.88%	99.89%	99.89%	99.93%	99.93%	99.93%	99.93%
渝西片区	涪陵区	96.60%	96.60%	96.80%	97.00%	97.20%	97.33%	97.39%	97.41%	97.43%	97.87%	97.88%	97.89%
	长寿区	97.03%	97.04%	97.04%	97.04%	99.77%	99.77%	99.77%	99.81%	99.82%	99.97%	99.98%	99.99%
	江津区	99.15%	99.15%	99.15%	99.80%	99.84%	99.84%	99.84%	99.84%	99.84%	99.84%	99.85%	99.95%
	合川区	95.09%	96.50%	96.50%	97.23%	98.29%	99.19%	99.21%	99.28%	99.28%	99.28%	99.28%	99.30%

续表

	年份	2007	2008	2009	2010	2011	2012	2013	2014	2015	2016	2017	2018
渝西片区	永川区	96.64%	96.60%	96.50%	96.90%	99.36%	99.45%	99.49%	99.51%	99.87%	99.89%	99.89%	99.89%
	南川区	95.50%	95.50%	95.54%	95.60%	96.06%	96.34%	96.43%	97.00%	97.17%	97.19%	97.22%	97.38%
	綦江区	90.01%	91.84%	91.97%	93.05%	98.78%	98.78%	98.98%	99.68%	99.25%	99.26%	99.77%	—
	潼南区	98.46%	98.45%	98.45%	98.98%	99.20%	99.50%	99.52%	99.53%	99.60%	99.71%	99.72%	99.73%
	铜梁区	100%	100%	100%	100%	100%	100%	100%	100%	100%	100%	100%	100%
	大足区	95.00%	95.40%	95.40%	96.80%	97.34%	97.34%	97.60%	99.75%	99.60%	99.60%	99.61%	99.63%
	荣昌区	100%	100%	100%	100%	100%	100%	100%	100%	100%	100%	100%	100%
	璧山区	93.01%	93.10%	93.10%	93.30%	97.56%	97.57%	97.58%	97.61%	97.70%	98.00%	63.19%	98.29%
	区域均值	96.37%	96.68%	96.70%	97.14%	98.62%	98.76%	98.82%	99.12%	99.13%	99.22%	96.37%	99.28%
渝东北片区	万州区	95.00%	96.50%	96.50%	96.57%	98.50%	99.00%	99.00%	99.00%	99.30%	99.48%	99.48%	99.48%
	梁平区	90.01%	90.01%	90.01%	90.25%	95.54%	95.54%	95.55%	95.55%	95.55%	94.21%	94.97%	95.57%
	城口县	93.12%	93.14%	93.17%	93.19%	93.23%	93.31%	93.39%	93.43%	93.47%	100%	100%	96.77%
	丰都县	95.60%	95.99%	96.51%	97.10%	97.90%	98.65%	99.46%	99.58%	99.69%	100%	100%	99.76%
	垫江县	97.34%	98.23%	98.23%	100%	100%	100%	100%	100%	100%	99.70%	99.80%	100%
	忠县	98.46%	98.52%	98.52%	98.52%	98.65%	99.14%	99.14%	99.14%	99.14%	99.51%	99.51%	99.82%
	开州区	96.06%	97.45%	97.65%	98.00%	98.40%	98.70%	98.80%	99.13%	99.27%	95.56%	95.56%	99.51%
	云阳县	97.99%	98.00%	98.00%	98.00%	99.00%	99.00%	99.00%	99.00%	99.00%	99.00%	99.09%	99.09%
	奉节县	97.00%	97.00%	97.00%	97.00%	98.50%	98.50%	99.00%	99.09%	99.12%	99.12%	99.12%	99.15%
	巫山县	93.29%	95.83%	95.83%	96.41%	96.99%	97.50%	97.49%	97.50%	97.52%	98.75%	98.91%	99.28%
	巫溪县	93.60%	93.79%	94.10%	94.48%	98.00%	98.50%	98.60%	98.61%	98.71%	98.73%	98.73%	99.34%
	区域均值	95.22%	95.86%	95.96%	96.32%	97.70%	97.99%	98.13%	98.18%	98.25%	98.55%	98.65%	98.89%
渝东南片区	黔江区	96.94%	96.94%	96.95%	96.96%	97.59%	97.59%	97.60%	98.00%	98.17%	98.17%	98.18%	98.18%
	武隆区	94.34%	94.42%	94.61%	100%	100%	100%	100%	100%	100%	99.75%	99.75%	100%
	石柱县	83.02%	83.22%	82.64%	92.30%	92.49%	94.33%	94.33%	94.49%	94.60%	94.80%	95.00%	95.02%
	秀山县	86.35%	86.36%	86.40%	91.00%	99.09%	99.63%	99.92%	99.92%	99.94%	99.95%	99.96%	99.97%
	酉阳县	89.44%	90.26%	90.47%	98.00%	98.70%	98.82%	99.85%	99.85%	99.85%	99.87%	99.87%	99.99%
	彭水县	93.84%	93.92%	93.92%	94.86%	95.17%	95.17%	95.95%	95.95%	95.96%	96.56%	96.56%	96.97%
	区域均值	90.66%	90.85%	90.83%	95.52%	97.17%	97.59%	97.94%	98.04%	98.09%	98.18%	98.22%	98.36%
	整体均值	95.83%	96.15%	96.18%	97.28%	98.42%	98.62%	98.73%	98.86%	98.90%	99.03%	98.17%	99.17%

资料来源：计算的原始数据来源于 EPS 数据平台的《重庆县市统计数据库》，“—”表示相关数据的缺失。

表 3－22 报告了重庆各区县的万人公共图书馆藏书册数情况。从重庆县域对公共图书馆藏书册的数量配置来看，2007～2018 年重庆各区县万人公共图书馆藏书册规模呈现出明显增长的趋势，整体均值由 2007 年的 2851 册增长至 2018 年的 5610 册，期末值约为期初值的 2.0 倍。从各区域的均值水平来看，无论是在 2007 年期初还是在 2018 年期末，均表现为主城片区均值 > 渝西片区均值 > 渝东南区均值 > 渝东北片区均值。从各区域均值增长的绝对量来看，主城片区最大，渝东南片区次之，渝东北片区随后，渝西片区最小，期末值相较于期初值分别增长了 3910 册、2759 册、2587 册和 2459 册。从极值分布来看，在 2007 年万人公共图书馆藏书册数最低的五个区县分别是巫山县（101 册）、云阳县（248 册）、梁平区（281 册）、綦江区（307 册）和忠县（425 册），万人公共图书馆藏书册数最高的五个区县分别是沙坪坝区（33527 册）、渝中区（12971 册）、北碚区（12512 册）、涪陵区（6043 册）、渝北区（3581 册），其中极大值约为极小值的 332.0 倍；在 2018 年万人公共图书馆藏书册数最低的五个区县分别是云阳县（1455 册）、梁平区（1517 册）、永川区（1684 册）、酉阳县（1705 册）和万州区（1767 册），万人公共图书馆藏书册数最高的五个区县分别是沙坪坝区（39217 册）、渝中区（25059 册）、江津区（8917 册）、大渡口区（8756 册）、城口县（8715 册），其中极大值约为极小值的 27.0 倍，可见，极大值与极小值的相对差距表现出了明显的缩小趋势。

表 3－22　2007～2018 年重庆各区县的万人公共图书馆藏书册数情况　单位：册

年份		2007	2008	2009	2010	2011	2012	2013	2014	2015	2016	2017	2018
主城片区	渝中区	12971	12974	13504	4889	18067	21676	20200	22852	23384	28416	24768	25059
	大渡口区	2426	2601	3030	5316	4433	15314	5974	6577	6625	7500	8237	8756
	江北区	1853	976	994	966	594	6177	2674	3139	3536	3760	4073	5236
	沙坪坝区	33527	34634	35178	3345	34216	47773	30610	31429	30724	32526	38003	39217
	九龙坡区	884	950	1155	1267	1938	5229	2789	3938	4237	4377	4528	4655
	南岸区	2205	2416	2824	2833	3235	4096	3599	4035	4159	4345	4559	4758
	北碚区	12512	12267	12141	13158	16172	8164	6630	7336	7548	7718	8004	8110
	渝北区	3581	3551	3575	2671	2680	2799	1758	1868	2023	2512	2615	3448
	巴南区	1461	1613	1584	1710	1899	3026	2016	2563	3106	4647	7201	7376
	区域均值	7936	7998	8221	4017	9248	12695	8472	9304	9482	10644	11332	11846

续表

	年份	2007	2008	2009	2010	2011	2012	2013	2014	2015	2016	2017	2018
渝西片区	涪陵区	6043	6705	6843	6746	6876	6806	4847	5143	4989	5477	5621	5844
	长寿区	1606	7603	7734	7747	8162	8292	3373	3421	3817	4404	4453	4850
	江津区	1907	1925	2095	2173	2121	2593	2438	2443	2844	2806	6723	8917
	合川区	1512	1558	1638	1686	1689	1798	1805	1877	1938	2006	2073	2665
	永川区	942	956	1083	1044	1157	1165	1377	1691	1443	1523	1586	1684
	南川区	1249	1240	1234	1273	1309	1377	1660	1878	1935	1993	2329	2365
	綦江区	307	358	807	874	1061	1343	2374	3928	2564	2936	3139	3423
	潼南区	1507	1591	1475	1797	1837	1863	3237	3301	3377	3572	3767	3841
	铜梁区	1370	1357	3177	3666	3710	3942	3809	3876	3980	4289	4759	5125
	大足区	1202	1192	1220	1430	2061	1965	1344	2747	3931	4020	4205	4721
	荣昌区	1331	1358	1366	1428	4498	1941	2049	2173	2267	2350	2735	2781
	璧山区	1447	1510	1574	1556	1759	1769	1812	2021	2472	2838	3257	3713
	区域均值	1702	2279	2520	2618	3020	2905	2510	2875	2963	3185	3720	4161
渝东北片区	万州区	1259	1265	1462	1638	1937	1896	1647	1690	1716	1727	1747	1767
	梁平区	281	288	286	313	395	442	596	604	813	2300	2455	1517
	城口县	476	2124	2120	2228	2627	25907	6401	6830	7515	6268	7558	8715
	丰都县	610	375	410	643	768	3182	3305	3367	3724	2433	2765	3715
	垫江县	617	629	668	430	449	440	618	667	1191	1982	2381	2153
	忠县	425	431	513	519	593	701	874	923	1534	3225	7587	2258
	开州区	1648	1684	1713	1736	1769	1805	1843	1865	1901	681	762	4705
	云阳县	248	267	326	391	492	494	1118	1335	2086	2071	1387	1455
	奉节县	723	774	734	757	593	743	845	925	1288	1465	1611	1890
	巫山县	101	1009	1161	1414	1513	1672	1831	1927	2098	2268	5003	5054
	巫溪县	563	576	815	961	923	1188	1262	1366	1829	1943	2165	2176
	区域均值	632	857	928	1003	1096	3497	1849	1954	2336	2397	3220	3219
渝东南片区	黔江区	3348	2136	2123	2090	2241	11256	6826	5602	5935	6534	5513	6846
	武隆区	2583	2676	2673	2646	2763	2864	3477	3697	3917	6592	6112	4785
	石柱县	1048	1050	1067	1132	1215	1335	1528	1556	1734	1800	1873	1958
	秀山县	942	1004	979	1035	1083	1105	1171	1215	1384	2978	3532	3731
	酉阳县	1045	1051	1066	1081	1124	1156	1210	1110	1175	1271	1459	1705
	彭水县	559	597	631	609	651	637	1101	1277	1451	1682	1870	2203
	区域均值	1587	1419	1423	1432	1513	3059	2552	2409	2599	3476	3393	3538
	整体均值	2851	3086	3236	2295	3700	5419	3738	4058	4268	4769	5327	5610

资料来源：计算的原始数据来源于 EPS 数据平台的《重庆县市统计数据库》。

二、各区县基本公共服务水平的综合评价

在对各区县基本公共服务的各分类指标依次进行详细的分析之后，本节继续沿用表3-6的基本公共服务供给指标体系，运用综合评价法对重庆县域基本公共服务供给水平展开测度，以期了解各区县基本公共服务供给的综合水平。

（1）测度方法选择与介绍

TOPSIS法作为一种常用的评价方法，其主要思想是根据评价对象和其理想化目标的距离进行比较排序（Olson，2004）。但由于评价的环境或自身条件的变化通常会导致最优解与最劣解发生变化，使得评价结果发生偏差，如果能在此基础上引入熵值法参照指标的变异程度明确各评价指标的客观权重，可以有效地减少变动因素的影响，使得所计算出的评价结果更具有精确性。

熵权TOPSIS法便是基于TOPSIS评价方法的基础上引入熵值法，根据指标的变异程度确定其各自的客观权重，利用TOPSIS法对重庆县域基本公共服务供给水平进行量化排序，进而求出综合评价结果，其优点在于可以避免在TOPSIS评价方法中由于评价环境或自身条件的改变所造成的最优、最劣解发生的变化。基于上述优点，现有的涉及民生服务水平的测度研究中，如魏敏和李书昊（2018）、熊兴等（2019）、南锐等（2010）都选择运用熵权TOPSIS来测度综合水平。因此，鉴于本书样本数据的特点和学术沿袭，本书选用熵权TOPSIS法测度重庆各区县基本公共服务供给的综合水平，综合得分的取值范围为［0，1］，若得分值越接近于1，则表明县域基本公共服务供给的综合水平越高；若得分值越接近于0，则表明县域基本公共服务供给的综合水平越低。熵权TOPSIS的具体计算步骤如下：

第一步，使用极差法对重庆县域基本公共服务供给指标体系中的各指标X_{ij}进行标准化处理，消除不同指标在数量级和量纲方面不一致所造成的影响：

$$Y_{ij}=\begin{cases}\dfrac{X_{ij}-\min(X_{ij})}{\max(X_{ij})-\min(X_{ij})},X_{ij}\text{为正向指标}\\[2ex]\dfrac{\max(X_{ij})-X_{ij}}{\max(X_{ij})-\min(X_{ij})},X_{ij}\text{为负向指标}\end{cases}\qquad(3-1)$$

第二步，计算重庆县域基本公共服务供给指标体系中 Y_{ij} 的信息熵 E_j：

$$E_j = \ln\frac{1}{n}\sum_{i=1}^{n}[(Y_{ij}/\sum_{i=1}^{n}Y_{ij})\ln(Y_{ij}/\sum_{i=1}^{n}Y_{ij})] \tag{3-2}$$

第三步，计算重庆县域基本公共服务供给指标体系中 Y_{ij} 的权重 W_j：

$$W_j = (1-E_j)/\sum_{j=1}^{m}(1-E_j) \tag{3-3}$$

第四步，构建重庆县域基本公共服务供给指标体系的加权矩阵 R：

$$R = (r_{ij})_{n\times m} \tag{3-4}$$

其中，$r_{ij} = W_j \times Y_{ij}$。

第五步，通过加权矩阵 R 分别找出最优方案 Q_j^+ 和最劣方案 Q_j^-：

$$\begin{aligned} Q_j^+ &= (\max r_{i1}, \max r_{i2}, \cdots, \max r_{im}) \\ Q_j^- &= (\min r_{i1}, \min r_{i2}, \cdots, \min r_{im}) \end{aligned} \tag{3-5}$$

第六步，计算各方案与最优方案 Q_j^+、最劣方案 Q_j^- 的欧氏距离 d_i^+、d_i^-：

$$\begin{aligned} d_i^+ &= \sqrt{\sum_{j=1}^{m}(Q_j^+ - r_{ij})^2} \\ d_i^- &= \sqrt{\sum_{j=1}^{m}(Q_j^- - r_{ij})^2} \end{aligned} \tag{3-6}$$

第七步，测算各方案与理想方案的相对接近度 C_i：

$$C_i = \frac{d_i^-}{d_i^+ + d_i^-} \tag{3-7}$$

（2）各区县基本公共服务综合水平的测度

根据上述熵权 TOPSIS 法测算 2007～2018 年重庆市 38 个区县基本公共服务供给水平的综合评价得分，使用逐级累计求权处理方法确定各指标的权重，即通过对二级指标赋权进而求出一级指标得分，在此基础上通过熵权法对一级指标进行赋值，得到一级指标的权重矩阵，最后使用 TOPSIS 法计算出各区县基本公共服务供给水平的综合得分，具体测算结果详见表 3－23。

从总体层面看，重庆 38 个区县基本公共服务综合水平的均值以 2015 年为拐点，呈现出先上升后下降的稳定变化趋势。其中，造成 2010 年测度结果出现偏大的原因主要是由部分指标统计口径发生改变所造成的（如万人社会福利收养单位床位数指标）。从各大区域的均值来看，主城片区的基本公共服务综合水平明显地高于其他区域，其中，渝东北片区的期初均值、期末均值分别与渝东南片区的无明显差异。从各大区域期初期末值的变化来看，主城片区增长的绝对量最大、渝西片区次之、渝东南片区随后、渝东北片区最小，此外，主城片区与渝东北片区、渝东南片区间的基本公共服务水平差距均表现出明显增大的趋势。

表 3-23　2007~2018 年重庆各区县基本公共服务综合水平的测度结果

	年份	2007	2008	2009	2010	2011	2012	2013	2014	2015	2016	2017	2018
主城片区	渝中区	0.420	0.436	0.385	0.454	0.532	0.491	0.641	0.701	0.695	0.804	0.675	0.656
	大渡口区	0.089	0.099	0.091	0.324	0.117	0.293	0.176	0.189	0.193	0.213	0.202	0.197
	江北区	0.123	0.102	0.068	0.116	0.053	0.133	0.091	0.144	0.137	0.111	0.142	0.139
	沙坪坝区	0.820	0.769	0.847	0.208	0.753	0.746	0.777	0.715	0.721	0.830	0.738	0.791
	九龙坡区	0.076	0.065	0.056	0.114	0.074	0.124	0.095	0.133	0.138	0.122	0.135	0.112
	南岸区	0.083	0.078	0.080	0.176	0.088	0.087	0.102	0.114	0.128	0.132	0.127	0.109
	北碚区	0.362	0.332	0.333	0.667	0.435	0.169	0.199	0.207	0.214	0.217	0.189	0.173
	渝北区	0.102	0.092	0.098	0.159	0.068	0.052	0.041	0.042	0.053	0.059	0.069	0.068
	巴南区	0.068	0.060	0.052	0.113	0.060	0.069	0.061	0.073	0.138	0.158	0.191	0.157
	区域均值	0.238	0.226	0.223	0.259	0.242	0.241	0.243	0.258	0.269	0.294	0.274	0.267
渝西片区	涪陵区	0.174	0.178	0.186	0.398	0.183	0.133	0.140	0.141	0.142	0.155	0.135	0.116
	长寿区	0.052	0.202	0.209	0.444	0.215	0.157	0.094	0.093	0.110	0.121	0.112	0.093
	江津区	0.076	0.074	0.109	0.141	0.063	0.062	0.072	0.070	0.116	0.111	0.171	0.188
	合川区	0.044	0.038	0.040	0.101	0.069	0.048	0.051	0.051	0.067	0.059	0.083	0.051
	永川区	0.061	0.061	0.054	0.123	0.068	0.075	0.059	0.067	0.100	0.080	0.086	0.037
	南川区	0.049	0.043	0.078	0.089	0.043	0.046	0.051	0.057	0.059	0.050	0.071	0.052
	綦江区	0.057	0.054	0.062	0.058	0.038	0.046	0.065	0.107	0.067	0.075	0.088	0.066
	潼南区	0.046	0.042	0.059	0.112	0.063	0.064	0.100	0.107	0.133	0.115	0.126	0.077
	铜梁区	0.043	0.043	0.099	0.221	0.098	0.078	0.107	0.103	0.113	0.125	0.133	0.101
	大足区	0.055	0.057	0.070	0.160	0.087	0.077	0.064	0.089	0.144	0.135	0.120	0.092
	荣昌区	0.055	0.051	0.067	0.119	0.128	0.076	0.081	0.090	0.125	0.093	0.106	0.058
	璧山区	0.042	0.040	0.043	0.083	0.041	0.034	0.045	0.048	0.062	0.073	0.079	0.069
	区域均值	0.063	0.074	0.090	0.171	0.091	0.075	0.077	0.085	0.103	0.099	0.109	0.083

续表

	年份	2007	2008	2009	2010	2011	2012	2013	2014	2015	2016	2017	2018
渝东北片区	万州区	0.064	0.061	0.057	0.126	0.077	0.072	0.070	0.078	0.084	0.074	0.090	0.052
	梁平区	0.043	0.042	0.042	0.029	0.027	0.026	0.022	0.030	0.048	0.059	0.067	0.039
	城口县	0.105	0.119	0.159	0.308	0.192	0.513	0.250	0.260	0.293	0.239	0.204	0.199
	丰都县	0.028	0.025	0.039	0.070	0.038	0.071	0.096	0.097	0.140	0.097	0.104	0.075
	垫江县	0.023	0.017	0.024	0.040	0.028	0.020	0.021	0.028	0.123	0.125	0.081	0.044
	忠县	0.078	0.081	0.097	0.130	0.093	0.095	0.088	0.086	0.100	0.128	0.194	0.053
	开州区	0.063	0.057	0.063	0.139	0.085	0.083	0.078	0.089	0.104	0.035	0.038	0.084
	云阳县	0.043	0.057	0.079	0.124	0.076	0.084	0.088	0.101	0.132	0.054	0.044	0.029
	奉节县	0.042	0.041	0.049	0.121	0.079	0.091	0.095	0.105	0.130	0.057	0.067	0.043
	巫山县	0.047	0.048	0.074	0.156	0.095	0.129	0.140	0.151	0.175	0.067	0.129	0.100
	巫溪县	0.078	0.077	0.109	0.222	0.141	0.159	0.169	0.180	0.183	0.068	0.087	0.053
	区域均值	0.056	0.057	0.072	0.133	0.085	0.122	0.101	0.110	0.137	0.091	0.101	0.070
渝东南片区	黔江区	0.108	0.076	0.073	0.166	0.084	0.229	0.211	0.172	0.181	0.190	0.149	0.148
	武隆区	0.078	0.074	0.093	0.176	0.091	0.087	0.115	0.122	0.135	0.199	0.150	0.097
	石柱县	0.061	0.063	0.087	0.150	0.092	0.104	0.115	0.135	0.170	0.078	0.101	0.066
	秀山县	0.044	0.047	0.067	0.162	0.111	0.109	0.084	0.091	0.116	0.087	0.093	0.070
	酉阳县	0.035	0.033	0.038	0.081	0.057	0.063	0.062	0.068	0.064	0.053	0.056	0.038
	彭水县	0.028	0.032	0.042	0.073	0.038	0.047	0.053	0.065	0.077	0.058	0.058	0.046
	区域均值	0.059	0.054	0.067	0.135	0.079	0.107	0.107	0.109	0.124	0.111	0.101	0.078
	整体均值	0.102	0.102	0.113	0.175	0.123	0.133	0.128	0.137	0.156	0.145	0.144	0.122

三、各区县基本公共服务均等化水平的测度

1. 测度方法选择与介绍

学术研究中较为常用的测量差异性的统计指标主要有变异系数（Coefficient of Variation）、泰尔指数（Theil's Entropy Index）、基尼系数（Gini Coefficient）和对数离差均值（Logarithmic Mean Deviation）四种。其中，泰尔指数指标和对数离差均值分别对上层部分和底层部分差异的变化比较敏感，而基尼

系数则对中间部分的差异水平变化比较敏感。由此可见，这三个统计指标之间具有一定的互补性。因此，为更加全面地分析基本公共服务综合水平的区域差异，本书选择综合上述三个指标来进行测算分析。

基尼系数指标的计算公式表示如下：

$$GINI = \frac{2}{n^2 u_e}\sum_{i=1}^{n} ie_i - \frac{n+1}{n} \tag{3-8}$$

在式（3－8）中，n 代表样本的个数，即重庆区县数量；e_i表示将各区县基本公共服务综合水平由小至大的顺序依次排列后第 i 个样本对象的基本公共服务综合水平；u_e代表样本整体的基本公共服务综合水平均值。

泰尔指数（GE1）与对数离差均值（GE0）最早是由经济学家泰尔（Theil）于 1967 年所提出，他引用信息理论中的熵概念来测量收入的不平等差异度，泰尔指数指标和对数离差均值指标的具体计算公式可分别表示如下：

$$GE_1(e) = \frac{1}{n}\sum_{i=1}^{n} \frac{e_i}{u_e}\ln\frac{e_i}{u_e} \tag{3-9}$$

$$GE_0(e) = \frac{1}{n}\sum_{i=1}^{n} \frac{u_e}{e_i} \tag{3-10}$$

在式（3－9）与式（3－10）中，n 代表样本的个数，即重庆区县数量；e_i表示将各区县基本公共服务综合水平由小至大的顺序依次排列后第 i 个样本对象的基本公共服务综合水平；u_e代表样本整体的基本公共服务综合水平均值。

此外，还可以进一步通过分解泰尔指数（GE_1）与对数离差均值（GE_0）来分别测算组间与组内的基本公共服务综合水平差异程度，泰尔指数（GE_1）与对数离差均值（GE_0）具体的分解公式如下：

$$\begin{aligned} E_1(e) &= E_1(e^1, e^2, e^3, \cdots e^m) = \frac{1}{n}\sum_{k=1}^{m}\sum_{i=1}^{n_k} \frac{e_i}{u}\ln\frac{e_i}{u} \\ &= \sum_{k=1}^{m} \frac{n_k}{n}\frac{u_k}{u}\frac{1}{n_k}\sum_{i=1}^{n_k} \frac{e_i}{u}\ln\frac{e_i}{u_k} + \frac{1}{n}\sum_{k=1}^{m}\frac{u_k}{u}\sum_{i=1}^{n_k}\ln\frac{u_k}{u} \\ &= \sum_{k=1}^{m} v_k \frac{u_k}{u}E_1(e^k) + \sum_{k=1}^{m} v_k\frac{u_k}{u}\ln\frac{u_k}{u} = W + B \end{aligned} \tag{3-11}$$

$$E_0(e) = E_0(e^1, e^2, e^3, \cdots e^m) = \frac{1}{n}\sum_{k=1}^{m}\sum_{i=1}^{n_k}\ln\frac{u}{e_i}$$

$$= \sum_{k=1}^{m}\frac{n_k}{n}\frac{1}{n_k}\sum_{i=1}^{n_k}\ln\frac{u_k}{e_i} + \frac{1}{n}\sum_{k=1}^{m}\sum_{i=1}^{n_k}\ln\frac{u}{u_k}$$

$$= \sum_{k=1}^{m}v_k E_0(e^k) + \sum_{k=1}^{m}v_k\ln\frac{u}{u_k} = W + B \tag{3-12}$$

在式（3－11）和式（3－12）中，n 代表样本的个数，其被分为 m 组 $n_k(k=1,2,3,\cdots,m)$，每组所对应的基本公共服务综合水平的向量记为 e^k，每组样本的基本公共服务综合水平均值记为 u_k，区域数量表示为 n_k，因此，其所占总区域数量的比重可以表示为 $v_k=n_k/n$；W 代表 k 个组不均等的值加权平均，它表示着基本公共服务综合水平的总差异中的组内差异；B 则代表着基本公共服务综合水平的总差异中的组间差异，它的计算方式是将每个区域的基本公共服务综合水平转换为与其对应的组均值。在这里 W 与 B 中的权重数 $v_k\frac{u_k}{u}$ 正好为第 k 组基本公共服务综合水平占样本整体基本公共服务综合水平累计总和的比重。

2. 各区县基本公共服务均等化水平的测度

基于 2007～2018 年重庆市 38 个区县基本公共服务综合水平的测度结果，根据式（3－8）、（3－9）和（3－10）分别计算重庆县域整体在各年中基本公共服务综合水平的基尼系数、泰尔指数和对数离差均值，结果见表 3－24。

表 3－24　　重庆县域整体的基本公共服务差异化水平

年份	GINI	GE_0	GE_1	GINI 增长率	GE_0 增长率	GE_1 增长率
2007	0.4727	0.3799	0.5078	—	—	—
2008	0.4775	0.3853	0.4924	1.02%	1.42%	-3.03%
2009	0.4428	0.3285	0.4291	-7.27%	-14.74%	-12.86%
2010	0.3482	0.2075	0.2147	-21.36%	-36.83%	-49.97%
2011	0.4488	0.3386	0.4132	28.89%	63.18%	92.45%
2012	0.4506	0.3416	0.3941	0.40%	0.89%	-4.62%
2013	0.4291	0.3171	0.3878	-4.77%	-7.17%	-1.60%
2014	0.3995	0.2745	0.3357	-6.90%	-13.43%	-13.43%
2015	0.3417	0.2048	0.2546	-14.47%	-25.39%	-24.16%

续表

年份	GINI	GE_0	GE_1	GINI 增长率	GE_0 增长率	GE_1 增长率
2016	0.4214	0.2983	0.3817	23.32%	45.65%	49.92%
2017	0.3647	0.2281	0.2877	-13.46%	-23.53%	-24.63%
2018	0.4490	0.3359	0.4272	23.11%	47.26%	48.49%

从表 3-24 报告的重庆县域基本公共服务水平的整体差异来看，重庆各区县基本公共服务综合水平存在着较为明显的县域差异。从整体上看基尼系数、泰尔指数以及对数离差均值呈现出相同的变化趋势，但是在某些年份中，上述三个指标的变动幅度却表现出较为明显的差异。其中基尼系数和对数离差均值均在 2015 年达到最小值，表明在 2015 年重庆各区县之间的基本公共服务综合水平的差异最大；从各差异指数的整体变化趋势来看，虽然在 2011 年、2012 年、2016 年发生了明显波动，但总体上呈现出平稳下降的趋势，表明重庆各区县的基本公共服务综合水平的整体差异在不断缩小。为深入探究各区域间和区域内的差异水平，本书借鉴刘亦文等（2016）文献的做法，将整体泰尔指数和对数离差均值进一步分解，结果见表 3-25 和表 3-26。

表 3-25　基于泰尔指数分解的四大区域基本公共服务综合水平差异

年份	主城片区	渝西片区	渝东北片区	渝东南片区	区域内差异	区域间差异	总差异	区域间差异占比
2007	0.4154	0.1113	0.0865	0.1053	0.2754	0.2323	0.5078	45.75%
2008	0.4253	0.2056	0.1124	0.0568	0.2937	0.1988	0.4924	40.37%
2009	0.4941	0.1460	0.1207	0.0516	0.2961	0.1330	0.4291	31.00%
2010	0.2085	0.2033	0.1606	0.0516	0.1773	0.0374	0.2147	17.42%
2011	0.4651	0.1566	0.1455	0.0525	0.2877	0.1256	0.4132	30.40%
2012	0.3594	0.0964	0.3851	0.1351	0.2911	0.1031	0.3941	26.16%
2013	0.4618	0.0574	0.1846	0.1101	0.2749	0.1128	0.3878	29.09%
2014	0.3856	0.0483	0.1623	0.0618	0.2269	0.1088	0.3357	32.41%
2015	0.3327	0.0457	0.0927	0.0641	0.1774	0.0772	0.2546	30.32%
2016	0.3860	0.0509	0.1483	0.1407	0.2405	0.1412	0.3817	36.99%
2017	0.3065	0.0324	0.1266	0.0725	0.1790	0.1087	0.2877	37.78%
2018	0.3551	0.0938	0.1675	0.1042	0.2424	0.1848	0.4272	43.26%

表 3－26　基于对数离差均值分解的四大区域基本公共服务综合水平差异

年份	主城片区	渝西片区	渝东北片区	渝东南片区	区域内差异	区域间差异	总差异	区域间差异占比
2007	0.4138	0.0890	0.0915	0.1080	0.1696	0.2102	0.3799	55.33%
2008	0.4297	0.1779	0.1239	0.0603	0.2033	0.1820	0.3853	47.24%
2009	0.5002	0.1371	0.1245	0.0558	0.2066	0.1219	0.3285	37.11%
2010	0.2015	0.1905	0.1889	0.0579	0.1717	0.0358	0.2075	17.25%
2011	0.5113	0.1527	0.1606	0.0597	0.2252	0.1134	0.3386	33.49%
2012	0.3723	0.0926	0.3593	0.1305	0.2420	0.0996	0.3416	29.16%
2013	0.4809	0.0563	0.2204	0.1081	0.2125	0.1046	0.3171	32.99%
2014	0.4032	0.0501	0.1831	0.0636	0.1744	0.1001	0.2745	36.47%
2015	0.3323	0.0493	0.0953	0.0692	0.1328	0.0720	0.2048	35.16%
2016	0.3846	0.0541	0.1380	0.1423	0.1706	0.1277	0.2983	42.81%
2017	0.2967	0.0324	0.1288	0.0766	0.12998	0.0982	0.2281	43.05%
2018	0.3407	0.0898	0.1496	0.1038	0.1687	0.1672	0.3359	49.78%

表 3－25 和表 3－26 报告了差异的分解结构。泰尔指数和对数离差均值所描述的各大区域差异特征大致相同，其中渝东南片区之间的整体差异程度最小，均值分别为 0.086 和 0.084；主城片区之间的整体差异程度最大，均值分别为 0.389 和 0.383；此外，主城片区之间各年的差异水平总体上波动幅度最大，极大极小值差为 0.310 和 0.286；通过比较泰尔指数和对数离差均值的区域内差异与区域间差异的数值来看，区域内差异均显著的大于区域间差异（除对数离差均值在 2007 年外），说明重庆县域基本公共服务综合水平的主要差异是由各区域内部的差异所造成的；此外，区域间差异占总差异的比重整体上以 2012 年为拐点呈现出先减小后增大的趋势，表明在 2012 年后各大区域间差异在总差异中占据日益主要的地位。

本章小结

本章对重庆各区县政府的财政收支以及转移支付状况展开了详细分析，并构建了重庆县域基本公共服务供给指标体系对各区县在 2007～2018 年基本公共服务供给的综合水平进行了测度计算，并基于测度结果，运用基尼系数、泰尔指数、对数离差均值等差异性评价指标探究了各大区域的差异性特征。

从各区县政府的财政收支情况来看，财政收入水平较低的区县通常面临着财政支出较大的压力，地区财政收入与财政支出存在着较为严重的不匹配现象。渝东南片区和渝东北片区县级政府的财政自给率都普遍低于主城片区和渝西片区县级政府的财政自给率，这意味着渝东南片区和渝东北片区对财政转移支付的依赖程度远高于主城片区和渝西片区。从市对区县转移支付的情况来看，一般性转移支付和专项转移支付为最主要的两种形式，而税收返还的地位相对较低；从一般性转移支付和专项转移支付的数量规模上看，渝东北片区和渝东南片区均明显高于主城片区；从占比规模来看，县级政府一般性转移支付的比重要普遍高于专项转移支付的比重。

从各区县基本公共服务综合水平的测度结果来看，主城地区的基本公共服务综合水平明显高于其他区域，其中，渝东北片区的期初均值、期末均值分别与渝东南片区的无明显差异。从各大区域期初期末值的变化来看，主城片区增长的绝对量最大、渝西片区次之，渝东南片区随后、渝东北片区最小，此外，主城片区与渝东北片区、渝东南片区间的基本公共服务水平差距均表现出明显增大的趋势。从基本公共服务均等化水平的测度结果来看，重庆各区县基本公共服务综合水平存在着较为明显的县域差异，通过进一步比较泰尔指数和对数离差均值的区域内差异与区域间差异的数值来看，区域内差异均显著大于区域间差异，这表明重庆县域基本公共服务综合水平的主要差异是由各区域内部的差异所造成的。

第四章

转移支付规模对重庆县域基本公共服务供给激励的实证研究

依据第二章的理论分析，财政转移支付对地方政府基本公共服务供给的激励效应首先体现在转移支付的数量形式上，即转移支付规模水平与地区基本公共服务供给之间存在着紧密联系。从一方面看，作为一种来自上级政府的财政援助，转移支付规模增加能够直接缓解欠发达地区由于自身财力不足所造成的财政压力，有效地弥补地区民生性支出缺口，对地方政府基本公共服务供给产生正向的激励作用，但从另一方面看，转移支付规模增加却容易造成地方政府对上级政府产生救助预期，这种无成本或较低成本的资金收入使得地方政府陷入软预算约束的“激励陷阱”中，再加之缺乏强有力的财政资金监督机制，进而会在一定程度上弱化转移支付的作用效果，甚至对地方政府基本公共服务供给激励产生负向影响。那么，转移支付规模水平到底对县级地方政府基本公共服务供给产生了怎样的影响？尤其是在当前中国式的财政分权体制下，在省以下政府间财政关系严重失衡以及地区间激烈的“经济锦标赛”的影响下，通过增加对县级地方政府的转移支付规模是否对辖区内民生建设扮演着“援助之手”的角色？鉴于此，本章以重庆市各区县为研究对象，通过相关的实证分析，试图研究转移支付规模与基本公共服务供给水平和结构之间的关系。

第一节 转移支付规模对基本公共服务供给水平的激励效应

这里需要重点说明的是，本章的研究选用地方政府基本公共服务供给的投入指标，即各地区在民生领域的相关财政支出水平来衡量所在地区基本公共服务的供给水平，而非选用基本公共服务供给的产出结果指标，如中小学的专任教师数、中小学的学校数、卫生机构的床位数等结果指标来表示辖区内基本公共服务的供给水平。这样的做法不仅可以避免各地区间由于民生性支出转化成民生性公共产品的效率差异性所造成的影响，还可以消除各地区由于私人企业或非营利组织的供给数量、供给能力不同对本书研究所带来的偏差。此外，由于基本公共服务供给涉及的内容较多，而仅选用产出结果指标可能无法代表地方政府在基本公共服务供给的真实水平。

本章首先检验第二章中的研究假设1，即转移支付规模的增加对基本公共服务总供给水平的影响，以及对各分类基本公共服务供给的影响。依据“粘蝇纸”效应的解释，相较于地方政府自身的财政收入而言，财政转移支付更容易造成地方政府财政支出规模的膨胀，因此，本章构建的基准计量模型如下：

$$exp_{i,t} = \alpha_1 transfer_{i,t} + \alpha_2 X_{i,t} + u_i + v_t + \varepsilon_{i,t} \tag{4-1}$$

式（4-1）中，$exp_{i,t}$表示i区县在t年人均基本公共服务的总供给水平，在具体的实证分析中，本书分别探讨了人均教育支出（expedu）、人均医疗卫生支出（expmedi）和人均社会保障支出（expsecuri）三类基本公共服务支出变量。$transfer_{i,t}$代表在t年i区县的转移支付数量水平，为了消除各区县人口差异带来的影响，本书采用人均转移支付水平来表示，具体测算方法是基于地区的户籍人口数计算人均获得的转移支付金额，这是因为我国当前的财政转移支付分配模式主要与地区户籍人口挂钩。$X_{i,t}$代表一系列控制变量，其中包括地区的经济发展水平、资本边际产出、城镇化水平和人口密度等。作为政府重要职能，经济发展能为政府执行社会公共服务职能提供有效保障，通常，经济发展水平较高的地区更有实力也更有可能提供高水平的基本公共服务；资本边际产出作为衡量资本的形成与产出之间的关系，可以在一定程度上反映出地区提供基本公共服务的成本，也是影响地方政府供给基本公共服务的一个重要因素；推进新型城镇化建设是有效破解城乡之间基本公共服务资源失衡的重要途径，是提高地区基本公共服务供给的有效手段；在基本公共服务均等化的政策导向下，人口密度越高的地区对基本公共服务的供给需求一般也就越大，进而影响到地方政府提供的基本公共服务规模。u_i代表个体固定效应，v_t代表时间固定效应，$\varepsilon_{i,t}$代表随机扰动项。

此外，考虑到重庆各区县在纵向财政关系以及经济发展目标方面存在较大差异，因此很有必要在基准计量模型中引入财政纵向失衡（vfi）和经济赶超（ecu）等相关控制变量来进一步探究转移支付规模对县域基本公共服务供给水平的影响。鉴于此，在式（4－1）的基础上分别引入转移支付与财政纵向失衡的交叉乘积项以及转移支付与经济赶超的交叉乘积项，分别构建在财政纵向失衡效应和经济赶超效应下财政转移支付规模对基本公共服务供给水平的计量模型，如式（4－2）、式（4－3）所示：

$$exp_{i,t} = \alpha_1 transfer_{i,t} + \alpha_2 vfi_{i,t} + \alpha_3 transfer_{i,t} \times vfi_{i,t} + \alpha_4 X_{i,t} + u_i + v_t + \varepsilon_{i,t} \tag{4-2}$$

$$exp_{i,t} = \alpha_1 transfer_{i,t} + \alpha_2 ecu_{i,t} + \alpha_3 transfer_{i,t} \times ecu_{i,t} + \alpha_4 X_{i,t} + u_i + v_t + \varepsilon_{i,t} \tag{4-3}$$

更进一步地考虑到在现实情况中，县级基层政府通常同时面临着财政纵向失衡和经济追赶的双重压力。鉴于此，在上述模型的基础上拓展出在综合效应影响下财政转移支付规模对基本公共服务供给水平的计量模型，如式（4－4）所示：

$$exp_{i,t} = \alpha_1 transfer_{i,t} + \alpha_2 vfi_{i,t} + \alpha_3 ecu_{i,t} + \alpha_4 transfer_{i,t} \times (vfi \times ecu)_{i,t} + \alpha_4 X_{i,t} + u_i + v_t + \varepsilon_{i,t} \tag{4-4}$$

本章基于2007～2018年重庆的38个区县的面板数据，构建相应的计量模型实证分析转移支付与基本公共服务供给之间的关系，相关数据来源于EPS数据平台的重庆县市统计数据库，鉴于部分数据的不完整性，补充数据来源于对应年份的《重庆统计年鉴》的相关数据，部分年份中的缺失数据或异常值使用插补法进行完善。① 这里需要对样本时间段选择进行说明的是，由于我国财政支出统计口径在 2007 年发生了明显变化，为了避免由于统计口径不同对研究结果造成的影响，本书选取 2007 年作为样本基期。各变量的说明与测算方法详见表 4 - 1。

表 4 - 1　　各变量的定义与测算方法

变量类别	变量名	变量定义	测算方法
被解释变量	expedu	人均教育支出水平	财政教育支出除以常住人口数
	expmedi	人均医疗卫生支出水平	财政医疗卫生支出除以常住人口数
	expsecuri	人均社会保障支出水平	财政社会保障支出除以常住人口数
	expbservi	人均基本公共服务总支出水平	人均教育支出 + 人均医疗卫生支出 + 人均社会保障支出
	strucedu	教育支出占比	人均教育支出与人均财政支出的比重
	strucmedi	医疗卫生支出占比	人均医疗卫生支出与人均财政支出的比重
	strucsecuri	社会保障支出占比	人均社会保障支出与人均财政支出的比重
	strucbservi	基本公共服务支出占比	人均基本公共服务支出与人均财政支出的比重
核心解释变量	transfer	转移支付数量水平	参照郑浩生和李东坤（2016）、储德银和邵娇（2018）的做法，采用（预算内财政支出 - 预算内财政收入）/地区户籍人口总数来衡量各区县的转移支付数量水平
	transrate	转移支付相对水平	参照刘贯春和周伟（2019）的做法，采用各区县所获得的转移支付额与其一般预算收入的比值来表示转移支付相对水平
控制变量	vfi	财政纵向失衡程度	具体测算详见具体公式
	ecu	经济赶超水平	具体测算详见具体公式
	gdp	经济发展水平	采用人均实际 GDP 来表示各区县的经济发展水平。以 2007 年为基期，使用平减指数计算得到各地区每年的人均实际 GDP 值

① 对于本书插值法的实例说明：比如对于地区生产总值指标，EPS 数据平台的重庆县市统计数据库和《重庆统计年鉴》均未报告渝中区、大渡口区、江北区、沙坪坝区、九龙坡区、南岸区、北碚区、渝北区、巴南区、涪陵区、万州区和黔江区在 2017 年的具体数值，对于上述区县 2017 年地区生产总值的插补，本书首先分别计算上述各区县在期初（2007 年）和期末（2018 年）时间段内地区生产总值的年均几何增长率，然后再用其各自在 2016 年的地区生产总值乘以各自的年均几何增长率即可估测出各区县在 2017 年的地区生产总值。

续表

变量类别	变量名	变量定义	测算方法
控制变量	mpk	资本边际产出	参照付文林和沈坤荣（2012）、何强和董志勇（2015）的做法，采用各地级市（区县）当年的 GDP 与其全社会固定资产投资的比值来表示资本的边际产出
	urban	城镇化水平	城镇化率，数据直接来源于重庆统计年鉴
	density	人口密度	使用各区县的常住人口数与行政区域面积的比值
	teacher	万人拥有的教师数	使用每万人小学生拥有的教师数和每万人初中生拥有的教师数的算数平均数来表示各区县的基础教育水平
	doctor	万人拥有的医生数	使用每万人拥有的执业医师数来表示各区县的医疗卫生水平
	unemplorate	城镇登记失业率	使用城镇登记失业人员数/（城镇登记失业人员数＋城镇从业人员数）来表示各区县的社会保障水平

注：①在后文的分析中，将对 expedu、expmedi、expsecuri、expbservi、transfer、gdp、density、teacher、doctor 取自然对数；②由于在 2009 年以后，《中国县域统计年鉴》未继续公布市县级的转移支付额，许多学者采用财政支出与收入的差额来衡量地区所获得的转移支付量，为最大程度地避免由于统计口径不一致对估计结果所带来的偏差，本书沿用这种做法。

表 4－2 报告了不同区域样本各变量的统计特征，可以发现，各区域的基本公共支出水平和支出占比存在较为明显的差异。其中，从基本公共服务的总支出水平和各分类支出水平的均值来看，除社会保障支出水平以外，均存在着渝东南、渝东北片区 > 全样本地区 > 主城、渝西片区，主城、渝西片区的均值水平近似于重庆市的均值水平；从基本公共服务的各分类支出占比的均值来看，除社会保障支出占比以外，对于教育支出占比以及基本公共服务整体支出占比而言，均存在着渝东南、渝东北片区 > 全样本地区 > 主城、渝西片区。对于核心解释变量，无论是从转移支付的数量水平还是相对水平的均值来看，渝东南、渝东北片区均显著地高于主城、渝西片区。另外，各区域的其余控制变量也均存在着不同程度的差异。

表 4－2 主要变量的统计特征描述

变量	全样本地区				主城、渝西片区				渝东南、渝东北片区			
	均值	标准差	最大值	最小值	均值	标准差	最大值	最小值	均值	标准差	最大值	最小值
expedu	6.896	0.598	8.708	5.390	6.844	0.540	7.619	5.390	6.960	0.659	8.708	5.540
expmedi	6.135	0.806	8.331	4.185	6.058	0.752	7.367	4.240	6.231	0.861	8.331	4.185
expsecuri	6.518	0.492	8.192	5.150	6.525	0.445	7.592	5.307	6.509	0.545	8.192	5.150
expbservi	7.681	0.587	9.533	6.289	7.644	0.526	8.426	6.289	7.727	0.653	9.533	6.294
strucedu	0.185	0.036	0.322	0.074	0.175	0.033	0.266	0.074	0.197	0.036	0.322	0.117
strucmedi	0.090	0.031	0.192	0.029	0.084	0.031	0.192	0.029	0.097	0.030	0.188	0.043
strucsecuri	0.128	0.034	0.312	0.050	0.129	0.036	0.312	0.050	0.127	0.031	0.234	0.069
strucbservi	0.403	0.066	0.590	0.169	0.388	0.066	0.522	0.169	0.421	0.060	0.590	0.283
transfer	7.869	0.631	9.574	6.180	7.746	0.577	8.824	6.180	8.021	0.663	9.574	6.338
transrate	0.579	0.186	0.916	0.110	0.445	0.131	0.816	0.110	0.745	0.079	0.916	0.506
vfi	0.619	0.256	0.976	0.002	0.439	0.200	0.915	0.002	0.841	0.085	0.976	0.547
ecu	6.623	4.415	25.882	0.581	4.695	2.535	13.993	0.581	9.004	5.043	25.882	1.958
gdp	9.562	0.516	11.022	8.405	9.900	0.408	11.022	8.845	9.144	0.270	9.758	8.405
mpk	1.140	0.555	5.499	0.477	1.274	0.664	5.499	0.553	0.974	0.310	2.344	0.477
urban	0.537	0.232	1.000	0.186	0.681	0.210	1.000	0.270	0.359	0.090	0.669	0.186
density	6.144	1.205	10.307	4.026	6.862	1.107	10.307	5.325	5.258	0.556	6.167	4.026

对于式（4－1）~式（4－4）的实证检验，本书均采用最小二乘法（OLS）的双向固定效应进行回归估计，表 4－3 报告了式（4－1）的回归估计结果。从模型（1）~模型（4）的回归结果显示，不论是对于人均基本公共总支出水平还是各分类的人均支出水平，人均转移支付水平的回归系数均为正值，且均通过了在 1% 水平上的显著性检验。这表明，对于整体样本而言，人均转移支付水平的提高能有效地促进各类基本公共服务人均支出规模扩大，比较各分类项系数值的大小可以发现，转移支付对人均教育的促进作用效果最大，其次是对人均社会保障支出，而对人均医疗卫生支出的作用效果最小。但考虑到各区县在民生领域的基础建设水平存在着较大的差异，本书通过在模型（2）~模型（4）的基础上分别引入教育水平的控制变量、医疗卫生水平的控制变量以及社会保障水平的控制变量来进一步探究转移支付水平对各分类基本

公共人均财政支出的影响。从模型（5）~模型（7）的估计结果发现，在引入各分类基本公共水平的控制变量后，核心解释变量和其余控制变量的系数符号与显著性水平相较于模型（2）~模型（4）均未发生明显改变，其中，医疗卫生水平控制变量的系数符号为正且通过显著性检验，这表明医疗卫生基础好的地区，其人均医疗卫生支出水平也就越高。

表 4-3　转移支付规模对基本公共服务供给水平的基准检验估计结果

变量	模型（1）	模型（2）	模型（3）	模型（4）	模型（5）	模型（6）	模型（7）
	整体	教育	医疗卫生	社会保障	教育	医疗卫生	社会保障
transfer	0.3194*** (8.24)	0.3329*** (7.07)	0.2612*** (4.56)	0.3054*** (7.01)	0.3379*** (7.15)	0.2615*** (4.58)	0.3061*** (7.03)
gdp	0.2216*** (3.62)	0.2038*** (2.74)	0.0520 (0.57)	0.2583*** (3.76)	0.2065*** (2.78)	0.0479 (0.53)	0.2513*** (3.64)
mpk	-0.0829*** (-3.76)	-0.0747*** (-2.79)	-0.1166*** (-3.58)	-0.0565** (-2.28)	-0.0753*** (-2.81)	-0.1150*** (-3.54)	-0.0570** (-2.30)
urban	0.3588 (1.62)	-0.4546* (-1.69)	0.6373* (1.95)	0.7716*** (3.10)	-0.5398* (-1.94)	0.6995** (2.14)	0.7826*** (3.14)
density	-0.6993*** (-6.70)	-0.6454*** (-5.08)	-0.9050*** (-5.86)	-0.6974*** (-5.94)	-0.5779*** (-4.15)	-0.8829*** (-5.73)	-0.7046*** (-6.00)
cons	6.5831*** (6.09)	5.9334*** (4.52)	7.7636*** (4.86)	5.1358*** (4.23)	4.6147*** (2.67)	7.4026*** (4.63)	5.2483*** (4.31)
teacher	—	—	—	—	0.1415 (1.17)	—	—
doctor	—	—	—	—	—	0.0914** (2.11)	—
unemplorate	—	—	—	—	—	—	-0.3957 (-1.18)
个体固定效应	Yes	Yes	Yes	Yes	Yes	Yes	Yes
年份固定效应	Yes	Yes	Yes	Yes	Yes	Yes	Yes
观测值	456	456	456	456	456	456	456

注：括号内的数字为对应的 t 值；***、**、*分别表示在 1%、5%、10% 显著性水平上显著。

一、财政纵向失衡效应下的实证分析

在实施财政分权制度的国家中，财政纵向失衡是其一个重要的固有特征。相较于西方财政联邦主义国家，政治权力相对集中化下的中国式财政分权具有更加显著的非对称性特征，即表现出较低程度的收入分权和较高程度的支出分权。在这种非对称性的收支分权影响下，我国各级政府间的财政纵向失衡程度要普遍高于西方财政联邦主义国家。本书借鉴 Eyraud 和 Lusinyan（2013）的研究思想并基于财政分权的视角，按照以下公式对重庆各区县地方政府的财政纵向失衡程度（vfi）进行测度计算，具体公式如下：

$$vfi = 1 - \frac{FQ_r}{FQ_s} \times (1 - CBD) \tag{4-5}$$

$$FQ_r = \frac{CG_r/CPOP}{CG_r/CPOP + PG_r/PPOP} \tag{4-6}$$

$$FQ_s = \frac{CG_s/CPOP}{CG_s/CPOP + PG_s/PPOP} \tag{4-7}$$

$$CBD = \frac{CG_s - CG_r}{CG_s} \tag{4-8}$$

其中，vfi 代表财政纵向失衡程度；CGr 和 CGs 分别表示县级政府的公共预算收入水平与支出水平；PGr 和 PGs 分别表示省级政府的公共预算收入水平与支出水平；FQr 和 FQs 分别表示财政收入分权和财政支出分权，CPOP 和 PPOP 分别表示县域人口数和省级人口数；CBD 表示县级政府的财政自给缺口率。

本书按照上述公式中对重庆市各区县的财政纵向失衡进行了具体测算，图 4－1 报告了重庆 38 个区县 2007～2018 年的财政纵向失衡程度。

分析比较图 4－1 中各区县在样本时间段内财政纵向失衡程度的变化，可以发现以下三个特征。

第一，重庆市各区县财政纵向失衡程度的绝对水平普遍较高，特别是对于非主城片区县。2007～2018 年，重庆市 38 个区县财政纵向失衡的平均值为 0.619，其中对于非主城片区县而言，其财政纵向失衡的平均值达到 0.722；

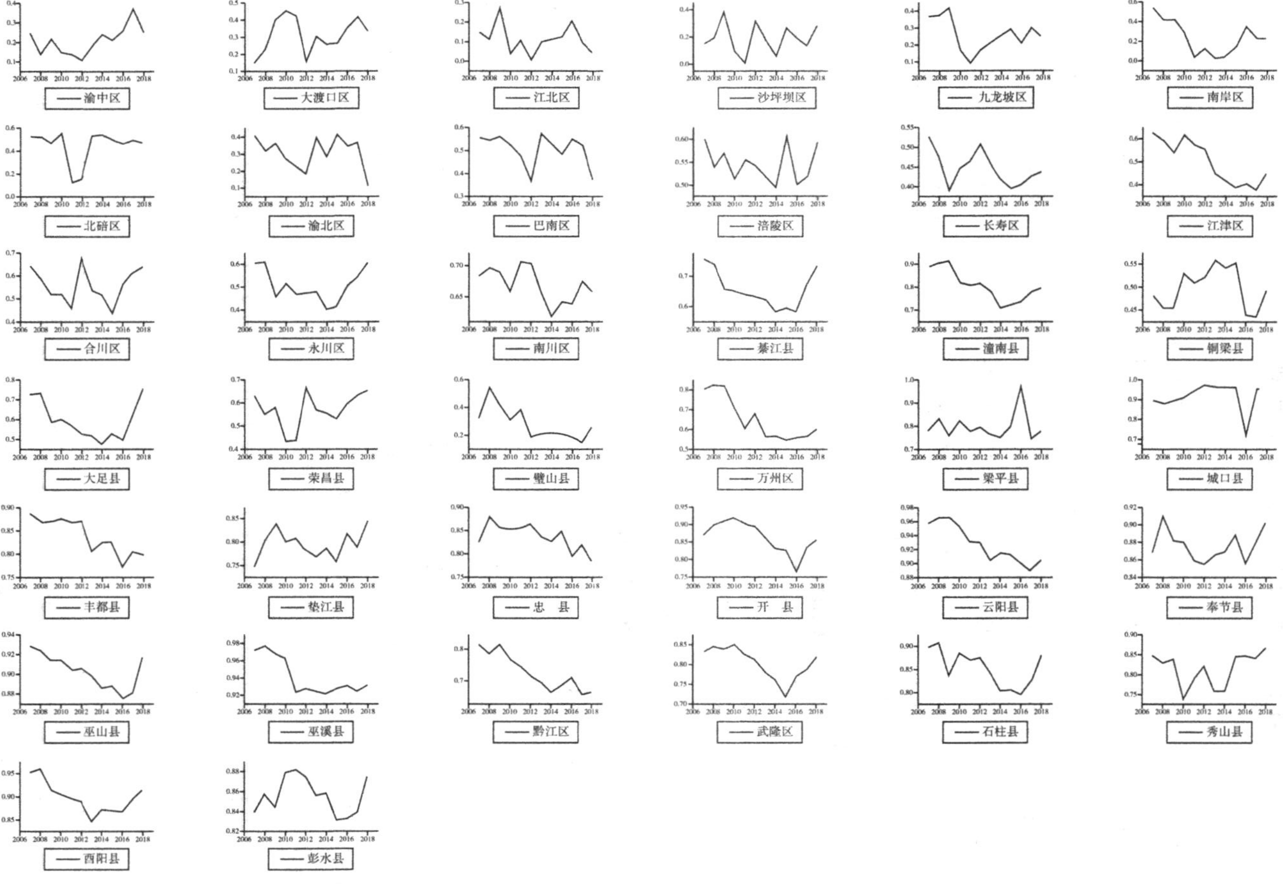

图 4-1　重庆市 38 个区县 2007～2018 年财政纵向失衡的测度结果

个别区县，比如渝东北片区的巫山县、云阳县和巫溪县，财政纵向失衡的平均值分别高达 0.903、0.927 和 0.941。

第二，各区县财政纵向失衡程度的绝对水平总体上以 2014 年为转折点，呈现先下降后上升的变化趋势，其中主城片区县的波动尤为显著，且均经历了反复升降。但仅从样本时间段的期初值和期末值来看，样本整体的变化幅度并不大，从 2007 年的均值 0.665 下降至 2018 年的 0.624。

第三，各区县的财政纵向失衡程度不仅呈现出明显的地理分布特征，还与地区经济发展水平有着紧密联系。从地区分布上看，各区县财政纵向失衡水平总体上表现出以主城片区为起始点，在空间上向外梯度递增的变化趋势，即越远离主城片区的区县，其财政纵向失衡程度也就越高，财政纵向失衡水平与离主城片区的地理距离呈正比例关系。从地区财政纵向失衡程度与其经济发展水平来看，呈现出明显的负相关性，即经济发展水平越低的地区财政纵向失衡程度越高，反之则越低。通过计算发现，2007 ~ 2018 年，重庆市国家级贫困县地区的财政纵向失衡均值高达 0.848，而非国家级贫困县地区的财政纵向失衡均值仅为 0.485。

表 4 - 4 报告了在考虑财政纵向失衡效应下转移支付规模的增加对基本公共服务总支出水平以及各分类基本公共服务支出水平的回归估计。其中，模型（1）~ 模型（4）是在式（4 - 1）的基础上引入了财政纵向失衡变量（vfi），用于单独考察财政纵向失衡程度对地区基本公共服务供给水平的影响。此外，为了进一步探究财政纵向失衡与转移支付二者共同对于地区基本公共服务供给水平的互动综合影响，模型（5）~ 模型（8）分别在模型（1）~ 模型（4）的基础上加入了转移支付与财政纵向失衡程度的交互项（transfer × vfi）来进行“调节效应”检验。

具体从各变量的回归系数值来看：首先，在各个模型中核心解释变量转移支付的估计系数均显著为正，这说明转移支付规模水平的增加对提高地区基本公共服务供给水平具有总的正向影响，即转移支付资金通过弥补地方财政收支缺口和增加地区财政收入规模等渠道方式对地方政府财政行为的激励作用，大于其造成预算软约束进而引发道德风险对地方政府行为的扭曲作用。由此来看，在我国的财政分权体制下，财政转移支付制度确实在缓解财政纵向失衡、促进基本公共服务均等化等方面发挥着较为关键的作用。其次，控制变量财政纵向失衡程度在各个模型中都通过了在1%水平下的显著性检验，且相关的估计系数均为负值。这说明在我国财政分权的体制下，由于财权和事权不匹配所造成各级政府间财政关系的失衡，进而形成的天然型财力缺口是抑制地方政府基本公共服务供给水平提高的一个重要原因。过高程度的财政纵向失衡使得地方政府在经济建设与民生改善的“二难”目标选择下无法过多地顾及民生建设，从而降低对辖区内基本公共服务的供给水平。最后，在进一步加入转移支付与财政纵向失衡的交互项变量之后，模型（5）~模型（8）中交互项的估计系数都为正值，且均至少通过了在5%水平下的显著性检验。这表明，转移支付对地区基本公共服务供给水平的作用效果会受到财政纵向失衡程度所带来的影响。对于财政纵向失衡程度较高的地区，转移支付对地方政府基本公共服务供给的正向激励作用也就越大；相反，对于那些财政纵向失衡程度较低的地区，转移支付不但可能不对地方政府基本公共服务供给产生正向促进作用，还有可能对其产生负向的影响。因此，在当前的财政分权体制下，财政纵向失衡与转移支付的互动结合是影响地方政府基本公共服务供给水平的关键制度因素。

表4-4　财政纵向失衡效应下转移支付规模对基本公共服务供给水平的估计结果

	整体	教育	医疗卫生	社会保障	整体	教育	医疗卫生	社会保障
	模型（1）	模型（2）	模型（3）	模型（4）	模型（5）	模型（6）	模型（7）	模型（8）
transfer	0.6645*** (16.10)	0.7167*** (13.79)	0.6215*** (9.20)	0.5386*** (10.24)	0.5763*** (12.23)	0.6397*** (10.69)	0.5254*** (6.75)	0.4487*** (7.42)
vfi	-1.1361*** (-13.39)	-1.2634*** (-11.82)	-1.1860*** (-8.54)	-0.7677*** (-7.10)	-2.4840*** (-6.65)	-2.4406*** (-5.14)	-2.6551*** (-4.30)	-2.1416*** (-4.47)
transfer × vfi	—	—	—	—	0.1777*** (3.70)	0.1552** (2.54)	0.1937** (2.44)	0.1811*** (2.94)
gdp	0.1196** (2.32)	0.0903 (1.39)	-0.0546 (-0.65)	0.1894*** (2.89)	0.1029** (2.02)	0.0758 (1.18)	-0.0727 (-0.86)	0.1724*** (2.64)
mpk	-0.0479*** (-2.59)	-0.0357 (-1.53)	-0.0800*** (-2.64)	-0.0328 (-1.39)	-0.0428** (-2.34)	-0.0312 (-1.34)	-0.0745** (-2.46)	-0.0276 (-1.18)

续表

	整体	教育	医疗卫生	社会保障	整体	教育	医疗卫生	社会保障
	模型（1）	模型（2）	模型（3）	模型（4）	模型（5）	模型（6）	模型（7）	模型（8）
urban	0.0100 (0.05)	-0.8426*** (-3.59)	0.2730 (0.90)	0.5359** (2.26)	-0.2824 (-1.42)	-1.0980*** (-4.33)	-0.0456 (-0.14)	0.2378 (0.93)
density	-0.7009*** (-8.06)	-0.6472*** (-5.91)	-0.9067*** (-6.37)	-0.6985*** (-6.30)	-0.4883*** (-4.74)	-0.4614*** (-3.52)	-0.6749*** (-3.96)	-0.4817*** (-3.64)
cons	6.0959*** (6.77)	5.3915*** (4.76)	7.2550*** (4.93)	4.8065*** (4.19)	5.7763*** (6.49)	5.1125*** (4.52)	6.9067*** (4.70)	4.4808*** (3.92)
个体固定效应	Yes	Yes	Yes	Yes	Yes	Yes	Yes	Yes
年份固定效应	Yes	Yes	Yes	Yes	Yes	Yes	Yes	Yes
观测值	456	456	456	456	456	456	456	456

注：括号内的数字为对应的 t 值；***、**、* 分别表示在 1%、5%、10% 显著性水平上显著。

二、经济赶超效应下的实证分析

如上述第二章的理论分析，在中国式分权体制下各地方政府间存在着激烈的经济竞争和赶超。受行政体制等因素的影响，县级政府通常会选择在地理位置上与之相邻的或者在本省范围内经济发展水平较高的区县作为经济赶超标杆，并以此为标准做出缩小经济发展差距的决策和努力（卢洪友、龚锋，2007）。本书借鉴缪小林等（2017）的研究思路，选取各区县地理位置相邻维度与全市维度共同决定各县级政府的经济赶超水平，具体公式如下：

$$某区县经济赶超水平 = \frac{相邻区县最高人均 GDP}{本区县人均 GDP} \times \frac{全市区县最高人均 GDP}{本区县人均 GDP} \tag{4-9}$$

本书按照上述公式中对重庆市各区县的经济赶超水平进行了具体测算，图 4-2 报告了重庆 38 个区县 2007~2018 年的经济赶超水平。

分析比较图 4-2 中各区县在样本时间段内经济赶超水平的变化，可以发现以下三个特征。

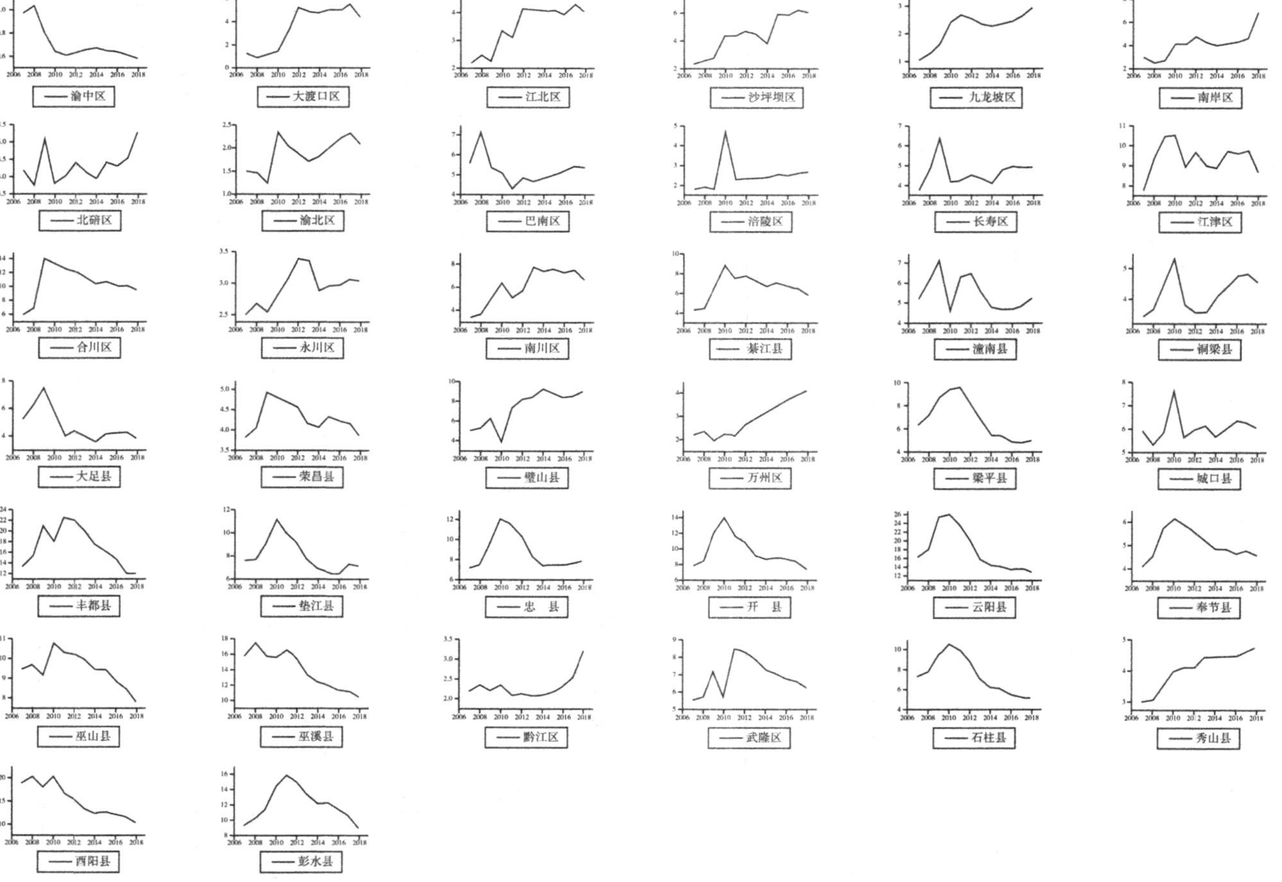

图 4－2 重庆市 38 个区县 2007～2018 年经济赶超水平的测度结果

第一，相较于重庆主城片区县，非主城片区县的经济赶超水平的绝对值普遍较高。2007～2018 年，重庆市 38 个区县经济赶超水平的平均值为 6.623，其中非主城片区县的平均值为 7.645，而主城片区县的平均值仅为 3.327，二者的相对比为 2.298；其中，丰都县、云阳县、巫溪县、酉阳县、彭水县的经济赶超水平年均值都超过了 10。

第二，除部分区县的经济赶超水平具有显著的变化外，大部分区县的经济赶超水平呈现出平稳的态势。仅从样本时间段的期初值和期末值来看，整体均值从 2007 年的 5.674 上升至 2018 年的 6.003。

第三，各区县的经济赶超水平总体上表现出显著的地理分布特征。具体而言，呈现以主城地区为起始点，在空间上向外梯度递增的变化趋势，即越远离主城片区的区县，其经济赶超水平也就越高，经济赶超水平与离主城片区的地理距离呈正比例关系。按照全市经济各区县经济赶超水平的排名来划分，“经济赶超较高组”包括云阳县、丰都县、酉阳县、巫溪县、彭水县、合川区、开州区、巫山县、江津区、忠县、垫江县、石柱县、璧山区、武隆区、梁平区、綦江区、南川区、城口县和潼南区等 19 个区县，其中大部分为渝东南和渝东北区县。

表 4－5 报告了在考虑经济赶超效应下转移支付规模的增加对基本公共服务总支出水平以及各分类基本公共服务支出水平的回归估计。其中，模型（1）～模型（4）是在式（4－1）的基础上引入了地方政府经济赶超变量（ecu），用于单独考察经济赶超水平对地区基本公共服务供给水平的影响。同样，为了进一步探究经济赶超效应与转移支付二者共同对地区基本公共服务供给水平的互动综合影响，模型（5）～模型（8）分别在模型（1）～模型（4）的基础上加入了转移支付与经济赶超效应的交互项（transfer × ecu）来进行“调节效应”检验。

具体从各变量的回归系数值来看：首先，在各个模型中，经济赶超变量对基本公共服务总支出水平以及基本公共服务各分类支出水平的系数皆为负值，并且均至少通过了在 10% 水平下的显著性检验（除医疗卫生以外）。这表明在中国式的财政分权体制下，对于经济赶超水平较高的地区，即地方政府更加追求在短期内经济快速增长的地区，会更大程度地对地区基本公共服务的供给水平产生负向影响。过度激烈的经济竞争会扭曲地方政府的财政行为，使得其背离上级政府转移支付的意愿，将财政支出更多地被分配到生产性投资领域（如基础设施建设、工业园区建设）以期取得更加显著的经济绩效，从而弱化对辖区内基本公共服务供给的激励。其次，在进一步加入转移支付与经济赶超的交互项变量之后，模型（5）~模型（8）中交互项的估计系数都为正值，但只有整体支出与社会保障支出通过了至少在10%水平下的显著性检验。这表明，各区县在面临经济赶超的激烈竞争下，转移支付规模水平的增加可以促进地方政府在基本公共服务整体支出水平和社会保障支出水平的提高。而对于基础教育和医疗卫生而言，虽然地区获得的转移支付资金能直接显著地促进两者支出水平的提高，但在地区间经济赶超效应的影响效果下，转移支付却未能对地区教育支出水平和医疗卫生支出水平的增加表现出明显的促进作用，经济赶超的“调节效应”不显著。

表4-5　经济赶超效应下转移支付规模对基本公共服务供给水平的估计结果

	整体	教育	医疗卫生	社会保障	整体	教育	医疗卫生	社会保障
	模型（1）	模型（2）	模型（3）	模型（4）	模型（5）	模型（6）	模型（7）	模型（8）
transfer	0.3218*** (8.34)	0.3366*** (7.20)	0.2613*** (4.55)	0.3076*** (7.05)	0.3159*** (8.19)	0.3337*** (7.11)	0.2366*** (3.91)	0.2985*** (6.89)
ecu	-0.0100** (-2.11)	-0.0154*** (-2.70)	-0.0001 (-0.02)	-0.0089* (-1.67)	-0.0158*** (-2.84)	-0.0182*** (-2.69)	-0.0384 (-1.26)	-0.0174*** (-2.77)
transfer×ecu	—	—	—	—	0.0012* (1.95)	0.0006 (0.77)	0.0052 (1.29)	0.0019*** (2.63)
gdp	0.1392* (1.92)	0.0765 (0.87)	0.0508 (0.47)	0.1573** (2.01)	0.2275*** (2.67)	0.1191 (1.15)	0.0599 (0.56)	0.3219*** (3.37)
mpk	-0.0780*** (-3.53)	-0.0670** (-2.51)	-0.1165*** (-3.55)	-0.0280* (-1.65)	-0.0813*** (-3.68)	-0.0686** (-2.56)	-0.1172*** (-3.57)	-0.0573** (-2.31)
urban	0.3877* (1.75)	-0.4100 (-1.53)	0.6378* (1.94)	0.8982*** (3.80)	0.3158 (1.41)	-0.4447 (-1.64)	0.5728* (1.72)	0.6872*** (2.74)
density	-0.6756*** (-6.46)	-0.6087*** (-4.80)	-0.9047*** (-5.82)	-0.7001*** (-5.97)	-0.6107*** (-5.58)	-0.5774*** (-4.34)	-0.8463*** (-5.23)	-0.5788*** (-4.71)

续表

	整体	教育	医疗卫生	社会保障	整体	教育	医疗卫生	社会保障
	模型（1）	模型（2）	模型（3）	模型（4）	模型（5）	模型（6）	模型（7）	模型（8）
cons	7.2353*** (6.47)	6.9411*** (5.12)	7.7730*** (4.67)	6.0414*** (4.88)	6.0717*** (4.80)	6.3796*** (4.15)	7.5458*** (4.51)	3.9276*** (2.77)
个体固定效应	Yes	Yes	Yes	Yes	Yes	Yes	Yes	Yes
年份固定效应	Yes	Yes	Yes	Yes	Yes	Yes	Yes	Yes
观测值	456	456	456	456	456	456	456	456

注：括号内的数字为对应的 t 值；***、**、* 分别表示在 1%、5%、10% 显著性水平上显著。

三、综合效应下的实证分析

表 4－6 报告了在综合效应下（即同时考虑财政纵向失衡和经济赶超的双重影响效应）转移支付规模的增加对基本公共服务总支出水平以及各分类基本公共服务支出水平的回归估计。其中，模型（1）~模型（4）是在基准模型的基础上同时引入财政纵向失衡变量与经济赶超变量，分别用于考察财政纵向失衡程度与经济赶超水平对地区基本公共服务供给水平的影响。模型（5）~模型（8）是分别在模型（1）~模型（4）的基础上加入转移支付与财政纵向失衡程度、经济赶超效应的交互项（transfer × vfi × ecu），用于进一步考察在综合效应下转移支付对地区基本公共服务供给水平的影响。

具体从各变量的回归系数值来看：首先，在各个模型中，财政纵向失衡变量和经济赶超变量的估计系数无论是其符号值还是显著性检验水平均与表 4－4 或表 4－5 的回归结果基本完全一致。这说明在当前我国的财政分权体制下，地方政府面临着政府间财政关系失衡所形成的天然型财力缺口以及经济竞争锦标赛引发的地区间经济追赶的双重压力的影响，致使地方财政行为发生较大程度的扭曲，从而对辖区内基本公共服务供给水平的提高产生抑制作用。其次，在进一步加入转移支付与财政纵向失衡程度、经济赶超效应的交互项之后，除模型（8）以外，其余各模型中交互项的估计系数均为正值但都未能通过显著性检验。结合转移支付变量的估计系数在各模型中均显著为正的回归结果，可以表明，虽然地方政府获得的转移支付资金能显著地直接促进地区基本公共服务供给水平的提高，但是在财政纵向失衡和经济赶超二者的共同影响下，转移支付的作用效果受到了很大程度的弱化，未能继续表现出显著的正向促进作用。上述所得的研究结论可以较好地解释当前我国县域基层政府在民生建设过程中存在的现实问题：虽然上级政府持续扩大对县域政府的转移支付规模，但县域基本公共服务供给水平的增加却并未取得理想效果，其中一个主要原因便是上级政府与县域政府间财政关系的严重失衡，使得地方政府需要承担辖区内绝大部分的基本公共服务供给责任但却没有与之相匹配的财权作为支撑保障，而另外一个主要原因是我国以 GDP 增长为主要绩效考核内容的地方官员执政评价，地方政府在自主财力有限的情况，为取得显著的经济绩效，必然会偏离上级政府的目标和意愿去使用转移支付资金，从而影响到转移支付的作用效果。

表 4－6　综合效应下转移支付规模对基本公共服务供给水平的估计结果

	整体	教育	医疗卫生	社会保障	整体	教育	医疗卫生	社会保障
	模型（1）	模型（2）	模型（3）	模型（4）	模型（5）	模型（6）	模型（7）	模型（8）
transfer	0.6671*** (16.27)	0.7207*** (14.01)	0.6216*** (9.19)	0.5408*** (10.30)	0.6651*** (16.22)	0.7201*** (13.98)	0.6216*** (9.17)	0.5358*** (10.27)
vfi	-1.1366*** (-13.49)	-1.2643*** (-11.96)	-1.1860*** (-8.53)	-0.7681*** (-7.12)	-1.1795*** (-13.14)	-1.2766*** (-11.32)	-1.1873*** (-8.00)	-0.8732*** (-7.65)
ecu	-0.0101*** (-2.58)	-0.0155*** (-3.17)	-0.0003 (-0.04)	-0.0086* (-1.71)	-0.0161*** (-2.75)	-0.0173** (-2.34)	-0.0005 (-0.05)	-0.0234*** (-3.13)
transfer × (vfi × ecu)	—	—	—	—	0.0011 (1.38)	0.0003 (0.31)	0.0001 (0.02)	0.0028*** (2.65)
gdp	0.0360 (0.60)	-0.0383 (-0.50)	-0.0569 (-0.57)	0.1184 (1.53)	0.0637 (1.00)	-0.0303 (-0.38)	-0.0561 (-0.53)	0.1865** (2.30)
mpk	-0.0428** (-2.31)	-0.0279 (-1.20)	-0.0799*** (-2.62)	-0.0285 (-1.20)	-0.0443** (-2.39)	-0.0283 (-1.22)	-0.0799*** (-2.61)	-0.0321 (-1.36)
urban	0.0391 (0.21)	-0.7978*** (-3.43)	0.2740 (0.90)	0.5606** (2.36)	-0.0247 (-0.13)	-0.8161*** (-3.40)	0.2721 (0.86)	0.4039* (1.66)

续表

	整体	教育	医疗卫生	社会保障	整体	教育	医疗卫生	社会保障
	模型（1）	模型（2）	模型（3）	模型（4）	模型（5）	模型（6）	模型（7）	模型（8）
density	-0.6769*** （-7.80）	-0.6101*** （-5.60）	-0.9061*** （-6.32）	-0.6780*** （-6.10）	-0.6340*** （-6.88）	-0.5978*** （-5.16）	-0.9048*** （-5.94）	-0.5728*** （-4.89）
cons	6.7562*** （7.27）	6.4082*** （5.50）	7.2731*** （4.74）	5.3672*** （4.51）	6.3070*** （6.41）	6.2792*** （5.08）	7.2600*** （4.46）	4.2650*** （3.41）
个体固定效应	Yes	Yes	Yes	Yes	Yes	Yes	Yes	Yes
年份固定效应	Yes	Yes	Yes	Yes	Yes	Yes	Yes	Yes
观测值	456	456	456	456	456	456	456	456

注：括号内的数字为对应的 t 值；***、**、*分别表示在 1%、5%、10% 显著性水平上显著。

第二节 转移支付规模对基本公共服务供给结构的激励效应

本章的另一个主要目的是实证检验转移支付规模水平对财政支出中基本公共服务总支出占比以及各分类基本公共服务支出占比的影响，根据前面的理论分析，转移支付规模水平与基本公共服务支出结构偏向性之间可能存在着非线性的关系，因此，本书在模型构建中引入转移支付规模水平的一次项与平方项，其余的控制变量保持不变，构建模型如下：

$$struc_{i,t} = \alpha_1 transrate_{i,t} + \alpha_2 transrate_{i,t}^2 + \alpha_3 X_{i,t} + u_i + v_t + \varepsilon_{i,t} \tag{4-10}$$

式（4－10）中，$struc_{i,t}$表示 i 区县在 t 年人均基本公共服务总支出占人均财政支出的比重，在具体的实证分析中，本书分别探讨了人均教育支出占人均财政支出的比重（strucedu）、人均医疗卫生支出占人均财政支出的比重（strucmedi）、人均社会保障支出占人均财政支出的比重（strucsecuri）三个方面来分析；相较于式（4－1）主要是从转移支付的数量水平进行分析，式（4－10）则从转移支付的相对水平（transrate）进行探究。

同样，为进一步地检验在财政纵向失衡效应、经济赶超效应以及二者综合效应下财政转移支付规模与基本公共服务供给结构之间仍然存在着非线性的关系，在式（4－10）的基础上选用 Hansen（1999）的面板门槛模型对前文所提出的研究假设 2 进行实证分析，模型构建如下：

$$\begin{aligned} struc_{i,t} &= \alpha_1 transrate_{i,t} I(Z_{i,t} \leqslant \lambda_1) + \alpha_2 transrate_{i,t} I(\lambda_1 < Z_{i,t} \leqslant \lambda_2) + \cdots \\ &\quad + \alpha_n transrate_{i,t} I(Z_{i,t} > \lambda_n) + \beta X_{i,t} + u_i + v_t + \varepsilon_{i,t} \end{aligned} \tag{4-11}$$

在式（4－11）中，I(·）表示门槛指标函数，括号中的变量 Z 为选取的具体门槛变量，在本书中分别设置财政纵向失衡程度（vfi）、经济赶超水平（ecu）以及二者的交互项（vfi × ecu）为门槛变量，以此来反映在不同的效应下，随着门槛变量的动态变化，转移支付规模对基本公共服务供给结构的异质性影响。

一、转移支付对基本公共服务结构偏向性的基准估计

表 4－7 报告了转移支付规模对基本公共服务供给结构偏向性的基准检验估计结果。其中，模型（1）~模型（4）采用的是个体固定效应的回归估计，模型（5）~模型（8）采用的是时间固定效应的回归估计。可以发现，在各模型中不论是对于基本公共服务的总支出还是基本公共服务的各分类支出，转移支付规模的一次项系数均为正值，而平方项系数均为负值，且均至少通过了在 10% 水平上的显著性检验。这表明，对于全样本而言，转移支付规模无论是与基本公共服务的总支出还是基本公共服务的各分类支出之间均呈现出倒“U”形曲线关系，即随着重庆市级政府对县级政府转移支付规模的逐步扩大，各区县基本公共服务支出占公共财政总支出的比重呈现先增长后逐步下降的特征。转移支付对基本公共服务供给结构偏向性的倒“U”形影响说明重庆市各区县的民生建设正在经历从倒“U”形曲线的“上升”向“下降”的阶段演进，这为本书第二章中的研究假设 2 提供了初步的证据支撑。上述的研究结果表明，重庆市级政府试图仅通过持续扩大转移支付规模的方式来矫正或调节县域基本公共服务供给结构的作用效果是较为有限的，尤其是当转移支付规模达到一定水平后，继续加大转移支付规模水平甚至会对基本公共服务供给结构的优

化产生负向影响。因此，应优化转移支付结构，适当增加用于民生改善的专项转移支付资金。

表 4－7　转移支付对基本公共服务供给结构偏向性的基准检验估计结果

变量	模型（1）	模型（2）	模型（3）	模型（4）	模型（5）	模型（6）	模型（7）	模型（8）
	整体	教育	医疗卫生	社会保障	整体	教育	医疗卫生	社会保障
transrate	0.5332*** (3.72)	0.1977** (2.51)	0.1219* (2.01)	0.2136*** (3.50)	0.5629*** (6.46)	0.2058*** (4.12)	0.1499*** (4.05)	0.1979*** (4.55)
$transrate^2$	−0.4491** (−2.69)	−0.1843** (−2.42)	−0.1708*** (−3.03)	−0.0940* (−1.64)	−0.4908*** (−6.25)	−0.1984*** (−4.38)	−0.1567*** (−4.69)	−0.1293*** (−3.29)
gdp	−0.0645*** (−3.32)	−0.0307** (−2.27)	−0.0085 (−0.81)	−0.0254** (−2.26)	−0.0404*** (−2.74)	−0.0231*** (−2.71)	−0.0073 (−1.16)	−0.0067 (−0.90)
mpk	0.0142* (1.70)	0.0114** (2.05)	−0.0051 (−0.91)	0.0080** (1.99)	0.0014 (0.21)	0.0045 (1.22)	−0.0094*** (−3.41)	0.0061* (1.89)
urban	−0.0344 (−0.68)	−0.0752* (−1.84)	0.2368*** (7.02)	−0.1960*** (−7.10)	−0.1441*** (−3.05)	−0.1255*** (−4.46)	−0.0482** (−2.38)	0.0211 (0.88)
density	−0.0069 (−0.12)	0.0257 (0.74)	0.0314 (1.07)	−0.0641*** (−3.31)	0.0254*** (3.08)	0.0169*** (3.43)	0.0014 (0.39)	0.0071* (1.69)
cons	0.9221** (2.08)	0.3011 (1.02)	−0.1504 (−0.63)	0.7714*** (4.00)	0.5910*** (4.16)	0.3323*** (4.03)	0.1298** (2.14)	0.1045 (1.47)
个体固定效应	Yes	Yes	Yes	Yes	No	No	No	No
年份固定效应	No	No	No	No	Yes	Yes	Yes	Yes
观测值	456	456	456	456	456	456	456	456

注：括号内的数字为对应的 t 值；***、**、* 分别表示在 1%、5%、10% 显著性水平上显著。

二、不同效应下基本公共服务结构偏向性的门限估计

如前述分析，转移支付规模对地区基本公共服务供给结构的影响效果与路径无法由线性关系来准确、完整地确定。本书更进一步地使用如式（4－11）所示的面板门槛模型来考察在不同效应作用下，转移支付规模对地区基本公共

服务供给结构的异质性影响。在门槛模型回归估计前首先需要对门槛变量进行显著性水平检验。各门槛变量的门限效应检验如表4－8所示。从表4－8的检验结果可以看出，无论选用哪一种门槛变量，均只有单一门槛效应通过在5%水平下的显著性检验，而双重门槛与三重门槛都未能通过显著性检验，因此本书将采用单一门槛效应模型来展开具体分析。

表4－8　不同门槛变量下的门限显著性检验及门限估计

门槛变量	门槛数	F值	P值	BS数	门槛估计值	95%置信区间
vfi	单一门槛	16.60	0.0333	300	0.8760	[0.8711，0.8808]
	双重门槛	9.42	0.2267	300		
	三重门槛	7.80	0.5067	300		
ecu	单一门槛	24.30	0.0333	300	2.5476	[2.4167，2.6042]
	双重门槛	19.59	0.0700	300		
	三重门槛	9.08	0.8500	300		
vfi×ecu	单一门槛	25.55	0.0367	300	5.7619	[5.4294，5.8278]
	双重门槛	14.43	0.2867	300		
	三重门槛	9.57	0.8967	300		

注：BS列项表示采用bootstrap自举抽样300次。

在对门槛变量进行显著性水平检验后，依据式（4－11）对转移支付相对水平（transrate）的相关系数进行回归估计。表5－9报告了在不同效应下单门槛的回归估计结果。从表4－9可知，转移支付相对水平对于地区基本公共服务供给结构的影响分别显著存在于财政纵向失衡程度、经济赶超水平以及二者综合作用效果下的单一门槛效应。具体而言，在财政纵向失衡效应下的回归结果显示，在vfi≤0.8760的阶段，转移支付规模的估计系数显著为正，在vfi＞0.8760的阶段，转移支付规模的估计系数为正值，但未能通过显著性检验；在经济赶超效应下的回归结果显示，在ecu≤2.5476的阶段，转移支付规模的估计系数显著为正，在ecu＞2.5476的阶段，转移支付规模的估计系数为正但不显著；在二者综合效应下的回归结果显示，在vfi×ecu≤5.7619的阶段，转移支付规模的估计系数显著为正，在vfi×ecu＞5.7619的阶段，转移支付规模的估计系数为正，但并没有通过显著性检验。上述门槛模型回归结果为第二章中的研究假设2提供了进一步的证据支撑。

结合我国的现实情况来看，当地区财政纵向失衡程度处于较低阶段时，县级政府对上级政府财政转移支付的依赖程度也就相对较低，此时转移支付规模的增加能有效缓解地方政府的财政压力，激励地方政府促进地区民生事业的发展，在此阶段，基本公共服务支出结构偏向性呈现出逐渐增大的趋势，但随着财政纵向失衡程度的进一步加大，事权与财权表现出严重的不匹配关系，地方政府作为辖区内基本公共服务供给的责任主体，对上级政府财政转移支付的依赖程度通常也就相对越高，进而形成对上级政府的救助预期，在这一阶段转移支付规模的增加容易让地方政府陷入到软预算约束的“激励陷阱”中，从而削弱转移支付对基本公共服务供给结构的正向激励效果。对于经济赶超水平较低的地区，地方政府所面临的经济竞争不激烈，因此不会过分地只着眼于追求经济发展。转移支付规模的增加能更好地兼顾起地区经济建设与公共服务供给，在此阶段，基本公共服务支出结构偏向性呈现出逐渐增大的趋势，但对于经济赶超水平较高的地区，在地区间激烈的经济竞争刺激作用下，转移支付规模的增加更容易造成地方政府在财政支出上发生道德风险，进而弱化转移支付的正向激励效果。

表 4 -9　　不同门槛变量的面板门槛模型回归结果

解释变量	财政纵向失衡效应下		经济赶超效应下		综合效应下	
	门槛变量	估计系数	门槛变量	估计系数	门槛变量	估计系数
transrate	vfi≤0. 8760	0. 1287* (1. 91)	ecu≤2. 5476	0. 1407** (2. 04)	vfi × ecu ≤5. 7619	0. 1160* (1. 67)
	vfi > 0. 8760	0. 0829 (1. 20)	ecu > 2. 5476	0. 0384 (0. 57)	vfi × ecu > 5. 7619	0. 0582 (0. 86)
控制变量	控制		控制		控制	

注：括号内的数字为对应的 t 值；*** 、** 、* 分别表示在 1% 、5% 、10% 显著性水平上显著。

依据表 4 -9 中所报告的在不同门槛变量值下的不同门槛区间，可以进一步地对重庆市 38 个区县进行分类划分。具体分类结果如表 4 - 10 所示。从表 4 - 10 可以看出，在只考虑财政纵向失衡的影响下，仅有巫溪县、云阳县、城口县、巫山县、酉阳县和奉节县等 6 个区县的财政纵向失衡压力处于较高水平，从区域分布来看，除酉阳县外，其余均属于渝东北片区；在只考虑经济赶超的影响下，共有 33 个区县的经济赶超压力处于较高水平，其中主城、渝西片区有 17 个，渝东南、渝东北片区有 16 个，数量分布相对均衡；在考虑二者综合效应的影响下，有云阳县、丰都县、酉阳县、巫溪县、彭水县、开州区、巫山县、忠县、石柱县、垫江县和合川区等 11 个区县的综合压力处于较高水平，从地区分布来看，除合川区、酉阳县、垫江县和彭水县以外，其余 8 个区县均为三峡库区区县，其对应着财政转移支付对地区基本公共服务供给结构的优化仍产生正向激励作用，但激励效果开始显现出明显的弱化迹象。

表 4－10　门槛值在不同区间段内的区县分布

	财政纵向失衡效应下	经济赶超效应下	综合效应下
	vfi > 0.8760	ecu > 2.5476	vfi × ecu > 5.7619
主城、渝西片区	无	合川区、江津区、璧山区、綦江区、南川区、潼南区、巴南区、大足区、长寿区、永川区、北碚区、荣昌区、铜梁区、南岸区、大渡口区、江北区、沙坪坝区	合川区
渝东南、渝东北片区	巫溪县、云阳县、城口县、巫山县、酉阳县、奉节县	云阳县、丰都县、酉阳县、巫溪县、彭水县、开州区、巫山县、忠县、石柱县、武隆区、梁平区、城口县、奉节县、秀山县、万州区、垫江县	云阳县、丰都县、酉阳县、巫溪县、彭水县、开州区、巫山县、忠县、石柱县、垫江县

鉴于转移支付规模与基本公共服务支出水平之间存在着的“粘蝇纸”效应以及转移支付规模对基本公共服务支出结构偏向性存在着非线性影响是本章的主要分析内容，为保证上述实证检验中的结果具有可靠性，本书分别对此展开相关的稳健性检验。

为了分别检验在财政纵向失衡效应、经济赶超效应以及二者的综合效应的作用效果下，转移支付规模对地区基本公共服务支出水平增加的结果具有可靠性，本书选择从以下两个方面来对此展开稳健性检验。

1. 稳健性检验Ⅰ：考虑转移支付效果的滞后效应

考虑到转移支付规模以及其他控制变量对基本公共服务支出水平可能会存在一定程度上的滞后效应，因此，本书通过使用转移支付规模以及其他控制变量的一期滞后项来替换其各自对应的当期项，并仍然采用 OLS 双向固定效应对所处理数据进行回归估计，具体结果见表 4－11 中的模型（1）~模型（4）。可以看出，在核心解释变量滞后一期的回归估计中，转移支付数量水平以及相应交互项的估计系数符号和显著性水平与其对应的原模型的回归结果基本一致，此外，其余控制变量的系数符号和显著性水平与其对应的原模型的回归结果也大致相同，这说明原模型的回归结果是具有稳健性的。

2. 稳健性检验Ⅱ：剔除异常样本值的检验

由于在全样本中各区县的经济社会发展水平具有较大的差异性，这极有可能致使转移支付在回归的样本中存在较为异常的样本值。为了检验基准样本的估计结果是否受到可能存在的部分异常样本值所造成的影响，本书通过对转移支付规模和其他控制变量进行双边 1% 的缩尾处理，所得样本仍然采用 OLS 双向固定效应进行回归估计，具体结果见表 4－11 中的模型（5）~模型（8）。可以发现，在对全样本进行双边 1% 的缩尾处理下，转移支付数量水平以及相应交互项的估计系数符号和显著性水平与其对应的原模型的估计结果仍完全一致，这进一步表明原模型的回归结果是稳健的。

表 4－11 转移支付规模对基本公共服务供给水平的稳健性检验结果

检验方法	稳健性检验Ⅰ				稳健性检验Ⅱ			
	模型（1）	模型（2）	模型（3）	模型（4）	模型（5）	模型（6）	模型（7）	模型（8）
transfer	0.6686*** (16.06)	0.4889*** (5.63)	0.6004*** (10.36)	0.7140*** (17.99)	0.2653*** (7.57)	0.4507*** (9.97)	0.2536*** (6.92)	0.5522*** (14.18)
vfi	—	-4.1195*** (-5.12)	—	-1.2223*** (-5.60)	—	-2.4809*** (-6.80)	—	-0.9682*** (-11.46)
ecu	—	—	-0.0862** (-2.27)	-0.0059 (-0.25)	—	—	-0.0323* (-1.75)	-0.0173*** (-3.17)
transfer × vfi	—	0.3908*** (3.46)	—	—	—	0.2061*** (4.37)	—	—
transfer × ecu	—	—	0.0116** (2.22)	—	—	—	0.0027 (1.13)	—
transfer × (vfi × ecu)	—	—	—	0.0002 (0.07)	—	—	—	0.0013 (1.60)

续表

检验方法	稳健性检验Ⅰ				稳健性检验Ⅱ			
	模型（1）	模型（2）	模型（3）	模型（4）	模型（5）	模型（6）	模型（7）	模型（8）
控制变量	Yes	Yes	Yes	Yes	Yes	Yes	Yes	Yes
个体固定效应	Yes	Yes	Yes	Yes	Yes	Yes	Yes	Yes
时间固定效应	Yes	Yes	Yes	Yes	Yes	Yes	Yes	Yes
Observations	418	418	418	418	456	456	456	456

注：括号内的数字为对应的 t 值；***、**、* 分别表示在 1%、5%、10% 显著性水平上显著。

对于转移支付规模对基本公共服务支出结构偏向性之间存在着非线性关系的稳健性检验，同样，仍然使用上述稳健性检验Ⅰ和稳健性检验Ⅲ的方法。从表 4－12 的结果可以发现，除了模型（3）中转移支付规模的相关指标未能通过显著性检验外，在其余模型中，无论是转移支付相对水平的估计系数符号，还是其显著性水平都与基准模型的估计结果基本一致，这表明原模型的回归结果是具有稳健性的。此外，本书还进一步地引入了稳健性检验Ⅲ。

3. 稳健性检验Ⅲ：基于动态面板模型下的估计

考虑到政府对民生领域支出的变化具有一定的惯性，即前期的基本公共服务支出可能会影响到当期的基本公共服务支出，因此，本书通过在基本模型式（4－10）的基础上分别引入基本公共服务总支出占比和基本公共服务各分类支出占比的一期滞后项，将其设置为动态面板模型（见式（4－12）），来考察财政支出的“路径依赖”问题。针对式（4－12）右边部分包含的被解释变量的滞后项以及其他解释变量存在的内生性问题，本书选用 Arellano 和 Bond（1991）提出的 GMM（广义矩估计）来进行稳健性检验。鉴于差分 GMM 比较容易受到小样本的偏误以及弱工具变量的影响，为此，Bond 等（2001）提出了 SYS－GMM 的估计方法。这里需要说明的是，本书主要是选用两步 SYS－GMM 的稳健标准误估计。另外，考虑到经济发展水平与民生支出结构之间很有可能存在着逆向因果关系①进而出现内生性问题，因此，本书尝试在系统

① 本书中的逆向因果关系可以理解为：对于经济发展水平较低的地区，地方政府可能在民生领域的支出结构也相对偏低。

表 4－12 转移支付规模对基本公共服务供给结构的稳健性检验结果

检验方法	稳健性检验Ⅰ				稳健性检验Ⅱ				稳健性检验Ⅲ			
	模型（1）	模型（2）	模型（3）	模型（4）	模型（5）	模型（6）	模型（7）	模型（8）	模型（9）	模型（10）	模型（11）	模型（12）
	整体	教育	医疗卫生	社会保障	整体	教育	医疗卫生	社会保障	整体	教育	医疗卫生	社会保障
transrate	0. 4496*** (4. 70)	0. 2537*** (4. 80)	0. 0597 (1. 40)	0. 1363*** (2. 82)	0. 4182*** (4. 27)	0. 1984*** (3. 57)	0. 0816** (2. 00)	0. 1442*** (3. 12)	0. 6965*** (4. 20)	0. 0822*** (2. 60)	0. 1931*** (2. 67)	0. 3633*** (3. 48)
transratesq	-0. 2602*** (-2. 84)	-0. 1826*** (-3. 61)	-0. 0193 (-0. 47)	-0. 0582* (-1. 66)	-0. 3918*** (-4. 26)	-0. 2028*** (-3. 89)	-0. 1109*** (2. 90)	-0. 0861** (-1. 99)	-0. 6451*** (-3. 98)	-0. 0733* (-1. 94)	-0. 2704*** (-3. 72)	-0. 2584*** (-3. 17))
L. pertotal	—	—	—	—	—	—	—	—	0. 1769*** (2. 61)	—	—	—
L. peredu	—	—	—	—	—	—	—	—	—	0. 0221 (0. 85)	—	—
L. perhos	—	—	—	—	—	—	—	—	—	—	0. 6536*** (6. 60)	—
L. persoc	—	—	—	—	—	—	—	—	—	—	—	0. 2858*** (2. 76)
控制变量	Yes	Yes	Yes	Yes	Yes	Yes	Yes	Yes	Yes	Yes	Yes	Yes
个体固定效应	Yes	Yes	Yes	Yes	Yes	Yes	Yes	Yes	—	—	—	—
时间固定效应	—	—	—	—	Yes	Yes	Yes	Yes	Yes	Yes	Yes	Yes
Wald test	—	—	—	—	—	—	—	—	179. 19 [0. 0000]	765. 81 [0. 0000]	477. 59 [0. 0000]	172. 96 [0. 0000]

续表

检验方法	稳健性检验Ⅰ				稳健性检验Ⅱ				稳健性检验Ⅲ			
	模型（1）	模型（2）	模型（3）	模型（4）	模型（5）	模型（6）	模型（7）	模型（8）	模型（9）	模型（10）	模型（11）	模型（12）
	整体	教育	医疗卫生	社会保障	整体	教育	医疗卫生	社会保障	整体	教育	医疗卫生	社会保障
AR（1）test	—	—	—	—	—	—	—	—	-4.0413 [0.0001]	-4.2204 [0.0000]	-2.8934 [0.0038]	-2.7608 [0.0058]
AR（2）test	—	—	—	—	—	—	—	—	-1.5065 [0.1319]	0.1340 [0.8895]	0.3553 [0.7224]	1.7066 [0.0879]
Sargan test	—	—	—	—	—	—	—	—	35.6929 [0.5766]	37.4513 [0.4946]	35.4288 [0.5890]	36.4265 [0.5423]
Instruments	—	—	—	—	—	—	—	—	46	46	46	46
Observations	418	418	418	418	456	456	456	456	418	418	418	418

注：（1）表中圆括号内的数值为对应估计的 t 值或者 z 值，方括号内的数值为对应检验的 P 值；（2）***、**、*分别表示在 1%、5%、10% 显著性水平上显著；（3）AR（1）和 AR（2）检验分别为模型残差的 Arellano - Bond 一阶和二阶序列相关性检验，其原假设分别为模型不存在一阶和二阶序列相关，Sargan 检验是工具变量的过度识别检验，其原假设为所有工具变量都是有效的。

GMM 进行稳健性估计中通过设定经济发展水平为内生变量来检验由于内生性问题对估计结果所带来的偏差。从模型（9）~模型（12）的估计结果来看，虽然转移支付相对水平的一次项与二次项系数值相较于基准模型而言发生了一些变化，但是无论是其系数符号，还是其显著性水平均与基准模型的估计结果基本一致。同时，AR 检验结果表明各模型的残差均存在一阶序列相关但不存在二阶序列相关，Sargan 检验结果表明各模型中所有工具变量的使用均是有效的。因此，有理由相信基准回归结果是稳健的。

$$struc_{i,t} = \alpha_1 struc_{i,t-1} + \alpha_2 transrate_{i,t} + \alpha_3 transrate_{i,t}^2 + \alpha_4 X_{i,t} + u_i + v_t + \varepsilon_{i,t} \quad (4-12)$$

本章小结

本章基于 2007~2018 年重庆市 38 个区县的面板数据，通过构建计量模型实证探究了转移支付规模与基本公共服务支出水平和结构之间的关系，围绕着研究假设 1、2 展开相关检验，研究发现：

转移支付数量水平的增加能显著地促进地区基本公共服务支出规模的扩大，存在着明显的“粘蝇纸”效应，其中，对人均教育支出的促进作用效果最大，其次是人均社会保障支出，而对人均医疗卫生支出的作用效果最小。进一步分别考察在财政纵向失衡效应、经济赶超效应以及二者的综合效应的作用效果下发现，在当前中国式的财政分权体制下，县级地方政府同时面临着政府间财政关系失衡所形成的天然型财力缺口以及由经济竞争锦标赛引发的地区间经济追赶的双重压力影响，这导致了地方政府财政行为发生较大程度的扭曲，从而抑制了辖区内基本公共服务供给水平的提高。虽然县级地方政府获得的转移支付数量水平增加能显著地直接促进地区基本公共服务供给水平的提高，并且能够单独地矫正由财政纵向失衡或经济赶超对基本公共服务供给水平带来的负向影响，但是在财政纵向失衡和经济赶超二者的共同影响下，转移支付却不能两者有效地同时兼顾，转移支付的作用效果会受到很大程度上的削弱。

转移支付规模与基本公共服务支出结构偏向性之间存在着非线性关系。转移支付规模无论是与基本公共服务的总支出还是基本公共服务的各分类支出之间均呈现出倒“U”形曲线关系。通过进一步构建面板门槛模型来考察在不同效应作用下，转移支付规模对地区基本公共服务供给结构的异质性影响发现，转移支付相对水平对于地区基本公共服务供给结构的影响分别显著存在于财政纵向失衡程度、经济赶超水平以及二者综合作用效果下的单一门槛效应。当地区财政纵向失衡水平和经济赶超水平处于适当程度时，转移支付规模的增加能有效缓解地方政府的财政压力，促进地方政府更好地兼顾起经济建设与公共服务供给，在此阶段，基本公共服务支出结构偏向性呈现出逐渐增大的趋势；但当地区财政纵向失衡水平和经济赶超水平处于较高程度时，在事权与财权的关系严重不匹配以及地区间激烈的经济竞争影响下，转移支付规模的增加更容易造成地方政府对上级政府产生救助预期，进而在财政支出上引发道德风险，削弱转移支付的正向激励效果。

第五章

转移支付结构对重庆县域基本公共服务供给激励的实证研究

依据第二章的理论分析，由于不同类型的转移支付在分配机制和使用要求等方面存在着明显的不同，所以对地方政府基本公共服务供给的激励效果也就可能存在着显著的差异性。因此，在财政转移支付的数量总规模一定的情况下，对地方政府基本公共服务供给的激励效应具体表现在转移支付的结构形式上。鉴于第四章已经围绕着转移支付规模对基本公共服务供给的影响展开了详细的研究，本章则重点探究不同类型的转移支付对县级政府基本公共服务供给水平的影响以及转移支付结构（一般性结构与相对结构）与基本公共服务供给水平之间的关系。

在我国的转移支付体系中主要包含一般性转移支付、专项转移支付以及税收返还三种转移支付形式。其中，一般性转移支付和专项转移支付在促进地区公平发展理念中扮演着举足轻重的作用。一般性转移支付作为一种来自上级政府的无条件财政拨款，在很大程度上赋予了下级政府在其使用上的自主权。由于地方政府通常具有对辖区内信息更加完整性的优势，一般性转移支付理论上可以激励地方政府为辖区内居民提供更加匹配的公共产品。但在“晋升锦标赛”等因素的影响下，软预算约束会使得地方政府在一定程度上挪用或挤占一般性转移支付资金，使其偏离地区民生领域建设。此外，一般性转移支付的分配方式更多地与地区经济发展水平和基本公共服务均等化程度挂钩，在这种情况下，增加对经济欠发达、民生建设水平薄弱地区的一般性转移支付规模在某种程度上可能并不会激励地方政府同等程度的增加对基本公共服务的供给。

专项转移支付作为一种有条件的财政拨款或财政补助，其使用用途通常被上级政府提前锁定，能够有效地规范和引导财政支出行为，激励地方政府增强在民生领域的建设。另外，在中央补助、地方配套的使用要求下，专项转移支付可以有效起到资金倍增器的作用。但如果专项转移支付的设计出现不合理的情况，比如其分配比例和分配方式与地方政府的偏好不相符，则会造成专项转移支付资金的投入浪费和低效率使用。由此可见，二者对地方政府基本公共服务供给具有不同的影响机理，通过对各分类转移支付以及转移支付结构的作用效果展开深入研究对促进地方政府基本公共服务供给水平的提高具有重要意义。

第一节　不同类型转移支付对基本公共服务供给的激励效应

这里值得说明的是，与第四章不同的是，本章的研究主要是选用县域地区基本公共服务供给的产出结果指标，比如地区每万人小学生拥有的教师数、每万人拥有的医疗机构床位数等来衡量所在辖区内基本公共服务的供给水平。其最重要的原因是因为本章研究的核心解释变量（重庆各区县的一般性转移支付、专项转移支付、税收返还等）的相关数据只在2007年之前的《全国地市县财政统计资料》[①] 以及2017年之后重庆市财政局官网公布的财政预决算公开报告中公布，而在此时间段期间没有公开的统计年鉴或统计资料连续报告重庆县域层面的一般性转移支付[②]、专项转移支付以及税收返还的统计数据。鉴于上述省以下财政转移支付数据可获得性的客观原因，本书围绕县级政府转移支付结构研究的主要样本时间段为重庆直辖后的1999~2007年，而在此时间段内我国财政支出的统计口径发生了较为明显的改变，比如在2004年之前没有报告统计县级卫生支出水平，而社会保障和就业支出水平也仅于2007年才

① 《全国地市县财政统计资料》在2009年后就再未更新出版过。

② 一般性转移支付的官方称谓发生了多次改变，在2009年之前被称为“财力性转移支付”，在2009年之后才被称为“一般性转移支付”。值得说明且注意的是，在2009年之前也存在着“一般性转移支付”的条目，但这一条目在2009年之后被改称为“均衡性转移支付”，属于一般性转移支付中的一种类型。为避免混淆造成不必要的歧义，本书所指的一般性转移支付口径是指2009年之后的口径。

开始统计报告。因此，为了最大限度地避免由于统计口径不一致对估计结果所带来的偏差，本章的研究主要是选用基本公共服务供给的产出结果指标来进行相关的实证分析。

本章首先检验第二章中的研究假设 3，即不同类型的转移支付规模增加对县级地方政府基本公共服务供给水平激励具有差异性的影响。为更好地比较分析，本章构建的基准计量模型如下：

$$bservi_{i,t} = \alpha_1 TRAN_{i,t} + \alpha_2 X_{i,t} + u_i + v_t + \varepsilon_{i,t} \tag{5-1}$$

在式（5－1）中，$bservi_{i,t}$表示 i 区县在 t 年的基本公共服务供给水平。值得说明的是，本章所研究的基本公共服务只考虑与户籍制度相关的教育服务、医疗卫生等软公共产品。其中，教育服务（edu）侧重于九年义务教育，沿用学者王宇昕等（2019）的思路，主要从每万人小学生拥有的教师数和每万人初中生拥有的教师数两个方面来衡量。医疗卫生水平（medi）方面是针对基础医疗卫生，沿用学者王路云等（2016）的思路，主要从每万人拥有执业医师数、每万人拥有注册护士数与每万人拥有的医疗机构床位数三方面来衡量；核心解释变量 $TRAN_{i,t}$包括 $general_{i,t}$、$special_{i,t}$、$taxreturn_{i,t}$，分别表示在 t 年 i 区县的一般性转移支付数量水平、专项转移支付数量水平以及税收返还数量水平。[①] 与第四章中转移支付数量水平类似的是，为了消除各区县人口差异带来的影响，本章中的一般性转移支付数量水平、专项转移支付数量水平以及税收返还数量水平均用人均形式来表示，具体测算方法是基于各区县的户籍人口数计算人均获得的各分类转移支付金额，这是因为现阶段我国的财政转移支付分配模式主要是与地区户籍人口规模挂钩。$X_{i,t}$代表一系列控制变量，仍然沿用第四章的经济发展水平、资本边际产出、城镇化水平和人口密度等。u_i代表个体固定效应，v_t代表时间固定效应，$\varepsilon_{i,t}$代表随机扰动项。此外，本章还将进一步对重庆市不同地区进行分样本回归，以期探究不同类型的转移支付对地区基本公共服务供给的区域异质性。

基于重庆市各区县一般性转移支付、专项转移支付以及税收返还等数据的

① 我国的财政转移支付主要包含：一般性转移支付、专项转移支付、税收返还和老体制补助四大类，但由于老体制补助相较于前三者而言，其数量规模较少且分配比例较为固定，因此本章的研究主要考虑前三者。

可获得性，本章将从两个时间段来构建相应的计量模型实证探究重庆的38个区县各分类转移支付与基本公共服务供给之间的关系。其中，样本时间段Ⅰ为1999~2007年，样本时间段Ⅱ为2017~2018年。相关数据来源于《全国地市县财政统计资料》、重庆市财政局官网公布的财政预决算公开报告、EPS数据平台的重庆县市统计数据库，对于部分数据的不完整性，补充数据来源于对应年份的《重庆统计年鉴》的相关数据，部分年份中的缺失数据或异常值使用插补法进行完善。

被解释变量：edu的具体测算方法是将每年各区县的每万名小学生拥有的教师数与每万名初中生拥有的教师数通过熵权法进行综合评价；medi的具体测算方法是将各省的每万人拥有执业医师数、每万人拥有注册护士数与每万人拥有的医疗机构床位数通过熵权法进行综合评价。

核心解释变量：taxreturn、special、general均采用自然对数化处理方式，以避免异方差等问题对估计结果带来的影响（伍德里奇，2014）。

控制变量：在处理方式上略微不同的是：对于在样本时间段内经济发展水平，分别以样本时间段Ⅰ和样本时间段Ⅱ的初始年份（1999年和2017年）为基期，使用平减指数计算得到各地区每年的人均实际GDP值；对于在样本时间段Ⅰ的城镇化水平，由于在此时间段内相关的统计年鉴没有直接报告重庆各区县的城镇化率，且城镇人口指标也仅于2005年才开始统计公布，为最大程度地避免由于统计口径不一致对估计结果所带来的偏差，本章选用各地区当年的非农业人口数与户籍年末总人口数的比值来衡量各区县的城镇化水平。

上述各主要变量的说明与测算方法详见表5-1。

表5-1　各变量的说明与测算方法

变量类别	变量名	变量定义	测算方法
被解释变量	edu	教育服务供给水平	每年各区县的每万人小学生拥有的教师数和每万人初中生拥有的教师数的熵权法得分值
	medi	医疗卫生水平	每年各区县的每万人拥有执业医师数、每万人拥有注册护士数与每万人拥有的医疗机构床位数的熵权法得分值

续表

变量类别	变量名	变量定义	测算方法
核心解释变量	general	一般性转移支付数量水平	各区县一般性转移支付规模/所在地区的户籍人口总数
	special	专项转移支付数量水平	各区县专项转移支付规模/所在地区的户籍人口总数
	taxreturn	税收返还数量水平	各区县税收返还规模/所在地区的户籍人口总数
	strucgen	一般性转移支付一般比重	各区县一般性转移支付规模/转移支付总规模
	strucspe	专项转移支付一般比重	各区县专项转移支付规模/转移支付总规模
	strucspe1	专项转移支付相对比重	各区县专项转移支付规模/（一般性转移支付规模＋专项转移支付规模）
控制变量	gdp	经济发展水平	采用人均实际 GDP 来表示各区县的经济发展水平。分别以 1999 年和 2017 年为基期，使用平减指数计算得到各样本时间段内不同区县每年的人均实际 GDP 值
	mpk	资本边际产出	沿用表 5－1 的做法
	urban	城镇化水平	每年各区县的非农业人口数与其户籍年末总人口数的比值来衡量各区县的城镇化水平
	density	人口密度	沿用表 5－1 的做法

注：在后文的分析中，将对 edu、medi、general、special、taxreturn、gdp、density 取自然对数。

一、各分类转移支付对基本公共服务供给的时间异质性分析

表 5－2 和表 5－3 分别报告了在样本时间段Ⅰ与样本时间段Ⅱ内重庆市不同区域样本各变量的统计特征。可以发现，各区域的基本公共服务供给水平以及各分类转移支付的规模水平与结构占比存在较为明显的差异。其中，

从教育服务供给水平和医疗卫生供给水平的均值来看，均存在着主城、渝西片区 > 全样本地区 > 渝东南、渝东北片区，从其全样本的极值分布来看，最大值都在主城、渝西片区，而最小值都在渝东南、渝东北片区。从各分类转移支付的规模均值来看，对于一般性转移支付和专项转移支付而言，均存在着渝东南、渝东北片区 > 全样本地区 > 主城、渝西片区；而对于税收返还而言，各区域均值大小与一般性转移支付和专项转移支付的情况正好相反，存在着主城、渝西片区 > 全样本地区 > 渝东南、渝东北片区。从各分类转移支付结构占比的均值来看，各区域的大小比较与各分类转移支付规模水平的情况基本一致。另外，各区域的其余控制变量也均存在着不同程度的差异。从时间维度上看，无论是全样本的基本公共服务供给水平还是各分类转移支付的规模水平与结构占比，其在样本时间段Ⅱ内的均值都明显高于在样本时间段Ⅰ内的均值。

表 5 - 2　　主要变量的统计特征描述（样本时间段Ⅰ）

变量	全样本地区				主城、渝西片区				渝东南、渝东北片区			
	均值	标准差	最大值	最小值	均值	标准差	最大值	最小值	均值	标准差	最大值	最小值
edu	6. 231	0. 172	6. 656	5. 823	6. 317	0. 150	6. 659	5. 839	6. 126	0. 136	6. 448	5. 823
medi	2. 407	0. 469	4. 225	1. 708	2. 649	0. 478	4. 225	1. 950	2. 109	0. 219	2. 579	1. 708
general	5. 122	0. 955	6. 935	2. 759	4. 974	0. 912	6. 935	2. 759	5. 305	0. 979	6. 818	2. 855
special	4. 827	0. 806	6. 909	3. 109	4. 685	0. 860	6. 823	3. 109	5. 002	0. 696	6. 909	3. 481
taxreturn	3. 912	0. 943	6. 341	0. 920	4. 159	0. 986	5. 423	0. 920	3. 608	0. 790	6. 341	2. 573
strucgen	0. 469	0. 180	0. 796	0. 048	0. 426	0. 167	0. 778	0. 050	0. 523	0. 180	0. 796	0. 048
strucspe	0. 308	0. 128	0. 715	0. 071	0. 281	0. 114	0. 603	0. 071	0. 342	0. 137	0. 715	0. 105
strucspe1	0. 405	0. 171	0. 900	0. 097	0. 408	0. 168	0. 884	0. 097	0. 403	0. 175	0. 900	0. 116
gdp	8. 417	0. 536	9. 837	7. 314	8. 801	0. 368	9. 837	8. 185	7. 942	0. 258	8. 481	7. 314
mpk	2. 659	2. 871	32. 571	0. 541	2. 804	3. 082	32. 571	0. 541	2. 479	2. 584	19. 200	0. 599
urban	0. 265	0. 238	1. 000	0. 078	0. 379	0. 268	1. 000	0. 089	0. 124	0. 041	0. 288	0. 078
density	6. 102	1. 138	10. 296	4. 052	6. 747	1. 083	10. 296	5. 339	5. 306	0. 548	6. 241	4. 052

表 5 -3 主要变量的统计特征描述（样本时间段Ⅱ）

变量	全样本地区				主城、渝西片区				渝东南、渝东北片区			
	均值	标准差	最大值	最小值	均值	标准差	最大值	最小值	均值	标准差	最大值	最小值
edu	6. 513	0. 108	6. 918	6. 312	6. 524	0. 132	6. 918	6. 312	6. 500	0. 069	6. 645	6. 378
medi	3. 597	0. 352	4. 976	3. 083	3. 718	0. 404	4. 976	3. 139	3. 448	0. 192	3. 834	3. 083
general	7. 706	0. 338	8. 714	7. 112	7. 496	0. 215	7. 987	7. 112	7. 965	0. 278	8. 714	7. 556
special	7. 418	0. 391	8. 863	6. 648	7. 269	0. 270	8. 125	6. 648	7. 602	0. 441	8. 863	6. 979
taxreturn	5. 329	1. 118	7. 805	3. 395	6. 050	0. 729	7. 805	4. 715	4. 438	0. 837	6. 810	3. 395
strucgen	0. 520	0. 076	0. 683	0. 336	0. 477	0. 059	0. 598	0. 336	0. 574	0. 059	0. 683	0. 447
strucspe	0. 394	0. 071	0. 569	0. 128	0. 388	0. 082	0. 569	0. 128	0. 401	0. 055	0. 534	0. 308
strucspe1	0. 430	0. 068	0. 629	0. 216	0. 445	0. 073	0. 629	0. 216	0. 411	0. 055	0. 537	0. 312
gdp	10. 836	0. 437	12. 105	10. 027	11. 120	0. 333	12. 105	10. 599	10. 485	0. 258	10. 995	10. 027
mpk	1. 147	0. 790	5. 499	0. 618	1. 284	1. 025	5. 499	0. 618	0. 977	0. 249	1. 770	0. 671
urban	0. 606	0. 202	1. 000	0. 336	0. 744	0. 163	1. 000	0. 522	0. 436	0. 072	0. 336	0. 669
density	6. 180	1. 248	10. 222	4. 026	6. 946	1. 112	10. 222	5. 410	5. 235	0. 577	6. 167	4. 026

对于式（5 -1）的实证检验，本章仍然选用最小二乘法（OLS）进行回归估计，试图探究在样本时间段Ⅰ和样本时间段Ⅱ内，不同类型的转移支付对地区基本公共服务供给的整体变化趋势。其中，表 5 -4 报告了在样本时间段Ⅰ的估计结果，根据表 5 -4 中相关模型的回归结果显示，无论是对于教育服务还是医疗卫生而言，人均一般性转移支付规模与人均税收返还规模的估计系数均为正值，且都至少通过了在 10% 水平上的显著性检验。这表明，在此时间段内，一般性转移支付与税收返还规模水平的提高能够有效地激励县级地方政府增加基本公共服务的供给。通过比较其对应的估计系数值大小可以发现，税收返还比一般性转移支付对提高地区基本公共服务供给具有更加明显的作用效果。专项转移支付的估计系数在教育服务模型中虽为正值但却未能通过显著性检验，而在医疗卫生模型中均显著为负。这意味着相较于税收返还和一般性转移支付而言，专项转移支付在此时间段内不仅没有对地区基本公共服务供给水平的提高表现出正向促进作用，甚至还表现出了一定程度上的抑制效应。

表 5-4　样本时间段Ⅰ内各分类转移支付对基本公共服务供给水平的 OLS 估计结果

变量	教育服务				医疗卫生			
	模型（1）	模型（2）	模型（3）	模型（4）	模型（5）	模型（6）	模型（7）	模型（8）
general	0.0209** (2.05)	0.0187* (1.83)	—	—	0.0030*** (3.31)	0.0029*** (3.21)	—	—
special	0.0160 (1.44)	—	0.0130 (1.16)	—	-0.0027*** (-2.72)	—	-0.0030*** (-2.75)	—
taxreturn	0.0821*** (2.77)	—	—	0.0800*** (2.68)	0.0220* (1.96)	—	—	0.0246** (2.10)
gdp	-0.1230** (-2.45)	-0.0948* (-1.92)	-0.0886* (-1.79)	-0.1212** (-2.41)	0.0006 (0.14)	0.0002 (0.04)	-0.0004 (-0.08)	0.0070 (0.57)
mpk	-0.0027** (-1.97)	-0.0029** (-2.06)	-0.0029** (-2.05)	-0.0027* (-1.92)	0.0001 (1.23)	0.0001 (1.14)	0.0001 (1.20)	-0.0014*** (-4.76)
urban	0.4662** (2.04)	0.4422* (1.92)	0.4659** (2.02)	0.5320** (2.33)	-0.0972*** (-4.87)	-0.1062*** (-5.33)	-0.0937*** (-4.67)	-0.0742 (-1.30)
density	-0.8271*** (-5.91)	-0.8254*** (-6.02)	-0.9251*** (-6.69)	-0.8429*** (-6.32)	0.0690*** (5.66)	0.0657*** (5.53)	0.0633*** (5.34)	0.1633*** (4.16)
cons	11.7610*** (12.23)	11.9089*** (12.44)	12.4732*** (13.14)	11.9787*** (12.81)	1.9931*** (24.07)	2.0162*** (24.28)	2.0553*** (25.16)	1.2788*** (4.04)
个体固定效应	Yes	Yes	Yes	Yes	Yes	Yes	Yes	Yes
年份固定效应	Yes	Yes	Yes	Yes	Yes	Yes	Yes	Yes
观测值	342	342	342	342	342	342	342	342

注：括号内的数字为对应的 t 值；***、**、* 分别表示在 1%、5%、10% 显著性水平上显著。

表 5-5 报告了在样本时间段Ⅱ内不同类型的转移支付对基本公共服务供给水平的估计结果。由于样本时间段Ⅱ的纵向时间跨度太短，因此在对其实证检验中选用混合数据 OLS 的回归方法，并使用聚类稳健标准误进行参数估计。根据表 5-5 中模型（5）的回归结果显示，在同时考虑一般性转移支付、专项转移支付以及税收返还对地方政府基本公共服务供给影响时，只有一般性转移支付和专项转移支付对地区基本公共服务供给水平的提高表现出显著的正向促进作用，而税收返还的估计系数虽然为正值但却未能通过显著性检验，因此还无法肯定税收返还是否对地方政府基本公共服务供给具有正向激励效应。模

型（2）~模型（4）以及模型（6）~模型（8）报告了各分类转移支付对地区基本公共服务供给的估计结果，可以看出，一般性转移支付与专项转移支付估计系数的符号与显著性水平均与在模型（1）和模型（5）中的基本一致，这表明，在此时间段内，一般性转移支付与专项转移支付规模水平的提高确实能够对县级地方政府的基本公共服务供给产生正向的激励效应；模型（4）和模型（8）中税收返还的估计系数均显著为正，结合模型（1）和模型（5）中税收返还的估计系数值大小以及显著性检验结果可以发现，在样本时间段Ⅱ内，相较于一般性转移支付与专项转移支付而言，税收返还对提高地区基本公共服务供给水平的促进作用是较为有限的。

表 5-5　样本时间段Ⅱ内各分类转移支付对基本公共服务供给水平的 OLS 估计结果

变量	教育服务				医疗卫生			
	模型（1）	模型（2）	模型（3）	模型（4）	模型（5）	模型（6）	模型（7）	模型（8）
general	0.3171*** (3.47)	0.4447*** (6.45)	—	—	0.3825*** (4.28)	0.4490*** (5.39)	—	—
special	0.1181* (1.72)	—	0.2803*** (5.24)	—	0.0743** (2.46)	—	0.2227*** (3.83)	—
taxreturn	0.0569** (2.56)	—	—	0.0956*** (3.74)	0.0347 (0.56)	—	—	0.1063*** (3.23)
gdp	-0.0736 (-0.79)	0.0702 (0.88)	-0.1413 (-1.54)	-0.2707** (-2.53)	0.1220 (1.18)	0.2590*** (2.74)	0.0472 (0.52)	-0.0939 (-0.97)
mpk	-0.0024 (-0.06)	-0.0210 (-0.59)	0.0911*** (3.22)	0.1374*** (5.04)	0.0420* (1.70)	0.0523 (1.10)	0.1776*** (5.28)	0.2112*** (7.10)
urban	-1.2171*** (-4.51)	-0.9502*** (-3.97)	-0.9705*** (-4.00)	-0.8876*** (-3.22)	-0.0114 (-0.05)	0.2276 (0.83)	0.2988 (1.16)	0.2559 (0.96)
density	0.1231** (2.47)	0.0821** (2.01)	0.0913* (1.89)	-0.0213 (-0.50)	0.1812*** (3.81)	0.1588*** (2.86)	0.1370** (2.32)	0.0576 (1.25)
cons	4.6596*** (3.53)	3.4049*** (2.89)	6.8777*** (6.38)	10.4474*** (10.52)	-2.4966* (-1.84)	-3.8565** (-2.54)	0.2011 (0.19)	3.3569*** (3.66)
Ad-just R^2	0.7688	0.7340	0.7030	0.6507	0.8527	0.8379	0.8069	0.8058
F 值	31.21	37.04	42.24	32.61	123.32	198.85	138.98	159.21

注：括号内的数字为对应的 t 值；***、**、* 分别表示在 1%、5%、10% 显著性水平上显著。

结合表5-4和表5-5的实证结果可以总结归纳：在上述各个样本时间段内，一般性转移支付对县级地方政府基本公共服务供给水平的提高均表现出了正向的激励作用；税收返还在样本时间段Ⅰ内对地区基本公共服务供给水平的提高表现出显著的促进作用，但在样本时间段Ⅱ内对地区基本公共服务供给的激励效应却被明显大幅削弱，表现出较为有限的促进作用。这可能是受到在此时间段内我国持续调整财政转移支付结构的影响。伴随着专项转移支付与一般性转移支付在财政转移支付总规模中的占比不断增加的同时，税收返还在财政转移支付总规模中的占比却呈现出不断下降的趋势，税收返还在分税制改革初期时的重要地位逐渐被专项转移支付和一般性转移支付所取代；专项转移支付在样本时间段Ⅰ内对地区基本公共服务供给水平的提高不仅没有产生促进作用，甚至还表现出一定程度上的抑制效应，但在样本时间段Ⅱ内对地区基本公共服务供给水平的提高却表现出正向的激励效应。造成这样的主要原因可能是近年来随着上级政府针对专项转移支付资金在分配与使用中一系列问题的大力整改，专项转移支付在资金分配设计中的“小、散、乱”问题被有效地改善，此外，其使用用途和使用要求也被上级政府更加明确地规范，很大程度上降低了地方政府截留、挪用专项转移支付资金的可能性，促进了专项转移支付财政效率的提高。

二、各分类转移支付对基本公共服务供给的区域异质性分析

考虑到重庆市经济社会发展具有空间不均衡的特点，整体回归结果可能并不能够反映出各区域的实际情况，故根据重庆市“大城市、大农村”的城乡二元结构空间分布特征以及重庆市的发展战略规划，将其分为一小时经济圈片区（主城、渝西片区）和两翼片区（渝东南、渝东北片区）进行进一步检验，以探究不同类型的转移支付对基本公共服务供给的区域异质性。由于样本时间段Ⅱ的纵向时间跨度太短，分样本回归中观测值过少可能会对估计结果造成一定的偏差，因此这里只选用样本时间段Ⅰ进行研究。

表5-6和表5-7分别报告了各分类转移支付对教育服务供给和医疗卫生供给的区域异质性检验结果。通过对比可以发现，一般性转移支付与专项转移

支付对地区基本公共服务供给水平的影响存在着明显的区域差异。其中，对于主城、渝西片区而言，一般性转移支付对基础教育和医疗卫生的相关系数均显著为正，而专项转移支付对基础教育和医疗卫生的相关系数却均显著为负，这意味着一般性转移支付数量规模的增加能够对该区域基本公共服务供给水平的提高产生正向的促进作用，而专项转移支付数量规模的增加对地方政府基本公共服务的供给水平的提高却表现出抑制作用，而对于渝东南、渝东北片区而言，其一般性转移支付和专项转移支付的估计系数值符号与主城、渝西片区正好相反，这意味着专项转移支付能够有效地促进该地区基本公共服务供给水平的提高，而一般性转移支付对地区基本公共服务供给水平的提高却表现出负向影响。税收返还对基础教育和医疗卫生的相关系数均为正值，但仅在主城、渝西片区教育服务供给的回归模型中通过了显著性检验，总体上看，对于各区域而言，税收返还对提高地区基本公共服务供给水平的作用效果是比较有限的。

造成一般性转移支付与专项转移支付对上述两个区域基本公共服务供给产生不同作用影响的主要原因可能是：渝东南、渝东北片区集连片贫困区、三峡库区重点地区、少数民族地区、革命老区等多重属性为一体，长期以来受经济发展水平和地方政府自主财力有限等因素的限制，民生社会事业的短板较为突出，不论是距离重庆市还是全国的基本公共服务均等化水平均有较大差距。在此背景下，专项转移支付作为实现各地区间基础教育、医疗卫生等基本公共服务均等化的特定政策工具，可以有效解决由于基层政府自主财力较弱而对辖区内基本公共服务供给水平不高的问题。虽然其使用通常要求地方政府进行一定比例的配套，但在很大程度上可以起到地方财政资金的倍增器作用，对地方政府基本公共服务供给产生较强的正向激励效应。而一般性转移支付资金由于其使用用途没有被明确限制，对于大多数区县经济发展水平还处于重庆市整体平均水平以下的渝东南、渝东北片区，地方政府在经济建设与民生改善的“二难”目标选择下，其一般性转移支付资金的使用自然会较大程度上背离上级政府的政策目标设计，对辖区内基本公共服务供给水平的提高产生负向影响。相反，对于处于全市范围内经济发展水平较高的，县级政府自主财政收入能力较强的主城片区、渝西片区，地方政府也就不过分地只着眼于追求经济发展，而是能够更好地兼顾起经济建设与公共服务供给。在此背景下，一般性转移支付资金被地方政府偏离民生领域使用的倾向会在很大程度上降低，对辖区内基本公共服务供给水平的提高表现出正向的促进作用，而专项转移支付资金由于其使用用途被上级政府提前锁定，因此，在信息不对称的情况下，随着基本公共服务建设内容的不断丰富、类别不断拓展，上级政府不如县级地方政府更加了解辖区内居民对基本公共服务的新需求和新偏好，致使专项转移支付资金的使用效率被很大程度的降低，对辖区内基本公共服务供给水平的提高产生负向影响。此外，税收返还对各区域基本公共服务供给水平提升总体上表现出不显著的原因主要可能有两个：一是在此时间段内我国财政转移支付制度正由以税收返还为主朝向以专项转移支付或一般性转移支付为主变迁，重庆各区县的税收返还规模在转移支付规模的占比呈现出持续大幅降低趋势；二是因为税收返还本质上是一种保护地方既得利益的转移支付形式，相较于一般性转移支付和专项转移支付而言，其更多的是体现出发展理念而非公平理念。

表 5-6　　各分类转移支付对教育服务供给的区域异质性检验

区域分类	主城、渝西片区				渝东南、渝东北片区			
	模型（1）	模型（2）	模型（3）	模型（4）	模型（5）	模型（6）	模型（7）	模型（8）
general	0.0402*** (2.94)	0.0466*** (3.46)	—	—	-0.0351*** (-3.36)	-0.0424*** (-4.30)	—	—
special	-0.0230*** (-2.80)	—	-0.0364* (-1.87)	—	0.0684*** (6.32)	—	0.0780*** (7.86)	—
taxreturn	0.0414 (1.06)	—	—	0.0748* (1.70)	0.0597 (1.04)	—	—	0.0306 (0.52)
gdp	-0.1594** (-2.80)	-0.1640*** (-2.87)	-0.1169** (-2.06)	-0.1096 (-1.62)	0.2635* (1.97)	0.4323*** (3.10)	0.2719** (2.59)	0.4674*** (3.46)
mpk	-0.0031** (-1.99)	-0.0029* (-1.80)	-0.0032** (-1.97)	-0.0030** (-1.96)	0.0008 (0.57)	0.0012 (0.70)	-0.0006 (-0.40)	-0.0032** (-2.25)
urban	0.3709 (1.54)	0.3870 (1.57)	0.4762* (1.96)	0.5061** (2.52)	-0.1124 (-0.32)	1.1237** (2.41)	-0.8658** (-2.54)	0.5779 (0.88)
density	-0.6304*** (-4.01)	-0.7707*** (-4.86)	-0.8144*** (-5.37)	-0.5002*** (-3.05)	0.0675 (0.17)	-0.1619 (-0.28)	0.8015* (1.86)	0.1969 (0.37)

续表

区域分类	主城、渝西片区				渝东南、渝东北片区			
	模型（1）	模型（2）	模型（3）	模型（4）	模型（5）	模型（6）	模型（7）	模型（8）
cons	11.6250*** (10.34)	12.6419*** (11.13)	12.8224*** (11.68)	10.1594*** (8.02)	3.3212 (1.22)	3.6349 (0.94)	-0.5614 (-0.19)	1.2029 (0.37)
个体/时间固定	Yes	Yes	Yes	Yes	Yes	Yes	Yes	Yes
观测值	189	189	189	189	153	153	153	153

注：括号内的数字为对应的 t 值；***、**、* 分别表示在 1%、5%、10% 显著性水平上显著。

表 5-7　各分类转移支付对医疗卫生供给的区域异质性检验

区域分类	主城、渝西片区				渝东南、渝东北片区			
	模型（1）	模型（2）	模型（3）	模型（4）	模型（5）	模型（6）	模型（7）	模型（8）
general	0.0048*** (3.02)	0.0061*** (3.76)	—	—	-0.0113*** (-14.58)	-0.0131*** (-13.54)	—	—
special	-0.0100*** (-4.37)	—	-0.0113*** (-4.98)	—	0.0171*** (6.28)	—	0.0185*** (10.03)	—
taxreturn	0.0021 (1.34)	—	—	0.0015 (0.31)	-0.0044 (-0.28)	—	—	0.0205 (1.68)
gdp	0.0058 (0.87)	0.0012 (0.17)	0.0081 (1.22)	0.0045 (0.62)	0.0311* (1.75)	0.0546*** (4.06)	0.0135 (1.39)	0.0220 (1.13)
mpk	0.0001 (0.62)	0.0002 (0.88)	0.0001 (0.57)	0.0002 (0.91)	-0.0014*** (-3.95)	-0.0012*** (-3.75)	-0.0017*** (-5.01)	-0.0014*** (-4.25)
urban	-0.1388*** (-4.86)	-0.1493*** (-5.03)	-0.1323*** (-4.65)	-0.1308*** (-4.27)	0.1454** (2.14)	0.4363*** (6.41)	-0.0931 (-1.12)	0.1718 (1.43)
density	0.1024*** (5.50)	0.0911*** (4.78)	0.0886*** (5.00)	0.0628*** (3.42)	0.0859** (2.39)	0.0324 (0.50)	0.3252*** (6.54)	0.3104*** (3.82)
cons	1.9671*** (15.01)	2.0510*** (15.03)	2.0685*** (16.12)	2.2215*** (16.34)	1.3839*** (5.42)	1.5221*** (3.79)	0.2003 (0.66)	0.1950 (0.38)
个体/时间固定	Yes	Yes	Yes	Yes	Yes	Yes	Yes	Yes
观测值	189	189	189	189	153	153	153	153

注：括号内的数字为对应的 t 值；***、**、* 分别表示在 1%、5%、10% 显著性水平上显著。

结合表5-6和表5-7的实证结果可以总结归纳：鉴于不同类型的转移支付对各区域基本公共服务供给存在着显著的差异性，因此，上级政府在加大对县级地方政府财政转移支付总规模的同时还应该重视对转移支付方式的选择。对于重庆市经济水平欠发达、县级政府自主财力较弱的区县，由于其民生事业历史欠账较多，地方政府又同时面临着严峻的经济发展和民生建设的双重目标压力，在财政转移支付总规模一定的情况下，适当增加专项转移支付数量规模、减少一般性转移支付数量规模能够有效地规范和引导县级政府增加对民生领域的财政资金投入，促进地区基本公共服务供给水平的提高，而对于重庆市经济发展水平较高、县级政府自主财力较强的区县，在财政转移支付总规模一定的情况下，适当增加一般性转移支付数量规模、减少专项转移支付数量规模可以有效地提高转移支付资金对辖区内基本公共服务供给效率，对县级地方政府增加基本公共服务供给产生正向的激励效应。鉴于税收返还更多的是一种体现出发展理念而非公平理念的转移支付方式，因此不论是对于重庆市经济水平欠发达、县级政府自主财力较弱的区县还是对于经济发展水平较高、县级政府自主财力较强的区县，在财政转移支付总规模一定的情况下，应该适当增加专项转移支付或一般性转移支付的数量规模，而逐渐减少税收返还的数量规模，这一结论与我国财政转移支付制度的变迁历程是相符合的。

第二节　转移支付结构变化对基本公共服务供给的激励效应

在对不同类型转移支付的作用效果进行较为全面的比较分析之后，本章需要进一步地实证分析转移支付的结构变化对地方政府基本公共服务供给激励的影响，即本书第二章中的研究假设4。为此，首先检验各分类转移支付在转移支付总规模中的一般性占比对地区基本公共服务供给水平的影响，构建的相关计量模型如下：

$$bservi_{i,t} = \alpha_1 strucTRAN_{i,t} + \alpha_2 X_{i,t} + u_i + v_t + \varepsilon_{i,t} \qquad (5-2)$$

在式（5-2）中，核心解释变量 $strucTRAN_{i,t}$ 包括 $strucgen_{i,t}$ 和 $strucspe_{i,t}$，

分别表示在 t 年 i 区县一般性转移支付的一般比重与专项转移支付的一般比重。由于各类型转移支付比重之和为 1，为避免计量模型中解释变量的共线性问题，本章主要研究一般性转移支付和专项转移支付的一般结构，其余的被解释变量和控制变量与式（5-1）中保持一致。此外，本章试图进一步探究一般性转移支付和专项转移支付的相对结构变化对地区基本公共服务供给的影响，鉴于此，将式（5-2）中的一般结构变量替换为相对结构变量，其他控制变量仍保持不变，构建的模型如下：

$$bservi_{i,t} = \alpha_1 strucspe_{i,t} + \alpha_2 X_{i,t} + u_i + v_t + \varepsilon_{i,t} \tag{5-3}$$

由于传统的 OLS 估计方法实际上均值回归，所以在参数估计中对异常值或者极端值的敏感性较大，特别是当误差为非正态分布时，可能会对估计结果造成一定的影响（陈强，2014）。因此，本章在这里引入 Koenker（2004）提出的面板数据分位数回归思想进行相关的参数估计，以期通过提取多个分位点的信息差异来刻画出各分类转移支付处于不同结构水平时对地方政府基本公共服务供给的影响，并对此展开主要的分析研究。构建的面板分位数回归模型如下：

$$Q_{bservi_{i,t}}(\tau \mid strucTRAN_{i,t}) = \alpha_f(\tau) strucTRAN_{i,t} + \alpha_2(\tau) X_{i,t} + u(\tau) + \eta_{i,t} \tag{5-4}$$

在式（5-4）中，$Q_{bservi_{i,t}}(\tau \mid strucTRAN_{i,t})$ 表示的是各分类转移支付在给定的结构水平下，地区基本公共服务供给水平在第 τ 个分位数上的值；$\alpha_1(\tau)$ 表示的是各分类转移支付结构水平在第 τ 个分位数上的估计系数，$\alpha_2(\tau)$ 表示的是相关控制变量在第 τ 个分位数上的估计系数。一般来讲，分位点越多，所代表的信息量也就越大，越能较为全面地反映出样本的结构特征，参照学者吴永求和赵静（2016）的做法，本章选取 10%、25%、50%、75% 和 90% 这五个分数点来报告固定效应的分位数回归结果。

一、一般性结构变化对基本公共服务供给的实证分析

表 5-8 和表 5-9 分别报告了在样本时间段 I 内转移支付的一般性结构对教育服务供给以及医疗卫生供给的检验估计结果。鉴于在此研究时间段内，我

国财政转移支付结构调整改革的基本思路是逐步降低以税收返还为主要结构占比的比重，同时大幅度增加专项转移支付和一般性转移支付的比重，进而实现财政转移支付制度由最初的以保护地方既得利益向促进公平发展的变迁。因此，本章对于转移支付的一般性结构研究将主要聚焦于专项转移支付比重和一般性转移支付比重对重庆县域基本公共服务供给的影响。

从表5-8中的估计系数可以看出，除了在模型（2）中专项转移支付占比的估计系数未能通过显著性检验外，一般性转移支付占比和专项转移支付占比的估计系数在各个模型中均显著为正。这表明，在此时间段内，通过提高一般性转移支付和专项转移支付在财政转移支付总规模中的比重均能够对地区教育服务供给水平的增加产生正向的促进作用。从模型（2）~模型（4）中各分位点的回归结果来看，对于一般性转移支付而言，随着分位数的增加（0.25→0.50→0.75），一般性转移支付占比的分位数估计系数呈现出逐渐下降的趋势（21.67%→19.80%→17.43%），这意味着随着地区教育服务供给水平的提高，一般性转移支付占比的增加会削弱县级地方政府对教育服务的供给激励；对于专项转移支付而言，随着分位数的增加（0.25→0.50→0.75），专项转移支付占比的分位数估计系数呈现出逐渐上升的趋势（11.36%→18.01%→26.47%），这意味着随着地区教育服务供给水平的提高，专项转移支付占比的增加会强化县级地方政府对教育服务的供给激励。此外，从OLS均值回归的相关估计系数值来看，一般性转移支付比重的提高比专项转移支付比重的提高对重庆县级政府教育服务供给激励具有更强的作用效果。

表5-8　样本时间段Ⅰ内转移支付的一般性结构对教育服务供给的分位数模型回归结果

变量	模型（1）	模型（2）	模型（3）	模型（4）
	OLS	25%分位数	50%分位数	75%分位数
strucgen	0.2001* (1.99)	0.2167* (1.75)	0.1980** (2.43)	0.1743** (2.08)
strucspe	0.1919* (1.71)	0.1136 (0.70)	0.1801* (1.67)	0.2647** (2.39)
gdp	0.1998** (1.86)	0.1313 (1.07)	0.1888** (2.31)	0.2620*** (3.12)

续表

变量	模型（1）	模型（2）	模型（3）	模型（4）
	OLS	25%分位数	50%分位数	75%分位数
mpk	-0.0058** (-3.76)	-0.0064** (-2.04)	-0.0058*** (-2.81)	-0.0051** (-2.39)
urban	1.4311*** (3.02)	1.6389*** (3.16)	1.4681*** (4.27)	1.2509*** (3.54)
density	-1.4015*** (-3.94)	-1.4499*** (-4.01)	-1.4151*** (-5.94)	-1.3709*** (-5.59)
cons	12.6644*** (5.02)	—	—	—
个体固定	Yes	Yes	Yes	Yes
观测值	342	342	342	342

注：括号内的数字为对应的 t 值；***、**、* 分别表示在 1%、5%、10% 显著性水平上显著。

从表 5-9 中的估计系数可以看出，在模型（1）~模型（4）中，一般性转移支付占比和专项转移支付占比的估计系数都为正值，且均至少通过了在 5% 水平下的显著性检验。这表明，在此时间段内，通过提高一般性转移支付和专项转移支付在财政转移支付总规模中的比重均能够对地区医疗卫生供给水平的增加产生正向的促进作用。从模型（2）~模型（4）中各分位点的回归结果来看，对于一般性转移支付而言，随着分位数的增加（0.25→0.50→0.75），一般性转移支付占比的分位数估计系数呈现出逐渐下降的趋势（13.42%→12.43%→11.42%），这意味着随着地区医疗卫生供给水平的提高，一般性转移支付占比的增加会弱化县级地方政府对医疗卫生的供给激励；对于专项转移支付而言，随着分位数的增加（0.25→0.50→0.75），专项转移支付占比的分位数估计系数呈现出逐渐上升的趋势（10.66%→11.04%→11.43%），这意味着随着地区医疗卫生供给水平的提高，专项转移支付占比的增加会增强县级地方政府对医疗卫生的供给激励。此外，从 OLS 均值回归的相关估计系数值来看，一般性转移支付比重的提高比专项转移支付比重的提高对重庆县级政府医疗卫生供给激励具有更强的作用效果。

表5-9　样本时间段Ⅰ内转移支付的一般结构对医疗卫生供给的分位数模型回归结果

变量	模型（1）	模型（2）	模型（3）	模型（4）
	OLS	25%分位数	50%分位数	75%分位数
strucgen	0.1160*** (7.59)	0.1342*** (3.49)	0.1243*** (4.88)	0.1142*** (3.53)
strucspe	0.0972*** (5.27)	0.1066** (2.56)	0.1104*** (4.02)	0.1143*** (3.26)
gdp	-0.0180 (-1.23)	-0.0118 (-0.38)	-0.0184 (-0.90)	-0.0251 (-0.97)
mpk	0.0027*** (4.87)	0.0024** (2.50)	0.0027*** (4.23)	0.0030*** (3.67)
urban	0.0084 (0.21)	0.1591 (0.98)	-0.0164 (-0.15)	-0.1965 (-1.42)
density	-0.0859** (-2.63)	-0.1540* (-1.67)	-0.0869 (-1.40)	-0.0182 (-0.23)
cons	2.9799*** (12.40)	—	—	—
个体固定	Yes	Yes	Yes	Yes
观测值	342	342	342	342

注：括号内的数字为对应的t值；***、**、*分别表示在1%、5%、10%显著性水平上显著。

结合表5-8和表5-9的实证结果可以总结归纳：在样本时间段Ⅰ期间，无论是一般性转移支付占比的提高还是专项转移支付占比的提高，二者均能够正向激励重庆县级地方政府在基础教育和医疗卫生领域供给水平的增加。但随着地区基本公共服务供给水平的提升，二者在对基本公共服务供给的激励效果变化上却表现出明显的差异性。其中，专项转移支付占比的增加会强化县级地方政府对教育服务和医疗卫生的供给激励，而一般性转移支付占比的增加则会弱化县级地方政府对医疗卫生的供给激励。上述的研究结论为我国财政转移支付结构的调整改革提供了有力的证据，即在一方面逐渐降低以税收返还为主要结构占比的比重，同时在另一方面大幅度地增加专项转移支付和一般性转移支付的比重对促进地区基本公共服务供给水平的提高具有积极显著的成效。

二、相对结构变化对基本公共服务供给的实证分析

基于上述的研究结果，另外一个重要问题需要被进一步探究，即在一般性转移支付与专项转移支付总占比规模一定的时候，是应该偏向于提高一般性转移支付的相对比重比还是应该偏向于提高专项转移支付的相对比重？一般性转移支付与专项转移支付之间相对结构的变化对县级政府基本公共服务的供给又有何影响？

表5－10和表5－11分别报告了在样本时间段Ⅰ内转移支付的相对结构对教育服务供给以及医疗卫生供给的检验估计结果。为了更加全面地刻画出转移支付相对结构与地区基本公共服务供给之间的关系，本章选用了包含不同维度信息的五个分位点，即10%、25%、50%、75%和90%分位，以期代表基本公共服务基础水平不同程度的群体，分别对应的是基本公共服务基础水平超低度组（10%分位）、基本公共服务基础水平低度组（25%分位）、基本公共服务基础水平中度组（50%分位）、基本公共服务基础水平高度组（75%分位）以及基本公共服务基础水平超高度组（90%分位）。

通过比较表5－10和表5－11中不同分位点下专项转移支付相对结构（strucspe1）的回归系数可以发现，随着分位数点由低端值向高端值的变化（0.10→0.25→0.50→0.75→0.90），即由基本公共服务基础水平低度组向基本公共服务基础水平超高度组的变动过程中，虽然专项转移支付相对结构的估计系数值均正数且至少通过了在10%水平下的显著性检验，但其系数值大小发生了明显改变，呈现出逐渐递增的变化趋势。对于教育服务的供给，在分位点q＝10%时，专项转移支付相对结构对地方政府教育服务供给水平提高的贡献弹性仅为0.0790，而在分位点q＝50%和q＝90%时，专项转移支付相对结构对地方政府教育服务供给水平提高的贡献弹性分别增加至0.1119和0.1632，这表明，相较于教育服务基础水平低度组而言，增加专项转移支付相对结构的比重对教育服务基础水平中度组和高度组的作用效果更大。对于医疗卫生的供给，在分位点q＝10%时，专项转移支付相对结构对地方政府医疗卫生供给水平提高的贡献弹性仅为0.0729，而在分位点q＝50%和q＝90%时，专项转移

支付相对结构对地方政府教育服务供给水平提高的贡献弹性分别增加至0.0878和0.1354，不论是从增长值还是增长幅度来看，专项转移支付相对结构的估计系数值在医疗卫生基础水平中度组向基础水平高度组的变化要明显大于在基础水平低度组向基础水平中度组的变化，这意味着，相较于医疗卫生基础水平低度组和中度组而言，增加专项转移支付相对结构的比重对医疗卫生基础水平高度组的促进作用更大。

表5-10　样本时间段Ⅰ内转移支付的相对结构对教育服务供给的分位数模型回归结果

变量	模型（1）	模型（2）	模型（3）	模型（4）	模型（5）
	10%分位数	25%分位数	50%分位数	75%分位数	90%分位数
strucspe1	0.0790* (1.65)	0.0914** (2.38)	0.1119*** (3.79)	0.1430*** (3.49)	0.1632*** (2.83)
gdp	0.2175** (2.04)	0.2117** (2.48)	0.2022*** (3.11)	0.1876** (2.06)	0.1782 (1.39)
mpk	-0.0009 (-0.49)	-0.0016 (-1.14)	-0.0029*** (-2.58)	-0.0048*** (-3.11)	-0.0060*** (-2.78)
urban	1.7268*** (4.96)	1.7115*** (6.14)	1.6864*** (7.93)	1.6482*** (5.55)	1.6234*** (3.87)
density	-1.5348*** (-5.08)	-1.5217*** (-6.29)	-1.5002*** (-8.14)	-1.4675*** (-5.69)	-1.4463*** (-3.97)
个体固定	Yes	Yes	Yes	Yes	Yes
观测值	342	342	342	342	342

注：括号内的数字为对应的t值；***、**、*分别表示在1%、5%、10%显著性水平上显著。

表5-11　样本时间段Ⅰ内转移支付的相对结构对医疗卫生供给的分位数模型回归结果

变量	模型（1）	模型（2）	模型（3）	模型（4）	模型（5）
	10%分位数	25%分位数	50%分位数	75%分位数	90%分位数
strucspe1	0.0729*** (3.54)	0.0775*** (4.49)	0.0878*** (5.83)	0.1021*** (3.90)	0.1354** (2.29)
gdp	0.1432*** (3.40)	0.1439*** (4.05)	0.1455*** (4.63)	0.1476*** (2.89)	0.1527 (1.23)

续表

变量	模型（1）	模型（2）	模型（3）	模型（4）	模型（5）
	10%分位数	25%分位数	50%分位数	75%分位数	90%分位数
mpk	0.0013** (2.29)	0.0011** (2.38)	0.0007* (1.79)	0.0002 (0.23)	-0.0011 (-0.70)
urban	0.7535*** (3.88)	0.8375*** (5.21)	1.0267*** (7.59)	1.2872*** (4.65)	1.8967*** (3.63)
density	-0.1295 (-0.86)	-0.1750 (-1.40)	-0.2774*** (-2.58)	-0.4185** (-2.13)	-0.7485* (-1.78)
个体固定	Yes	Yes	Yes	Yes	Yes
观测值	342	342	342	342	342

注：括号内的数字为对应的 t 值；***、**、* 分别表示在 1%、5%、10% 显著性水平上显著。

结合表 5-10 和表 5-11 的实证结果可以总结归纳：在样本时间段Ⅰ期间，无论是对于教育服务的供给还是对于医疗卫生的供给，在其基础水平越高的区县，专项转移支付相对比重的增加对地区基本公共服务供给水平的提高具有更显著的促进作用。由此可见，针对重庆市以下财政转移支付结构的调整优化，应该更加注重各区县基本公共服务基础水平的分类，做到分类施策。在逐步降低以保护地方既得利益的税收返还比重，稳步提高促进公平发展理念的专项转移支付与一般性转移支付比重的总体改革框架下，对于重庆市基本公共服务基础水平发展较好的区县，应该适当提高专项转移支付的相对比重，而对于基本公共服务基础水平发展较差的区县，则应该适当降低专项转移支付的相对比重，也就是提高一般性转移支付的相对结构。

本章小结

鉴于重庆市以下一般性转移支付、专项转移支付以及税收返还相关统计数据的可获得性，本章分别基于 1999～2007 年（样本时间段Ⅰ）与 2017～2018 年（样本时间段Ⅱ）重庆市 38 个区县的面板数据，通过构建计量模型实证探究了不同类型的转移支付对县级政府基本公共服务供给水平的影响以及转移支付结构（一般性结构与相对结构）与基本公共服务供给水平之间的关系，围绕着研究假设3、4展开相关检验，研究发现：不同类型的转移支付对重庆县域基本公共服务供给水平的影响表现出了明显的差异性。通过比较分析各个时间段内的实证结果发现，对于整体样本而言，一般性转移支付对县级政府基本公共服务供给水平的提高表现出了显著的正向促进作用；专项转移支付对县级政府基本公共服务供给水平的影响由在样本时间段Ⅰ的非正向激励效应过渡为在样本时间段Ⅱ的正向激励效应；税收返还对县级政府基本公共服务供给的激励效应被大幅削弱，表现出较为有限的促进作用。在进一步对不同区域展开实证检验后发现，一般性转移支付与专项转移支付对地区基本公共服务供给水平的影响存在着明显的区域异质性。对于主城、渝西片区而言，一般性转移支付数量规模的增加能够对该区域基本公共服务供给水平的提高产生正向的促进作用，而专项转移支付数量规模的增加对地方政府基本公共服务供给水平的提高却表现出抑制作用；对于渝东南、渝东北片区而言，其研究结论与主城、渝西片区正好相反，即专项转移支付能够有效地促进该地区基本公共服务供给水平的提高，而一般性转移支付对地区基本公共服务供给水平的提高却表现出负向影响。

转移支付结构与地区基本公共服务供给水平之间存在着紧密的联系。对于转移支付的一般性结构变化而言，提高一般性转移支付比重和专项转移支付比重均能够对地区基本公共服务供给水平的增加产生正向的促进作用。但随着地区基本公共服务供给水平的持续提升，一般性转移支付比重的增加会弱化县级地方政府对基本公共服务的供给激励，而专项转移支付比重的增加则会强化县级地方政府对基本公共服务的供给激励；对于转移支付的相对结构变化而言（即专项转移支付与一般性转移支付的相对比重），相较于基本公共服务基础水平较低的地区，提高专项转移支付相对结构的比重对基础水平较高地区基本公共服务供给水平增加的促进作用更大。

第六章

重庆市转移支付激励机制构建与对策建议

通过第四、五章的实证研究发现，在中国式的财政分权体制下，转移支付的规模与结构均对地方政府的财政支出行为有着重要影响，而地方政府的财政支出行为又直接影响了实现地区间基本公共服务均等化的目标效果。鉴于此，通过构建兼顾均衡与财政激励机制的转移支付制度，将县级政府基本公共服务供给的努力程度嵌入到省以下财政转移支付的资金分配机制设计中，是矫正规范县级政府的公共财政支出行为，促进县域基本公共服务的优化供给，推进地区间基本公共服务均等化发展，提高财政转移支付资金配置效率的有效途径。

第一节　我国财政转移支付制度的政策变迁与评价

我国目前的财政分权体制是在1994年分税制改革的基础上演变而来。虽然在此之前财政体制历经多次改革变迁，但无论是从分税制前的经济分权还是分税制后的法定分权来看，其实质都是中央政府赋予地方政府在地方事务自由裁量的空间（李涛、周业安，2008）。我国财政体制与政策的变迁大体上经历了统收统支、财政包干、分税制改革等几个重要阶段。伴随着每一次财政体制的重大改革，转移支付的制度安排也随之发生相应的调整。

一、统收统支与财政包干体制下的转移支付制度

从中华人民共和国成立后到改革开放前，我国主要施行的是高度集权下的计划经济体制，在此背景下的财政体制为“统收统支”体制。虽然统收统支的财政体制对保证计划经济的顺利运行具有重要作用，但由于中央政府财权的过度集中，使得地方政府未能掌握地方财政的实际决策权，造成地方政府对地方财力的支配必须遵循中央政府核定的支出指标。在此时间段内，我国并不存在真正意义上的转移支付。

为了尽快与市场经济改革相适应，在 1980～1993 年我国施行了“财政包干”的财政体制。相较于计划经济下的“统收统支”体制，财政包干“多收多支、少收少支”的体制特征在很大程度上调动了地方政府发展经济、广开财源的积极性，较好地体现了“效率优先”的原则。但由于财政包干体制未能充分考虑央地政府之间信息不对称现象的客观存在，便引发地方政府利用其收入征管权挤占中央财政收入的现象，滋生出“藏富于企”“藏富于民”等一系列问题。地方财政收入占全国财政收入的比重持续上升，而中央财政收入占全国财政收入的比重却逐年下降，中央政府的财政实力与地位均被明显弱化。中央政府在某些年份甚至出现了财政入不敷出的情况，严重影响了国家财政调控手段的实施和财政政策目标的实现。同样，在此时间段内，我国也不存在严格意义上的转移支付。

二、分税制改革后的转移支付制度

为有效弥补财政包干的制度缺陷，增强中央政府的宏观调控能力，更好地与市场经济体制接轨，我国于 1994 年全面推行了分税制改革。分税制改革逐步理顺了央地政府间财政收入分配关系，显著地提高了中央财政收入占全国财政收入的比重以及财政收入占 GDP 的比重（简称“两个比重”的提高），中央政府的财政实力与地位得到了很大程度的提高。在财政支出方面，参照公共财政学的基本理论并借鉴西方的相关实践经验，分税制改革逐步明确了央地政

府在事权和财政支出领域的范围划分，并通过设立转移支付制度来协调各级政府间的财政关系，这有效地提高了地方财政收支的自由度，地方政府也因此获得了自主经济调控的财政空间。我国真正意义上的财政转移支付也正是分税制改革之后才建立起来的，在随后二十余年的实践过程中，财政转移支付制度根据具体的经济发展变化经历了多次适当的调整。分税制改革后转移支付制度的主要变迁历程如下：

为尽快促进央地政府在核心利益方面达成一致，顺利推进分税制改革，1994 年中央建立了对地方的“两税”返还制度①和奖惩机制。其中，税收返还数额还主要是以地方实际收入为基础，通过“基数法”计算而得。奖惩机制是指中央对地方事先约定税收目标，如果地方政府不能完成既定任务，则需要用其财政收入进行赔补；如果地方政府超额完成既定任务，则可享受到较高的返还系数。虽然税收返还制度在一定程度上调动了地方政府征税的积极性，但也滋生出地方“寅吃卯粮”“先征后返”等企图把税基做大的非常规行为。这种“多返多得、少返少得”的制度安排并未明显改变我国各区域间收入差距的格局。

为缓解各地区因资源禀赋差异而造成的在经济社会发展方面的差距，有效促进地区间基本公共服务均等化发展，一般性转移支付与专项转移支付开始被中央政府纳入到制度安排中，并逐步成为转移支付制度的主要组成部分。

1995 年中央政府实施了过渡期转移支付，并同时辅之以实现特定政策目标的专项拨款，旨在缩小各地区间的财力差距。其中，过渡期转移支付的资金分配设计主要是针对少数民族地区与财政收支缺口较大的地区。但由于其整体规模过小，再加之分税制改革初期各级政府间的事权划分还很不明确，因此对抑制地区间财力差距扩大的作用也就相当有限。

1999 年，《过渡期财政转移支付办法》的出台对规范转移支付制度具有重要意义。其主要内容包括要求使用客观性因素②法作为测算各地区转移支付金

① 1994 年建立的税收返还中的“税”主要指的是增值税和消费税；在 2002 年所得税分享改革后，新增加了所得税基数返还；2004 年又增加了出口退税基数返还等。

② 客观性因素包括：地方政府规模、人口规模与结构、平均支出水平、地理因素等。

额的重要依据，积极加大对落后地区和民族地区的财政转移支付力度①，以缓解其财政收支的困难，进而逐步促进各地区间基本公共服务均等化。但由于各级政府间的预算不具有统一性以及其他统计数据的技术性问题，在很大程度上增加了准确测算公共服务领域的收支难度，使得转移支付制度未能完全实现从“基数法”向“因素法”的转变。

2002 年所得税分享改革的实施，过渡期转移支付被改名为一般性转移支付②，标志着过渡期的正式结束，而改革所增加的中央财政收入被优先用于地方的“保工资”“保运转”。《财政部关于 2002 年一般性转移支付办法》的颁布进一步明确了财政转移支付的主要目标与原则。在转移支付的政策目标方面，要求在增加对中西部地区转移支付规模的同时，还要照顾到革命老区、少数民族地区以及边境地区。在转移支付的分配原则方面，通过制定规范化的分配公式提高转移支付制度的公平性与公正性，有效地促进了转移支付资金稳定增长机制的建立。从政策效果来看，一般性转移支付规模呈现出持续递增趋势，从 1995 年的 21 亿元增长至 2006 年的 1527 亿元，年均增长率高达 48.8%，地区间差距缩小的成效明显（贾晓俊，2010）。但伴随着一般性转移支付规模的扩大，预算软约束的问题也日益显现。

2009 年，中央政府进一步规范了财政转移支付制度，各类转移支付的名称与内容发生了较大程度的调整。在名称变化方面，原来的一般性转移支付改名为均衡性转移支付，原来的财力性转移支付改名为一般性转移支付。在内容变化方面，将原来列入专项转移支付的部分公共服务项目调整到一般性转移支付项目中。至此，以一般性转移支付、专项转移支付和税收返还为大体分类体系的财政转移支付制度基本形成。虽然，在此之后专项转移支付的项目数量得到了快速增长，涉及范围逐步覆盖教育、医疗、卫生、社会保障、基建、生态环境等诸多领域，对经济社会的稳定发展做出了有效贡献，但也存在着资金分配不明、设立过于泛化等问题。

---

① 为更好地推进西部大开发战略、有效提高民族地区的基本公共服务水平，我国于 2000 年正式设立了民族地区转移支付。

② 2002 年所得税分享改革后，一般性转移支付的内容日益丰富。比如，在 2003 年新增了农村税费改革转移支付，在 2007 年新增了资源枯竭城市财力转移支付，在 2008 年新增了工商部门停征两费转移支付。

2013 年财政部修订的《中央财政县级基本财力保障机制奖补资金管理办法》为强化县级政府转移支付资金的资金管理提供了有效思路。① 文件中明确要求省级财政部门要继续加大对省以下的转移支付力度，其中重点要向基层困难地区倾斜，并且要认真落实转移支付资金对县级“三保”② 支出的保障责任。此外，随着转移支付力度的不断加大和县级财政支出规模的日益扩大，同年，财政部开展了县级财政支出管理绩效综合评价，其中首要重点便是围绕着重点支出保障（包括教育、医疗卫生、文化体育与传媒、社会保障与就业、节能环保、农林水事务等六项支出）展开绩效评价，有效地促进了县域公共服务供给质量的提升以及县级财政资金使用效益和效率的提高。

2015 年，国务院印发了《国务院关于改革和完善中央对地方转移支付制度的意见》，为推进转移支付制度改革提出了总体思路。从改革的主要内容上看，严格界定了一般性转移支付与专项转移支付的覆盖范围，即一般性转移支付的主要目标为促进地区间均衡发展，专项转移支付的主要目标为委托事权的成本补偿；填补了此前部分转移支付管理所存在的法规空白，明确了一些转移支付资金的分配标准，清退了一批政策时间到期、预定目标已经实现、使用效率低下等无须继续实施的专项资金，从源头上遏止了“跑部钱进”现象的发生。从改革的成效上看，转移支付结构得到了很大程度上的优化，逐步形成了以一般性转移支付为主、专项转移支付为辅的转移支付体系，转移支付的规范性和透明度得到了明显提升。但由于《政府间财政关系法》等相关法律文件的缺位，使得转移支付的主要法律依据是基于各级政府所颁布的行政规范性文件，导致转移支付制度具有浓厚的行政色彩，缺乏有效监督和约束，严重影响了其稳定性与可预期。

2018 年新《预算法》的修正重新明确了财政转移支付制度的政策目标、内容以及规范要求。在政策目标方面，财政转移支付应当坚持规范、公平、公开等原则，以推进地区间基本公共服务均等化为主要目标。在内容方面，财政

① 《中央财政县级基本财力保障机制奖补资金管理办法》中的县级基本财力保障机制奖补资金是指中央财政设立，主要用于支持县级政府提高基本财力保障水平，奖励地方改善县级财力均衡度、加强县级财政管理和提高管理绩效的一般性转移支付资金。

② “三保”是指“保工资、保运转、保民生”。

转移支付应包括中央对地方的转移支付和地方上级政府对下级政府的转移支付，其中，以为均衡地区间基本财力、由下级政府统筹安排使用的一般性转移支付为主体。在规范要求方面，可以按照法律、行政法规和国务院的规定设立专项转移支付，用于办理特定事项。市场竞争机制能够有效调节的事项不得设立专项转移支付。对于财政转移支付资金的分配要求，一般性转移支付应当按照国务院规定的基本标准和计算方法来编制，而专项转移支付则应当分地区、分项目来编制。对于财政转移支付资金的预算要求，县级以上各级政府应当将对下级政府的转移支付预计数提前下达下级政府，地方各级政府应当将上级政府提前下达的转移支付预计数编入本级预算。

通过对我国财政转移支付制度的政策回顾，可以发现我国财政转移支付经历了从计划经济体制下的“无”到市场经济体制下的“有”的变化，在分税制改革后的20余年的实践过程中基本建立了比较完善的财政转移支付政策体系，有效地激励和促进了地方公共财政体制改革，推动了欠发达地区基本公共服务均等化水平的提升。但同时也应该注意到目前在政府间转移支付法制制度建设，在政府转移支付的政策目标的实现上，财政转移支付对地方公共服务供给激励与约束机制上，特别是对于省以下财政转移支付激励机制的构建等方面还存在着不够完善的地方，因此需要继续加以补充完善。

第二节　重庆市转移支付激励机制的构建

近年来，伴随着转移支付规模和地方公共财政支出规模的不断膨胀，转移支付的资金管理和地方政府的行为约束也日益引起各级政府的高度重视。他山之石可以攻玉，为有效预防和避免我国地方政府陷入财政转移支付的“激励陷阱”中，构建适应我国现有体制背景的转移支付激励机制，很有必要学习和借鉴发达国家地方财政转移支付激励经验。

一、发达国家地方政府转移支付制度的经验借鉴

市场经济发达国家的财政转移支付制度都经历了长时间的发展与完善过

程，具有较高的制度成熟度，转移支付的激励与约束机制也被较好地嵌入转移支付的制度设计中。

对于专项转移支付资金，由于上级政府比较难以精确把握支付资金的具体数额，往往造成上级政府所提供的资金数量远超过下级政府实际需要的数量，进而影响下级政府的财政努力程度以及对专项转移支付资金的使用效率。因此，在专项转移支付激励与约束机制设计方面，上级政府通常选择对专项转移支付的使用条件进行具体的设置。其中，最为常见的一个手段就是要求下级政府对专项资金进行相关的资金配套。在此背景下，下级政府为了获得专项资金就必须通过财政努力筹集到足额的配套资金，这便形成了一种激励效应。当然，这种激励机制的有效程度必须建立在上级政府对下级政府在专项资金实际需求足够了解的基础上，并且还要能够对下级政府专项资金的使用进行良好的监管。但是，如果上级政府不能够准确把握下级政府对专项资金的需求方向或者配套比例，则会造成激励与约束机制的设计失败。

日本的国库支出金实质上就是日本中央政府对其地方政府的一种专项转移支付。中央政府通过拨付一部分资金配合地方政府的自有财政资金帮助其完成相关的财政行为，进而达到有效减轻地方政府财政负担的目的（刘琳、孙磊，2012）。其中，尤其是国库支出金中的国库负担金，被日本法律明确规定为是用于中央与地方政府共同事务承担的经费（如儿童辅助费、灾害救助事业费等），央地政府按照法定比例分摊资金（景婉博，2017）。国库支出金数额大约占转移支付总额的30% ~40%，占地方财政收入的13%，补助率通常介于50% ~70%（张光，2014）。再比如，美国的项目专项拨款，通常要求资金接受方进行相关的资金配套（可采用现金或实物的形式），配套比例一般与资金接受方的财政实力呈正比。

对于一般性转移支付资金，由于其使用用途没有被上级政府明确规定，且分配方式主要是通过公式法计算，因此一般性转移支付激励与约束机制的设计是较为隐蔽和复杂的。大体来看，主要包括在公式设计中直接加入下级政府财政努力因素和自动体现对下级政府财政努力激励的两种方式。

法国便是直接在一般性转移支付资金分配的公式设计中加入财政努力因素的客观指标。财政努力程度的测算是通过地区居民个人税收、建筑土地税和非建筑土地税三种税收总额占该地区财力的比重来表示，如果比值越大则表明财政努力程度越高，应该获得的一般性转移支付金额也就越多（傅志华、李三秀，2007）。而以英国、德国、韩国等为代表的国家则是在一般性转移支付资金分配的公式设计中考虑到下级政府财政努力程度，具体做法主要包括标准收支法和系数设计。标准收支法是指在填补财政收支缺口的公式设计中以一般标准收支测算值为基础，而非以实际收支为依据。当下级政府的财政支出超过标准支出时，超出部分必须由自有收入承担；当下级政府的财政收入超过标准收入时，超出数额的绝大部分可由其自由支配，这样上级政府便对下级政府在财政努力方面形成了激励与约束（柯䴉，2019；葛乃旭、宋静，2013）。系数设计是指在基于标准收支测算的基数上，通过对标准收入的调整以确保下级政府具有机动财力的系数设计。具体而言，就是将地方政府的财政收入与努力程度直接挂钩。此外，德国的州以下体制还加入了针对财源不足而进行的调整系数，旨在通过保留一定的财力缺口进而形成上级政府对下级政府的激励与约束（江雪薇，2017）。

除了上述的纵向转移支付外，德国、加拿大等国家还积极探索横向转移支付，其中德国州际政府间的横向转移支付制度颇具特色，多受追捧。通过将经济富裕州的部分财政收入转移给贫困州①，以达到弥补贫困州财政收支缺口和保障贫困州履行财政责任的目的。在德国的横向转移支付制度中同样也包含着激励机制，以维持富裕州税收的积极性。具体而言，当某州的税收收入增加额超过全国平均水平时，那么增加额 80% 以上的部分可以不计入该州财政能力指数的计算中。这种激励机制使得财力较强州的大部分税收增加额被保留在了本州，有效地维护或提高了财力较强州努力征税的积极性。

纵观发达国家的财政转移支付制度，可以看出其各具特色。虽然目前尚未形成统一模式，但也存在着一些共同特征，这对我国加快构建具有激励效应的转移支付制度有所启示。首先，明确转移支付资金的用途。虽然各个国家的一般性转移支付与专项转移支付的相对占比具有较大差别，但对于专项转移支付资金的具体用途而言，绝大多数都聚焦于教育服务、医疗卫生等项

① 德国的相关法律对富裕州与贫困州做出了明确的界定：人均财政收入达到全国平均值 102% 的为富裕州；人均财政收入不足全国平均值 95% 的为贫困州。

目，以促使各地区居民可以享受到相等水平或相近水平的基本公共服务，而非过度倾向于生产性领域。一般性转移支付资金的用途则主要致力于解决财政纵向失衡的问题，促进地区间财力的均等化。其次，注重转移支付资金分配的规范化。从发达国家的实践情况来看，其转移支付的具体操作流程均有章可循、有法可依。在转移支付的资金分配方面，通过选择区域面积、人口规模、富裕程度、公共支出成本差异等能够体现各地区财政地位以及收支状况的客观因素作为资金分配的依据，运用公式法确定各地区转移支付数额，从而避免了资金分配的盲目性与随意性，有效地提高了转移支付的透明度。此外，还会根据经济形势的发展变化，对转移支付公式设计中不适宜的部分进行动态调整，使得转移支付更加符合实际。最后，确保转移支付形式的多样化。从实践层面上看，发达国家基本上都施行不同类型转移支付交替使用的方式。其中，以一般性转移支付为主、专项转移支付为辅的方式主要适用于中央政府出于平衡地区间财力差异的动机，促进公平目标的实现；以专项转移支付为主、一般性转移支付为辅的方式主要适用于中央政府出于提高地方政府公共产品供给能力的动机，尤其是为了有效激发地方政府积极参与意识，促进效率目标的实现。

二、重庆市转移支付激励机制构建的基本原则

转移支付作为政府有效履行职能的重要政策工具，其目的是平衡各地区间的财力差距，促进地方政府对基本公共服务的有效供给，实现财政资金的优化配置。根据现阶段我国的国情来看，转移支付最重要的目标是促进地区间基本公共服务均等化发展。而对于省以下的转移支付，其首要目标是要缓解在分权体制下县级政府普遍面临的财政困难问题，通过缩小县域间的财力差距来逐步实现地区间基本公共服务均等化的目标。鉴于此，省以下转移支付的政策设计应该具有明确的思路和制度框架。依据前面对转移支付相关理论的阐释，并结合我国省以下财政体制的实际情况，省以下转移支付的激励机制设计应该遵循以下三个方面的基本原则。

首先，公平与效率原则。作为省以下转移支付的主要目标，均衡省以下各

级政府间的财力差距，促进地区间基本公共服务均等化发展主要强调的是公平性原则，即在转移支付资金分配过程中要重点考虑财政收支困难的地方政府或者是基本公共服务建设滞后、民生事业历史欠账较多的地区，运用财政转移支付这种二次分配手段把财政资源向其倾斜，进而实现缩小地区间发展差距，促进各地区共享经济发展成果的目的。由于转移支付对基本公共服务供给的效果往往会受到地方政府行为的影响，所以在注重转移支付制度公平性的同时还应该考虑到效率问题。通过建立对下级政府基本公共服务供给的激励机制，来提高转移支付资金的使用效率。鉴于此，在以公平为目标导向的转移支付资金分配设计中，嵌入对基本公共服务供给的激励机制可以最大限度地实现公平与效率的兼顾。

其次，统一性与差异性原则。中央政府在制定对各地区转移支付预算规模时主要是基于县级政府数据，而在转移支付资金分配时通常是将资金拨付给省级政府，再由省级政府为主导进行自行分配，却少有将财政资金直接拨付给县级政府。由于我国现行的财政分权体制只是规范了中央政府和省级政府之间的财政关系，而省以下财政关系却没有被明确规范，这就容易造成转移支付出现不合理的现象。因此，在省以下转移支付制度的设计中，首先要求各省级政府比照中央与省的财政体制来制定一个基本框架，以此来作为制度标准保证转移支付制度的统一性。但由于我国幅员辽阔，各地区在经济社会发展、资源禀赋等方面存在着较大的差异，所以省以下转移支付制度的设计又必须充分地考虑到各地区间的差异性，在基本框架体系下因地制宜地完善转移支付制度。

最后，系统性与规范性原则。省以下转移支付制度的构建必须注重体系的系统性，具体来讲，在转移支付的结构设计上应该将均衡性转移支付、激励性转移支付以及政策性转移支付等不同目的性质的转移支付有机地结合起来，以此来实现财政转移支付兼顾均衡与激励的设计目标。规范性原则是指在转移支付资金的分配设计中，要科学规范地对标准财政收支进行测算，尽量使用客观的统计数据进行公式计算，避免或减少外部因素对客观性的影响；在转移支付资金的绩效评价方面，应该建立科学规范的评价机制对转移支付资金使用进行考核，尽量避免或减少主观性评价。

三、重庆市转移支付激励机制构建的主要内容

基于上述转移支付激励机制构建的基本原则，重庆市政府在设计其市以下转移支付制度时既要遵循央地政府间转移支付的一般框架标准，也要结合重庆自身的实际情况，表现出一定程度上的差异性；在目标设计上既要注重公平性，也要讲究效率性。鉴于此，转移支付激励机制构建的主要内容包括两方面：对一般性转移支付激励机制的设计和对专项转移支付激励机制的设计。

1. 兼顾均等与激励目标的一般性转移支付制度设计

对于一般性转移支付的设计可以将其主要分为三种类型：均衡性转移支付、激励性转移支付以及政策性转移支付。从前面章节的研究发现，重庆各区域之间的公共财政收支水平、基本公共服务供给水平存在着显著的差异性，即使在同一个区域内，不同区县间也存在着明显的差异性。因此，均衡性转移支付应该在一般性转移支付中占最大比重，其主要目的是为了保证渝东南、渝东北大多数区县，以及渝西片区的部分区县具有能够正常运转和履行县级政府基本职能的财力。可见，均衡性转移支付能对自主财政不足、财政收支困难的县级政府在基本公共服务供给上产生一定的激励作用，为实现重庆县域基本公共服务均等化提供保障条件。对于激励性转移支付，其主要目的是为了促进县级政府在经济领域和民生领域的发展，但重点是在民生领域方面。前面章节已经讨论了对于经济欠发达地区或落后地区其财政支出具有明显的生产性产品投资偏向，扭曲了地方政府基本公共服务供给的行为，造成了与发达地区基本公共服务水平差距的扩大。渝东北和渝东南的多数区县县级政府的自主财力较弱，对上级政府转移支付的依赖性较强，民生事业历史欠账仍然很多，特别是与建设全面小康社会的目标相比，与人民群众不断增长的需求相比，还有一定的差距。因此，激励性转移支付资金的分配应该依据各县级政府在基本公共服务供给的努力程度，并充分考虑其将转移支付资金用于民生领域建设的使用效果，将转移支付资金分配与县级政府基本公共服务供给绩效挂钩，以此来提高地方政府在基本公共服务供给的努力程度和转移支付资金的使用效率。对于政策性转移支付，其主要目的是为了执行上级政府所设立的政策目标。因此，在设计

时应该将上级政府的政策目标与各县级政府的实际情况综合起来考虑，充分发挥好一般性转移支付资金对县级财政支出的引导作用和调节作用。主要包括城乡义务教育等政策性转移支付、城乡居民医疗保险政策性转移支付、社会保障政策性转移支付、基层政法政策性转移支付等。

2. 兼顾均等与激励目标的专项转移支付制度设计

同样，对于专项转移支付的设计也应该将“均等”元素与“激励”元素纳入到其制度的设计中。结合现阶段我国专项转移支付的实际情况，兼顾均等与激励目标的专项转移支付制度设计应该围绕以下几个方面进行完善。

第一，科学分配专项转移支付资金。由于专项转移支付的资金分配方式不同于一般性转移支付，不是通过标准的公式化进行客观分配，所以专项转移支付在资金分配中首先必须考虑到公平性。在资金分配的内容设计上应该优先向民生领域建设倾斜，比如在基础教育服务、公共卫生服务、社会保障服务等方面。另外，还应该保障具有地区间外溢性公共产品供给的资金需求，比如在生态环境保护和污染治理等方面。在资金分配的对象设计上应该优先向经济欠发达地区、农村地区、少数民族地区、边远地区倾斜。对于重庆市的实际情况而言，渝东北片区的多数区县都位于三峡库区和秦巴山集中连片贫困区，集大山区、大库区、大农村于一体，渝东南片区的多数区县为少数民族地区和经济欠发达地区，因此，转移支付在资金分配上应该重点向这些地方倾斜。

第二，规范管理专项转移支付资金。在专项转移支付的项目管理方面，应该严格地建立项目准入机制，尽快实行目录管理，坚持“有目录才有预算、有编码才可下达”的原则。对于每一个专项转移支付的项目设置必须经过充分的论证讨论和多次的集体商议研究来确定，以避免在专项转移支付项目设计上的盲目性和随意性。同时，还应该针对每一个专项转移支付项目设置终止条款，定期地对专项转移支付进行审查。对未能按要求执行的专项转移支付项目予以限期整改或调整，对于已经达到政策目标或已经过时、过期的专项转移支付项目予以终止并清理。最后，还应该加强专项转移支付资金的预算管理。由于大部分的专项转移支付资金在设计分配上是被打包到部门预算中，使得地方政府通常需要分别向多个部门提交申请来获得专项补助，这种“多头管理”容易造成资金分配渠道和预算管理的混乱。因此，应该细化专项转移支付资金的拨款方和接受方，并依托项目制对资金预算进行精细化管理。

第三，建立并完善专项转移支付资金的绩效考核机制与监督约束机制。专项转移支付作为一种有条件的转移支付，在使用上通常具有明确的方向和目标效果。因此，在构建专项转移支付资金的绩效评价体系时应该以具体的项目为依托，充分考虑到专项转移支付资金的专款专用程度、使用的经济效益和社会效益等多种因素，通过对各类评价指标客观合理的赋权重来进行综合评价。将评价结果作为以后年度专项转移支付资金分配的重要参考依据，以此来提高专项资金使用的规范程度和效率。在监督约束机制设计方面，主要实行问责制。通过将分散在不同部门的专项资金分配职能整合到一个部门，可以有效提高专项转移支付资金在分配和使用方面的透明度，降低监管的难度。同时，还应该从法律监督、制度监督、社会舆论监督等多个维度对专项转移支付资金进行全方位的监管，对于没有按照规定要求使用专项资金的责任人或者虽按要求使用专项资金但使用效率低下的责任人予以行政警告或行政处罚。

第三节 对策建议

近年来，重庆市政府相继出台《关于改革和完善市对区县转移支付制度的意见》《市对区县一般性转移支付管理办法》《市对区县专项转移支付管理办法》等一系列相关文件，旨在进一步完善市以下财政转移支付制度。本书研究成果为重庆市合理调整转移支付的资金配置，提高县域基本公共服务供给水平，优化县域基本公共服务供给结构，增强县级政府基本公共服务供给的保障能力具有重要意义，据此提出如下对策建议。

一、深化事权与财权相统一的公共财政体制改革

公共财政体制改革的重要目的就是要持续改善民生问题，不断提高社会福利，实现地区间基本公共服务均等化发展。本书的研究发现，目前重庆各区县基本公共服务供给的绝对水平和相对水平都普遍较低。因此，深化重庆市公共

财政体制改革的首要内容便落脚于要积极推进市以下政府事权与财权相统一的财税制度，形成具有可持续性的基本公共服务供给的财政保障机制。

从事权方面来看，厘清并合理划分市以下各级政府间的事权与支出责任，是深化重庆市公共财政体制改革的基本要求。如果市、县级政府间基本公共服务供给的事权划分不明确，那么与事权相对应的支出责任也就无法清晰界定。事权的不清晰和支出责任的不明确会导致提供基本公共服务所需的财政资金无法被精确计算，进而造成县级政府财权与事权的失配。严重的财政纵向失衡或财政横向失衡均直接影响重庆市域内基本公共服务均等化的实现。本书的实证结果表明，当前重庆市各区县财政纵向失衡程度的绝对水平普遍较高，尤其是对于主城片区以外的其他片区。财政纵向失衡程度总体上与地区经济发展水平成反比关系，这在很大程度上影响了重庆欠发达区县基本公共服务供给水平的提高和供给结构的改善。鉴于此，重庆市以下基本公共服务的事权划分应该严格遵守以下几个原则。

第一，依据地区的受益范围原则确定基本公共服务事权的归属。具体而言，由于公共产品具有正外部性，所以重庆市以下各级政府所提供的基本公共服务项目的受益范围也各不相同。对于涉及全市甚至跨省市的受益范围比较广的基本公共服务项目，其事权应该归属于重庆市级政府；对于受益范围比较小的基本公共服务项目，其事权应该归属于重庆县级基层政府。

第二，依据效率最大化原则确定基本公共服务事权的归属。从基本公共服务供给效率的角度来看，由于县级基层政府更贴近于辖区内的居民，所以比县级以上政府更加了解辖区内的公众需求，因此，县级基层政府在基本公共服务供给时通常也就具有效率优势。另外，供给效率的优势还表现在以更低成本供给基本公共服务的项目上。综合上述两个方面，哪一级政府在基本公共服务项目的供给效率最优，那么其事权也就应该归属到哪一级政府，并依据事权的大小配置相应的财权。

第三，依据项目的性质确定基本公共服务事权的归属。在对重庆市基本公共服务事权划分时需要兼顾以下三点：首先，项目是否需要全市的财政收入作为支撑保障；其次，项目的经济效益与社会效益是否对整个市域有着重要影响；最后，项目是否需要更高层级政府（主要是指中央政府）进行统一的设计和规划。如果上述三点都是肯定的话，则事权也就应该归属到重庆市级政府，反之则属于重庆县级政府的职能。

第四，依据权责一致原则确定基本公共服务事权的归属。具体而言，在重庆市基本公共服务事权的划分上应该充分考虑到各级政府是否具有对应的财力与资源去承担和履行该事权。另外，基本公共服务事权还应该要有与其对应的支出责任，以避免无事权却被迫履行支出责任的现象发生。

第五，依据法律法定原则确定基本公共服务事权的归属。重庆市以下各级政府的基本公共服务事权应该尽快纳入法律规定中进行依法划分，通过法律形式来规范政府间事权和支出责任的划分，以避免各级政府出现随意划分事权和调整事权的问题。

从财权方面来看，逐步且适度下放重庆市级政府的财政权限，进而增强县级政府财政的独立性，是促进县域基本公共服务有效供给的根本保障。本书的研究结果显示，在重庆现行的财政体制下，县级政府承担了辖区范围内大量的事权支出责任，但被赋予的财权却相当有限，这种财权与事权的严重不匹配使得经济欠发达地区的区县政府（主要是针对渝东南、渝东北片区）对市级财政转移支付存在着很强的依赖性。因此，要有效缓解这种过度依赖的市县财政关系，进一步激发县级政府提高自主财政收入的内生动力，可以尝试围绕着以下两个方面进行改进。第一，适度赋予县级政府特定的税收权限，将征税权下放至县级政府，由其来制定具体的实施细则，并允许各区县政府依据其地区发展的实际情况与特点设立新的税目、调整税率以及停征某种税。第二，改革市级政府与县级政府在共享税上的分享比例，逐步提高县级政府对共享税的分享比例，扩大县级政府的自主财政收入可以在一定程度上减少各区县间因收入划分问题所造成的税收不公平竞争现象的发生，促进生产要素在县域间自由合理的流动，增强县级政府财政收入的规范性和稳定性。

二、加快构建具有激励效应的财政转移支付政策

为有效提高地方政府对财政转移支付资金的使用效率，激励地方政府在提高对地区基本公共服务供给努力程度的同时，又尽可能地避免地方政府对转移

支付资金产生过度的依赖，致使其陷入软预算约束的“激励陷阱”中，就必须在转移支付的政策设计中嵌入激励机制。这种激励机制主要表现在对转移支付资金的分配设计上。

从目前我国财政转移支付的具体明细来看，部分项目产生于相关政策的调整，比如调整工资转移支付、民族地区转移支付等类型的转移支付，在很大程度上具有“临时性”的特点。虽然这些转移支付没有被上级政府规定具体用途，在科目分类上被划归为一般性转移支付，但在实际使用上却具有专项转移支付的属性特征。因此，对于一般性转移支付的项目设计，可以考虑适当缩减这类具体项目，以此来更好地突出一般性转移支付的均等化作用与性质。在一般性转移支付的资金分配方式上，应该加快从“基数法”向“因素法”的过程转变，通过客观、合理的计算公式推进财政转移支付资金分配的科学化、公开化和透明化。积极健全和完善一般性转移支付稳定增长机制，持续加大重庆市级政府对县级政府一般性转移支付规模，充分发挥县级基层政府的信息优势，将原来属于区县事权的专项，逐步过渡到一般性转移支付中，以此达到释放各区县财力统筹空间，缓解财政收支压力的目的。

具体来讲，通过在一般公式法的基础上，围绕着地方政府在基本公共服务供给的努力程度、财政努力程度等方面设立相关的激励指标，并采用科学的赋权法对一般性转移支付资金进行合理的分配。对于财政收支压力较大的区县政府（主要针对渝东南、渝东北片区），应该对其设置最低的保障线，这种保障线应该与基本公共服务均等化的底线标准相一致。在此基础上分别参考地区长期以来的财政能力以及对基本公共服务供给的努力程度进行相应的鞭策。对于财政能力较强的区县政府（主要针对主城、渝西片区），可以通过逐渐减少对其的税收返还数额来调整地方的既得利益，进一步激发县级政府自主财力的发展，在此基础上通过扩大专项转移支付规模来规范和引导县级政府将自有的财力资金投资于民生领域建设，降低财政转移支付资金对经营性领域或竞争性领域的涉足。在具体内容制定方面可以充分借鉴重庆市对生态功能区的转移支付制度，把对区县生态功能区转移支付的补助额度设置为由核定的基数、引导性补助、补偿性补助、成本性补助以及奖惩资金等多个部分构成。在市级政府核定基数的基础上，根据各区县空气质量、水质达标率、污染减排、森林覆盖率等目标的完成情况给予引导性补助，考虑生态护林员补助、湿地生态效益补偿等给予补偿性补助，依据生态功能区域的重要性与外部性特征，按照生态环境综合整治成本等给予成本性补助。在奖惩资金方面，切实加强追踪问效，将生态环境质量监测和资金使用结果与奖惩机制挂钩，对考核评价结果优秀的区县予以增加转移支付资金的奖励，而对考核评价结果不合格的区县予以扣减转移支付资金的惩罚。由此可见，只有通过积极构建具有激励机制的财政转移支付制度才能有效地增强重庆县级政府的统筹能力，激发各区县的发展潜力，从根本上解决地区间财力不均等的问题，进而促进基本公共服务均等化发展，在追求公平目标的基础上又能够较好地兼顾效率。

近年来，随着城市化进程的加快，大量农民工进入城市生活和工作。虽然他们在身份上还是农民，但一些已经在城市购房、置业，事实上已经成为城市人口的一部分。当他们为城市社会、经济的发展作出贡献的同时，还向所在城市缴纳税费，但城市政府却对他们不承担基本公共服务供给职责。重庆每年有近百万外地农民工来渝务工，特别是重庆（尤其是主城片区、渝西片区）吸纳了大量外地农民工就业，形成了较为庞大的外来务工群体。但由于现阶段我国户籍制度的约束限制，使得外来农村务工人员很难真正享有同城市居民一样的公共服务权利。因此，在资金分配的模式创新方面，要积极探索财政转移支付与人口流动相适应和挂钩的动态调整模式，加强中央和重庆市政府公共财政对进城农民工基本公共服务动态供给保障机制，着重解决农村人口向城市转移过程中的市民化问题，积极消除城乡二元户籍壁垒制度带来的歧视性待遇。要依据各区县常住人口的数量变化和结构变动定期测算基本公共服务支出的财力需求，不断调整优化转移支付资金的分配方案，确保农民工享受到与城市居民同等的基本公共服务。

三、建立健全财政转移支付的绩效监管体系

从我国现阶段转移支付资金的使用情况来看，存在效率不高，有违公平的问题，其中一个重要原因是对转移支付资金的使用过程和效果缺乏有效的监管和质量考评。因此，需要积极构建一套科学、客观、完整的财政转移支付绩效

评价体系，确保转移支付资金按照相关规定使用，切实提高资金的使用效益，进而建立公共财政对基本公共服务供给的长效保障机制。

在资金的目标设计方面，重庆市级政府可以通过设置基本公共服务均等化的具体数量标准，为县级政府各类财政支出项目提供清晰准确的努力方向，以此更好地促进各地区间基本公共服务的均衡发展。在资金的拨付方面，要严格实行目录管理制，做到目录、编码与下拨资金相符。在资金的监管方面，通过对转移支付资金建立系统的使用追踪机制，定期、定量地考核转移支付资金的支出进度以及相关基本公共服务项目的建设完成情况。在资金的绩效评价方面，合理地引导评价工作由过去的合规性评价向绩效性评价转变。通过设计规范的转移支付绩效评价体系，并对指标设置、操作程序、评价方法等具体内容做出详细的规定和说明。客观科学的评价转移支付对推进基本公共服务均等化的实施效果，并将评价结果作为以后年度转移支付预算编制和资金分配的重要参考依据，采用相关的财政激励和约束机制等手段激发地方政府提高在民生领域建设的努力程度。

另外，为避免转移支付资金出现被重庆市多部门混合拨付或同时管理，有效提高转移支付资金使用的规范程度，重庆市可以考虑依法设立专门的机构以此来全面负责市级政府对各区县政府财政转移支付的相关事宜。在实践经验上可以充分借鉴澳大利亚联邦拨款委员会（Commonwealth Grants Commission）①等相关机构的做法，设立隶属于重庆市人大常委会的“重庆市财政转移支付管理委员会”机构。重庆市财政转移支付管理委员会的主要职责应该包括以下三个方面。首先，负责审查和审核重庆市政府对各区县政府的转移支付方案。围绕着转移支付资金分配方案进行研究与论证，重庆市财政转移支付管理委员会应积极向重庆市财政局等相关部门汇报方案的可行性。若资金分配方案存在着较大争议，重庆市财政转移支付管理委员会则需要进一步地提出具有建设性的新方案。其次，负责监管财政转移支付的实施过程。通过对转移支付资金流向的密切追踪以及使用情况的监督，重庆市财政转移支付管理委员会有权

① 联邦拨款委员会是澳大利亚专门的转移支付机构，是一个具有很高独立性的政府咨询部门。得益于其对转移支付资金分配设计的科学合理性、公开透明性、公平客观性，受到澳大利亚各州政府的信任。

针对财政转移支付实施过程中的违规行为进行依法惩处。再次，负责对财政转移支付的实施效果进行科学评估。重庆市财政转移支付管理委员会针对财政转移支付资金的最终效果进行调查与考评，从而达到有效提高财政转移支付资金使用效率的目的。需要重点说明的是，重庆市财政转移支付管理委员会应只接受重庆市人大常委会的监督，从而最大限度地避免受到重庆市政府或其他职能部门的不法干涉。在重庆市每一年度预算结束后，重庆市财政转移支付管理委员会应尽快围绕着各类转移支付在分配、拨付、监管以及绩效考评等方面拟定相应的工作报告，并立即向重庆市人大常委会备案，以确保财政转移支付达到目标明确、结构合理、程序公开透明的理想效果。

四、完善多元化的地方政府政绩考核评价体系

转移支付作为我国财政分权体制的重要组成部分，其发挥出的政策效果与中国式分权的特征有着紧密关系。中国式的财政分权总体上表现出“政治集权，经济分权”的特点，在垂直管理的行政管理体制下，下级政府官员的人事任命权和晋升权被上级政府直接掌握。地方政府作为中央政府落实政策执行的代理人，通常承担着推动地区经济发展、促进就业增长、保障和改善民生等多重委托任务。但作为理性经济人，地方政府会优先选择并更有动力去完成易于被观察的任务。因为长期以来，在以经济增长为核心的政绩考核体系下，很大程度上推动了各地区间“为增长而竞争”，地方政府为实现地区经济效益的最大化主动打造出经济增长型政府，但这种政绩考核机制却未能对地方政府基本公共服务供给产生明显的激励作用。在有限的任期时间内，地方官员为追求政治晋升或任期连任通常更愿意把财政资源分配到能在短期内对经济增长具有直接贡献的生产性领域，而忽略那些在短期内对经济增长直接贡献度不大的非生产性领域，造成地方财政支出现“重建设、轻民生”的扭曲现象。本书的实证结果也表明，在“经济竞争锦标赛”引发的地区间经济追赶的影响下，很大程度上抑制了重庆各县区基本公共服务供给水平的提高和供给结构的优化。

可见，在以GDP增长为主要晋升考核的政治激励下，仅仅单独依靠扩大财政转移支付资金规模并不能有效解决县级基层政府基本公共服务供给不足的

问题，也不能有效实现地区间基本公共服务水平差距的缩小。因此，要顺利推进重庆市以下财政体制的改革必须依赖于县级政府政绩考核制度的改革。政绩考核制度的改革既是有效矫正地方政府财政行为激励的主要方式也是提高转移支付激励效果的重要手段。目前，政绩考核制度改革的关键内容在于加快转变地方政府官员唯 GDP 的政绩观，合理引导地方政府将提升社会保障水平、促进科教文卫社会事业发展等改善民生、体现共享发展理念的内容纳入对地方官员政绩考核体系之中，并将其作为各级官员在任期内的责任目标以及干部选拔考核的重要依据。具体而言，要通过细化、量化考核民生建设领域的指标内容，针对重庆各区县发展情况的差异性科学设置各项指标的比重，并定期向社会公众公布各项基本公共服务指标的实际完成情况。另外，需要增强辖区内居民对具体部门基本公共服务落实执行的监督，并将居民对地方政府基本公共服务供给的满意度纳入到政绩考核的主要内容中，以更好地增强人民群众在发展中的获得感和满足感，进而加快实现从“经济增长型政府”向“公共服务型政府”的政府工作职能的转型。

五、积极探索市域范围内横向转移支付制度

本书的研究主要是聚焦于纵向转移支付，即重庆市政府对各区县政府的财政转移支付。但从长期来看，随着分税制财政管理体制的日益完善，重庆市政府的财权势必会将逐渐下移。因此，仅寄希望于通过市级政府对县级政府的财政拨付与资金转移来推进重庆市域基本公共服务均等化无疑会给市级财政带来沉重的压力。基于当前共享发展的理念，考虑到重庆县域间经济社会发展存在着较大差距，加大对重庆经济欠发达区县的财政扶持，市级政府有义务和责任，经济相对发达的区县亦如此。鉴于此，重庆市以下财税体制改革还需要重点围绕转移支付进行新的路径探索以及制度创新。在实践经验上可以充分借鉴德国、加拿大等国家在州际政府间的横向转移支付制度，实际结合重庆各区县的发展现状，有效发挥具有中国制度优势的对口支援模式，积极探索重庆市“一圈地区”对“两群地区”的横向转移支付制度，以此来作为纵向转移支付的有益补充，丰富重庆市以下财政转移支付制度的内容。需要强调的是，重庆

市域范围内的横向财政转移支付必须与纵向财政转移支付形成一股合力，同时处理并调节好“市—县”纵向政府间以及“县—县”横向政府间的财税利益关系，以此来促进区域间基本公共服务均等化发展。因此，在理论层面上厘清横向转移支付与纵向转移支付二者之间的关系和作用边界是构建重庆市纵横交错财政转移支付制度的基本要求。

关于重庆市政府对各区县政府的纵向转移支付，应按照政府权、责、利相统一的原则，确保经济欠发达区县具备履行支出责任的基本财力水平，其主要目的在于维护所在辖区内居民的基本生存权与发展权。纵向转移支付资金的分配设计应该以各区县政府财政收入能力与财政支出需求的差异为基础，以弥补经济欠发达区县的财政收支缺口，确保其能够提供满足地区居民最低生活保障的公共产品，实现基本公共服务供给的“底线公平”目标。由此可见，纵向转移支付制度应置于重庆市财政转移支付体系框架中的基础地位。

对于重庆各区县政府间的横向转移支付，应遵循相对富裕地区对相对贫困地区的帮扶援助原则，以重庆市级政府对县级政府财政补助的实际效果为基础，充分考虑经济较发达区县的能力以及经济欠发达区县的需求情况，进一步对经济欠发达区县进行财政帮扶。其主要目的是为经济欠发达区县提供更多的财力保障，以帮助其地方政府为辖区内居民提供种类更多、质量更高的公共产品。随着分税制改革的日渐完善，重庆县级政府财权与事权的匹配程度势必会有效提高，而市级政府的财力则会相对吃紧。在当前中国特色社会主义新时代下，社会主要矛盾已发生根本转变，这无疑对重庆市域范围内基本公共服务均等化提出了更高层次的目标要求。在此背景下，只依靠“家长型”的纵向转移支付显然很难再将均等化提升到一个更高的层次，而新增加“兄弟型”的横向转移支付不仅可以更加有效地平衡重庆各区县间的财力差距，还可以推进基本公共服务均等化更高层次的发展。由此可见，横向转移支付制度应作为纵向转移支付的有效补充，置于重庆市财政转移支付体系框架中的从属地位。

六、强化基本公共服务领域重点问题的解决

随着国家《“十三五”推进基本公共服务均等化规划》实施即将结束，

2021年将启动实施基本公共服务均等化“十四五”规划，根据“十三五”规划实施情况并结合重庆市区域实际，需要强化对基本公共服务领域几个重点问题的解决。

第一，依据不同区县的经济社会发展水平因地制宜地设计基本公共服务的供给标准，切实提高供给的有效性。随着经济发展水平的提高，城乡居民在公共服务需求上多样性、层次性、差异性等特点日益凸显。因此，需要针对不同地区的实际情况，切实制定差异化的标准体系，以满足不同层次的公共需求。为此，首先要兜住底线、保障基本，切实保证各地区基本公共服务供给水平不能低于国家基础标准。其次要尽力而为、量力而行，根据各区县发展的阶段性特征以及财政承受能力，实施差异化的供给策略。对于经济发展水平较高的地区，在加大保障民生建设力度的同时可以适当延伸基本公共服务的内容，逐步将高中教育、幼儿教育等项目纳入到均等化范围。对于经济发展水平较低地区，地方政府应该严格按照基本公共服务均等化“底线标准”要求（如“两不愁三保障”的要求标准），努力补齐民生建设的短板弱项，重点针对深度贫困区、偏远地区等落后县区的弱势群体，确保他们能够享受到最低标准的基本公共服务。

第二，建立以公众需求为导向的基本公共服务供给决策机制，规范地方政府基本公共服务的供给决策行为。公共产品的供给模型主要可以分为供给导向型和需求导向型两种。其中，供给导向型是一种以政府为主导的，自上而下的决策机制。在供给导向型模式中，政府的偏好与判断对地区基本公共服务供给水平有着重要的影响。但如果政府的决策行为缺乏有效的监管和约束，则容易造成基本公共服务供给被地方官员的利益和政绩绑架，使得辖区内居民需求程度高、难与地方官员政绩挂钩的基本公共服务得不到充分的供给。因此，需要尽快畅通公众对基本公共服务的需求表达机制，构建以公众需求为导向的基本公共服务供给决策机制。充分运用互联网、大数据等现代科技手段，摸清并掌握地区居民的需求偏好，增强公众需求信息的真实性、准确性和及时性，进而有效促进基本公共服务供需匹配度的提升。

第三，加快建立科学有效的居民满意度评价体系，努力提高社会公众参与基本公共服务满意度测评的积极性。基本公共服务作为地方政府面向辖区内居民所提供的重要公共服务，公众对其的满意程度直接反映了地区基本公共服务供给的水平与质量。伴随着2020年全面建设小康社会奋斗目标的基本达成，重庆各区县基本公共服务主要领域的人均指标大体上已接近全国平均水平，但公共服务重点领域满意度、获得感不高问题依然突出。除了受到供给水平、结构、质量等方面的影响外，更主要的原因还在于供给可达性、服务可及性难以满足城乡居民对基本公共服务的需求。目前，通过社会公众的满意度来测评我国地方政府的绩效表现还处于探索阶段，居民对参与政府绩效评价的意识还不足，积极性也不够高。因此，应将满意度作为基本公共服务均等化效果评价的重要指标之一，有效地将地区的实际发展状况与辖区内的公众需求紧密联系起来。在基本公共服务供给内容的设置上，不仅要根据地区经济发展水平设定一个合理的基本标准，还要考虑到随着经济社会发展而衍生出的新需求，从而不断地提高人民群众在发展中的获得感和满足感。

本章小结

本章首先分别对我国财政转移支付制度的政策变迁以及发达国家转移支付激励与约束机制的实践经验进行回顾与总结，然后基于本书的理论分析和实证研究提出了转移支付激励机制构建的基本原则与主要内容。其中，重庆市以下转移支付的激励机制设计应该遵循“公平与效率”原则、“统一性与差异性”原则、“系统性与规范性”原则；转移支付激励机制构建的主要内容包括兼顾均等与激励目标的一般性转移支付制度设计和专项转移支付制度设计。最后，围绕着深化事权与财权相统一的公共财政体制改革、积极构建具有激励机制的财政转移支付制度、建立并健全转移支付的绩效监管体系、完善多元化的地方政府政绩考核评价体系、积极探索市域范围内的横向财政转移支付制度、强化基本公共服务领域重点问题的解决等方面提出了具有针对性的对策建议。

第七章

研究结论及展望

第一节　主要研究结论

本书围绕着转移支付对县域基本公共服务供给的激励效应展开研究，主要研究内容包括：第一章通过回顾国内外学者针对转移支付、基本公共服务供给的文献研究；第二章在相关理论的基础上，分别针对转移支付对基本公共服务供给激励的内在机制和财政转移支付激励机制构建进行理论分析；第三章运用描述性统计分析法、比较分析法、综合评价法等方法对重庆各区县公共财政与基本公共服务供给的现状分析进行了详细分析，发现了重庆市市对区县转移支付与县级政府基本公共服务供给存在的主要问题；第四章通过构建相关的计量模型，实证检验了重庆市市对区县转移支付规模与基本公共服务供给水平和供给结构之间的关系；第五章通过构建相关的计量模型，实证探究重庆市市对区县不同类型的转移支付对县级政府基本公共服务供给水平的影响以及转移支付结构（一般性结构与相对结构）与基本公共服务供给水平之间的关系。基于上述的现状分析与实证研究，本书得到的主要研究结论可概括如下。

1. 县级政府普遍存在着财政收入与财政支出不匹配的现象。

从各区县政府的财政收支情况来看，财政收入水平较低的区县通常面临着财政支出较大的压力。其中，渝东南片区和渝东北片区县级政府的财政自给率都普遍低于主城片区和渝西片区县级政府的财政自给率。

2. 转移支付在类别与区域分布上具有明显的差异特征。

从各分类转移支付的占比规模来看，一般性转移支付和专项转移支付在转移支付总规模中的占比均值分别超过了50%和30%，为最主要的两种形式，而税收返还的地位相对较低，其比重大约只占7%。从一般性转移支付和专项转移支付的数量规模上看，渝东北片区和渝东南片区均明显高于主城片区。

3. 基本公共服务综合水平与均等化程度存在着明显的区域差异性。

从各区县基本公共服务综合水平的测度结果来看，主城地区的基本公共服务综合水平明显高于其他区域。从各大区域期初期末值的变化来看，主城片区增长的绝对量最大，渝西片区次之，渝东南片区随后，渝东北片区最小，其中，主城片区与渝东北片区、渝东南片区间的基本公共服务水平差距均表现出明显增大的趋势。从基本公共服务均等化水平的测度结果来看，重庆各区县基本公共服务综合水平存在着较为明显的县域差异，通过对差异性系数进一步分解发现，其主要差异是由各区域内部的差异所造成的。

4. 转移支付存在着明显的“粘蝇纸”效应。

转移支付数量水平的增加能显著促进基本公共服务支出规模的扩大，其中，对教育服务支出的促进作用效果最大，其次是社会保障支出，而对医疗卫生支出的作用效果最小。进一步考察在财政纵向失衡效应、经济赶超效应以及二者的综合效应的作用效果下发现，在当前中国式的财政分权体制下，县级地方政府同时面临着政府间财政关系失衡所形成的天然型财力缺口以及由经济竞争锦标赛引发的地区间经济追赶的双重压力影响，这导致了地方政府财政行为发生较大程度的扭曲，从而抑制了辖区内基本公共服务供给水平的提高。虽然，转移支付能够单独矫正由财政纵向失衡或经济赶超对基本公共服务供给水平带来的负向影响，但是，在财政纵向失衡和经济赶超二者的共同影响下，转移支付却不能两者有效同时兼顾，转移支付的作用效果会受到很大削弱。

5. 转移支付与基本公共服务支出结构偏向性之间存在着非线性关系。

转移支付规模无论是与基本公共服务的总支出还是基本公共服务的各分类支出之间均呈现出倒“U”形曲线关系。通过构建门槛模型检验发现，转移支付相对水平对于地区基本公共服务供给结构的影响分别显著存在于财政纵向失衡程度、经济赶超水平以及二者综合作用效果下的单一门槛效应。当地区财政纵向失衡水平和经济赶超水平处于适当程度时，基本公共服务支出结构偏向性呈现出逐渐增大的趋势；但当地区财政纵向失衡水平和经济赶超水平处于较高程度时，会削弱转移支付的正向激励效果。

6. 各类型转移支付对基本公共服务供给水平的影响具有明显的差异性。

通过比较各个时间段内的实证结果发现，对于重庆县域整体而言，一般性转移支付对县级政府基本公共服务供给水平的提高表现出了显著的正向促进作用；专项转移支付对县级政府基本公共服务供给水平的影响由在样本时间段Ⅰ的非正向激励效应过渡为在样本时间段Ⅱ的正向激励效应；税收返还对县级政府基本公共服务供给的激励效应被明显地大幅削弱，表现出较为有限的促进作用。

7. 各类型转移支付对基本公共服务供给的影响具有明显的区域异质性。

在进一步对不同区域展开实证检验后发现，对于主城、渝西片区而言，一般性转移支付数量规模的增加能够对该区域基本公共服务供给水平的提高产生正向的促进作用，而专项转移支付数量规模的增加对地方政府基本公共服务供给水平的提高却表现出抑制作用；对于渝东南、渝东北片区而言，其作用效果与主城、渝西片区正好相反，即专项转移支付能够有效地促进该地区基本公共服务供给水平的提高，而一般性转移支付对地区基本公共服务供给水平的提高却表现出负向影响。

8. 转移支付结构与地区基本公共服务供给水平之间存在着紧密联系。

对于一般性结构变化而言，提高一般性转移支付比重和专项转移支付比重均能够对地区基本公共服务供给水平的增加产生正向的促进作用。但随着地区基本公共服务供给水平的持续提升，一般性转移支付比重的增加会弱化县级地方政府对基本公共服务的供给激励，而专项转移支付比重的增加则会强化县级地方政府对基本公共服务的供给激励。对于相对结构变化而言（即专项转移支付与一般性转移支付的相对比重），相较于基本公共服务基础水平较低的地区，提高专项转移支付相对结构的比重对基础水平较高地区基本公共服务供给水平增加的促进作用更大。

第二节 研究展望

积极健全规范省以下的财力分配机制，完善以基本公共服务均等化为目标导向的公共财政体系，不仅是加快推进我国财政体制改革进程，实现国家治理现代化目标的必然要求，还是基于共享发展理念下有效缩小区域差距，推进区域均衡协调发展的重要手段。本书只是围绕着转移支付对县域基本公共服务供给的激励效应以及重庆市市对区县转移支付激励机制的设计进行了初步探索，展望未来，作者认为还可以从以下几个方面继续深入。

第一，在中国特色社会主义新时代下，社会主要矛盾已从“人民日益增长的物质文化需要同落后的社会生产之间的矛盾”转变为“人民日益增长的美好生活需要和不充分不平衡的发展之间的矛盾”。所以，基本公共服务的供给也不能再仅仅局限于追求供给数量或供给结构，还应该追求供给质量，从而实现人民群众的获得感与幸福感的提升。因此，在未来的研究中可以从微观层面探究公共转移支付对人民群众基本公共服务满意度的影响效果，以此来促进转移支付资金配置效率和使用效率的进一步提高。

第二，重庆的多数区县（特别是渝东南、渝东北片区的多数区县）为人口净流出区县或劳动力输出区县，其常住人口数量远远低于户籍人口数量。此外，这些区县都普遍存在着留守儿童与留守老人的社会问题。因此，在未来的研究中可以结合人口普查数据进一步考虑人口流动和人口结构对地区基本公共服务供给的影响，提高基本公共服务的精准供给，进一步提升转移支付资金配置效率和使用效果。

第三，重庆的部分区县，尤其是渝东北片区的多数区县都地处三峡库区和秦巴山区，同时集大山区、大库区、大农村于一体，城乡居民收入不均衡，生态环境敏感且脆弱，环境保护压力大等问题较为突出。因此，在未来的研究中可以进一步考虑自然资源、地理位置、海拔高度、气候温度等自然属性因素以及居民资源禀赋、主体认知对所在地区基本公共服务可及性的影响，以此来提高转移支付的激励效果。

参考文献

[1] 边维慧，李自兴．财政分权：理论与国外实践 [J]．国外社会科学，2008 (3)：26 -32.

[2] 蔡昉，都阳，王美艳．户籍制度与劳动力市场保护 [J]．经济研究，2001 (12)：41 -49，91.

[3] 曹静晖．基本公共服务均等化的制度障碍及实现路径 [J]．华中科技大学学报 (社会科学版)，2011，25 (1)：48 -52.

[4] 曹俊文，罗良清．转移支付的财政均等化效果实证分析 [J]．统计研究，2006 (1)：43 -45.

[5] 陈昌盛，蔡跃洲．中国政府公共服务：体制变迁与地区综合评估 [M]．北京：中国社会科学出版社，2007.

[6] 陈昌盛，蔡跃洲．中国政府公共服务：基本价值取向与综合绩效评估 [J]．财政研究，2007 (6)：20 -24.

[7] 陈斐，张延峰．政府间转移支付对中国区域经济增长的影响效应研究 [J]．学习与实践，2015 (7)：14 -23.

[8] 陈明明．治理现代化的中国意蕴 [J]．人民论坛，2014 (10)：32 -33.

[9] 陈强．高级计量经济学及 Stata 应用 [M]．北京：高等教育出版社，2014.

[10] 陈思霞，田丹．均衡性转移支付与公共服务供给效率——基于中国地市一级的经验证据 [J]．华中农业大学学报 (社会科学版)，2013 (3)：139 -146.

[11] 陈文美，李春根．促进还是抑制：中国式财政分权对最低生活保障

支出的影响研究［J］. 中国行政管理，2018（11）：94－101.

［12］陈旭佳. 中国转移支付的财政均等化效应研究［J］. 广东财经大学学报，2014，29（3）：26－32.

［13］陈仲常，董东冬. 我国人口流动与中央财政转移支付相对力度的区域差异分析［J］. 财经研究，2011，37（3）：71－80.

［14］成丹. 政府间转移支付制度优化——基于转移支付效果的分析［J］. 地方财政研究，2017（9）：75－83.

［15］程尔聪. 建立公共服务均等化财政体制的理论基础——基于公平与效率的视角［J］. 安徽农学通报（下半月刊），2010，16（14）：196－197，215.

［16］储德银，迟淑娴. 转移支付降低了中国式财政纵向失衡吗［J］. 财贸经济，2018，39（9）：23－38.

［17］储德银，韩一多，张景华. 中国式分权与城乡居民收入不平等——基于预算内外双重维度的实证考察［J］. 财贸经济，2017，38（2）：109－125.

［18］戴平生，陈壮. 我国转移支付的地方财力均等化效应——基于水平公平与垂直公平分解的实证研究［J］. 统计研究，2015，32（5）：20－25.

［19］丁元竹. 促进我国基本公共服务均等化的对策［J］. 宏观经济管理，2008（3）：24－26.

［20］董再平. 我国转移支付均等化目标偏离的原因分析［J］. 经济体制改革，2014（5）：5－9.

［21］董再平，凌荣安. 我国财政转移支付制度均等化效应及其完善［J］. 当代经济研究，2008（5）：49－53.

［22］杜彤伟，张屹山，杨成荣. 财政纵向失衡、转移支付与地方财政可持续性［J］. 财贸经济，2019，40（11）：5－19.

［23］范子英. 中国的财政转移支付制度：目标、效果及遗留问题［J］. 南方经济，2011（6）：67－80.

［24］范子英，张军. 粘蝇纸效应：对地方政府规模膨胀的一种解释［J］. 中国工业经济，2010（12）：5－15.

[25] 范子英，张军．转移支付、公共品供给与政府规模的膨胀［J］．世界经济文汇，2013（2）：1－19.

[26] 方红生，张军．中国地方政府竞争、预算软约束与扩张偏向的财政行为［J］．经济研究，2009，44（12）：4－16.

[27] 伏润民，常斌，缪小林．我国省对县（市）一般性转移支付的绩效评价——基于 DEA 二次相对效益模型的研究［J］．经济研究，2008，43（11）：62－73.

[28] 伏润民，王卫昆，常斌，缪小林．我国规范的省对县（市）均衡性转移支付制度研究［J］．经济学（季刊），2012，11（1）：39－62.

[29] 付文林，沈坤荣．均等化转移支付与地方财政支出结构［J］．经济研究，2012，47（5）：45－57.

[30] 付文林，赵永辉．财政转移支付与地方征税行为［J］．财政研究，2016（6）：16－27.

[31] 傅勇，张晏．中国式分权与财政支出结构偏向：为增长而竞争的代价［J］．管理世界，2007（3）：4－12，22.

[32] 傅志华，李三秀．转移支付制度设计中的激励与约束机制［J］．地方财政研究，2007（2）：9－13.

[33] 高菠阳，王萌，任建宇．财政转移支付的空间格局及其对中国县域社会经济发展的效应［J］．经济地理，2018，38（11）：30－38.

[34] 高培勇．论国家治理现代化框架下的财政基础理论建设［J］．中国社会科学，2014（12）：102－122，207.

[35] 高培勇．论中国财政基础理论的创新——由“基础和支柱说”说起［J］．管理世界，2015（12）：4－11.

[36] 高燕妮．试论中央与地方政府间的委托—代理关系［J］．改革与战略，2009，25（1）：29－30，66.

[37] 高玉强，董黎明．政府间事权优化配置的基本思路——基于财政支出结构的分析［J］．当代经济管理，2009，31（5）：61－65.

[38] 葛乃旭，宋静．德国转移支付制度改革及对我国的启示与借鉴［J］．地方财政研究，2013（1）：23－28，33.

[39] 郭本海，黄良义，刘思峰．基于“政府—企业”间委托代理关系的节能激励机制 [J]．中国人口·资源与环境，2013，23 (8)：160 - 164.

[40] 郭庆旺，贾俊雪．中央财政转移支付与地方公共服务提供 [J]．世界经济，2008 (9)：74 - 84.

[41] 郭庆旺，贾俊雪，高立．中央财政转移支付与地区经济增长 [J]．世界经济，2009，32 (12)：15 - 26.

[42] 郭小聪，代凯．国内近五年基本公共服务均等化研究：综述与评估 [J]．中国人民大学学报，2013，27 (1)：145 - 154.

[43] 何强，董志勇．中央转移支付对地方财政支出的影响机制及实证分析 [J]．统计研究，2015，32 (1)：59 - 67.

[44] 洪源，张玉灶，王群群．财政压力、转移支付与地方政府债务风险——基于央地财政关系的视角 [J]．中国软科学，2018 (9)：173 - 184.

[45] 胡斌，毛艳华．转移支付改革对基本公共服务均等化的影响 [J]．经济学家，2018 (3)：63 - 72.

[46] 胡玉杰，彭徽．财政分权、晋升激励与农村医疗卫生公共服务供给——基于我国省际面板数据的实证研究 [J]．当代财经，2019 (4)：39 - 48.

[47] 胡祖铨，黄夏岚，刘怡．中央对地方转移支付与地方征税努力——来自中国财政实践的证据 [J]．经济学 (季刊)，2013，12 (3)：799 - 822.

[48] 吉富星，鲍曙光．中国式财政分权、转移支付体系与基本公共服务均等化 [J]．中国软科学，2019 (12)：170 - 177.

[49] 吉玛，荣迪内利．分权化治理：新概念与新实践 [M] 唐贤兴等译，上海：格致出版社，2013.

[50] 贾俊雪，郭庆旺，高立．中央财政转移支付、激励效应与地区间财政支出竞争 [J]．财贸经济，2010 (11)：52 - 57.

[51] 贾俊雪，张超，秦聪，冯静．纵向财政失衡、政治晋升与土地财政 [J]．中国软科学，2016 (9)：144 - 155.

[52] 贾康，白景明．县乡财政解困与财政体制创新 [J]．经济研究，2002 (2)：3 - 9.

[53] 贾康，张鹏，程瑜．60 年来中国财政发展历程与若干重要节点

[J]. 改革, 2009 (10): 17－34.

[54] 贾晓俊. 新中国转移支付制度回顾与展望 [J]. 商业时代, 2010 (11): 84－85.

[55] 贾晓俊, 岳希明. 我国均衡性转移支付资金分配机制研究 [J]. 经济研究, 2012, 47 (1): 17－30.

[56] 贾晓俊, 岳希明. 我国不同形式转移支付财力均等化效应研究 [J]. 经济理论与经济管理, 2015 (1): 44－54.

[57] 贾晓俊, 岳希明, 王怡璞. 分类拨款、地方政府支出与基本公共服务均等化——兼谈我国转移支付制度改革 [J]. 财贸经济, 2015 (4): 5－16, 133.

[58] 贾智莲, 卢洪友. 财政分权与教育及民生类公共品供给的有效性——基于中国省级面板数据的实证分析 [J]. 数量经济技术经济研究, 2010, 27 (6): 139－150, 161.

[59] 江雪薇. 德国财政转移支付制度对我国的启示和借鉴 [D]. 武汉大学, 2017.

[60] 景婉博. 完善我国转移支付制度的路径探讨——基于日本经验 [J]. 财政监督, 2018 (14): 12－17.

[61] 柯勰. 政府间财政关系的德国经验借鉴 [J]. 湖北经济学院学报 (人文社会科学版), 2019, 16 (1): 68－70.

[62] 雷根强, 黄晓虹, 席鹏辉. 转移支付对城乡收入差距的影响——基于我国中西部县域数据的模糊断点回归分析 [J]. 财贸经济, 2015 (12): 35－48.

[63] 李春红, 王苑萍, 郑志丹. 双重委托代理对上市公司过度投资的影响路径分析——基于异质性双边随机边界模型 [J]. 中国管理科学, 2014, 22 (11): 131－139.

[64] 李丹, 刘小川. 政府间财政转移支付对民族扶贫县财政支出行为影响的实证研究——基于241个民族扶贫县的考察 [J]. 财经研究, 2014, 40 (1): 4－15.

[65] 李丹, 裴育. 均衡性转移支付能促进贫困地区基本公共服务供给

吗——基于国定扶贫县的实证研究［J］. 财贸研究，2016，27（3）：91-98，125.

［66］李丹，张侠. 贫困地区存在“粘蝇纸效应”吗［J］. 上海财经大学学报，2015，17（3）：41-49.

［67］李平，陈萍. 城市化、财政支出与城乡公共服务差距［J］. 财经问题研究，2014（9）：64-71.

［68］李齐云，马万里. 中国式财政分权体制下政府间财力与事权匹配研究［J］. 理论学刊，2012（11）：38-43.

［69］李森，孔振焕，王俊燕. 中国财政分权特征及其对地方性公共产品供给结构的影响［J］. 宏观经济研究，2020（3）：19-31.

［70］李松龄，栾晓平. 公平与效率的理论综述［J］. 山东社会科学，2003（4）：27-32.

［71］李涛，周业安. 财政分权视角下的支出竞争和中国经济增长：基于中国省级面板数据的经验研究［J］. 世界经济，2008（11）：3-15.

［72］李伟，燕星池. 完善财政转移支付制度促进基本公共服务均等化［J］. 经济纵横，2014（2）：17-21.

［73］李祥云，徐淑丽. 我国政府间转移支付制度的平衡效应——基于2000~2010年省际面板数据的实证分析［J］. 中南财经政法大学学报，2012（4）：36-41.

［74］李郇，洪国志，黄亮雄. 中国土地财政增长之谜——分税制改革、土地财政增长的策略性［J］. 经济学（季刊），2013，12（4）：1141-1160.

［75］李英东，刘涛. 地方政府公共支出行为与半城市化现象——基于21个大中型城市的面板数据分析［J］. 财贸研究，2017，28（5）：67-76.

［76］李永友，沈玉平. 转移支付与地方财政收支决策——基于省级面板数据的实证研究［J］. 管理世界，2009（11）：41-53.

［77］刘大帅，甘行琼. 公共服务均等化的转移支付模式选择——基于人口流动的视角［J］. 中南财经政法大学学报，2013（4）：13-20，158.

［78］刘凤伟. 财政转移支付对地区经济发展差距的影响——以甘肃为例［J］. 财贸研究，2007（4）：50-57.

[79] 刘贯春，周伟．转移支付不确定性与地方财政支出偏向［J］．财经研究，2019，45（6）：4－16.

[80] 刘金全，潘雷，何筱薇．我国积极财政政策的“财政幻觉”分解与计量检验［J］．财经研究，2004（12）：44－52.

[81] 刘亮．中国地区间财力差异的度量及分解［J］．经济体制改革，2006（2）：17－23.

[82] 刘琳，孙磊．日本转移支付制度概述及经验借鉴［J］．商业研究，2012（3）：166－170.

[83] 刘尚希．逐步实现基本公共服务均等化的路径选择［J］．中国财政，2007（3）：1.

[84] 刘尚希．基于国家治理的新一轮财政改革［J］．当代经济管理，2013，35（12）：24－27.

[85] 刘尚希，李敏．论政府间转移支付的分类［J］．财贸经济，2006（3）：17－22，96.

[86] 刘晓路，郭庆旺．国家视角下的新中国财政基础理论变迁［J］．财政研究，2017（4）：27－37.

[87] 刘怡，刘维刚．转移支付对地方支出规模影响——来自全国县级面板数据的证据［J］．经济科学，2015（2）：58－69.

[88] 刘亦文，文晓茜，胡宗义．中国污染物排放的地区差异及收敛性研究［J］．数量经济技术经济研究，2016，33（4）：78－94.

[89] 刘勇政，贾俊雪，丁思莹．地方财政治理：授人以鱼还是授人以渔——基于省直管县财政体制改革的研究［J］．中国社会科学，2019（7）：43－63，205.

[90] 楼继伟．深化财税体制改革建立现代财政制度［J］．求是，2014（20）：24－27.

[91] 卢洪友，龚锋．政府竞争、“攀比效应”与预算支出受益外溢［J］．管理世界，2007（8）：12－22.

[92] 卢洪友，卢盛峰，陈思霞．“中国式财政分权”促进了基本公共服务发展吗？［J］．财贸研究，2012，23（6）：1－7.

[93] 罗伟卿．财政分权理论新思想：分权体制与地方公共服务［J］．财政研究，2010（3）：11－15．

[94] 吕冰洋．“国家治理财政论”：从公共物品到公共秩序［J］．财贸经济，2018，39（6）：14－29．

[95] 吕冰洋，毛捷，马光荣．分税与转移支付结构：专项转移支付为什么越来越多？［J］．管理世界，2018，34（4）：25－39，187．

[96] 吕冰洋，张凯强．转移支付和税收努力：政府支出偏向的影响［J］．世界经济，2018，41（7）：98－121．

[97] 吕炜，靳继东．国家治理现代化框架下中国财政改革实践和理论建设的再认识［J］．财贸经济，2019，40（2）：5－19．

[98] 吕炜，赵佳佳．中国转移支付的粘蝇纸效应与经济绩效［J］．财政研究，2015（9）：44－52．

[99] 马光荣，郭庆旺，刘畅．财政转移支付结构与地区经济增长［J］．中国社会科学，2016（9）：105－125，207－208．

[100] 马海涛，姜爱华．政府间财政转移支付制度［M］．北京：经济科学出版社，2010．

[101] 马红旗，陈仲常．省际流动人口、地区人口负担及基于人口负担的均等化转移支付方案［J］．经济科学，2012（4）：91－104．

[102] 马慧强，韩增林，江海旭．我国基本公共服务空间差异格局与质量特征分析［J］．经济地理，2011，31（2）：212－217．

[103] 马骏．中央向地方的财政转移支付——一个均等化公式和模拟结果［J］．经济研究，1997（3）：11－20．

[104] 马拴友，于红霞．转移支付与地区经济收敛［J］．经济研究，2003（3）：26－33，90．

[105] 马骁，宋媛．反思中国横向财政转移支付制度的构建——基于公共选择和制度变迁的理论与实践分析［J］．中央财经大学学报，2014（5）：18－22．

[106] 南锐，王新民，李会欣．区域基本公共服务均等化水平的评价［J］．财经科学，2010（12）：58－64．

[107] 倪红日，张亮．基本公共服务均等化与财政管理体制改革研究［J］．管理世界，2012（9）：7－18，60．

[108]（美）曼瑟尔·奥尔森．集体行动的逻辑［M］．陈郁等译，上海：上海人民出版社，1995．

[109] 缪小林，王婷，高跃光．转移支付对城乡公共服务差距的影响——不同经济赶超省份的分组比较［J］．经济研究，2017，52（2）：52－66．

[110] 平新乔，白洁．中国财政分权与地方公共品的供给［J］．财贸经济，2006（2）：49－55，97．

[111] 亓寿伟，胡洪曙．转移支付、政府偏好与公共产品供给［J］．财政研究，2015（7）：23－27．

[112] 钱先航，曹廷求，李维安．晋升压力、官员任期与城市商业银行的贷款行为［J］．经济研究，2011，46（12）：72－85．

[113] 乔宝云，范剑勇，冯兴元．中国的财政分权与小学义务教育［J］．中国社会科学，2005（6）：37－46，206．

[114] 乔俊峰，陈荣汾．转移支付结构对基本公共服务均等化的影响——基于国家级贫困县划分的断点分析［J］．经济学家，2019（10）：84－92．

[115] 乔俊峰，张春雷．转移支付、政府偏好和共享发展——基于中国省级面板数据的分析［J］．云南财经大学学报，2019，35（1）：15－28．

[116] 史桂芬．我国转移支付制度的地区均等化效果分析［J］．东北师大学报（哲学社会科学版），2009（3）：117－122．

[117] 宋小宁，陈斌，梁若冰．一般性转移支付：能否促进基本公共服务供给？［J］．数量经济技术经济研究，2012，29（7）：33－43，133．

[118] 孙开，张磊．分权程度省际差异、财政压力与基本公共服务支出偏向——以地方政府间权责安排为视角［J］．财贸经济，2019，40（8）：18－32．

[119] 田发，周琛影．基层财政解困：一个财政体制变迁的分析框架［J］．经济学家，2007（1）：111－117．

[120] 田时中．中国式财政分权抑制了政府公共服务供给吗？［J］．西南民族大学学报（人文社科版），2020，41（6）：119－130．

[121] 汪冲. 政府间转移支付、预算软约束与地区外溢 [J]. 财经研究, 2014, 40 (8): 57-66.

[122] 汪冲. 渐进预算与机会主义——转移支付分配模式的实证研究 [J]. 管理世界, 2015 (1): 18-29.

[123] 王晨, 马海涛. 转移支付对县际财力的均等化效应分析——以江苏省为例 [J]. 新疆财经大学学报, 2016 (2): 13-22.

[124] 王春福. 公共政策视角下的公平与效率 [J]. 中共中央党校学报, 2005 (1): 65-70.

[125] 王广庆, 王有强. 县级财政转移支付变迁: 制度与分配 [J]. 经济学家, 2010 (12): 27-34.

[126] 王路云, 王崇举, 邓琳. 中国西部地区基本公共服务水平与空间格局研究 [J]. 西部论坛, 2016, 26 (5): 51-60.

[127] 王瑞民, 陶然. 中国财政转移支付的均等化效应: 基于县级数据的评估 [J]. 世界经济, 2017, 40 (12): 119-140.

[128] 王绍光. 中国财政转移支付的政治逻辑 [J]. 战略与管理, 2002 (3): 47-54.

[129] 王伟, 江孝感. 中央和地方政府间的激励机制研究 [J]. 市场周刊 (财经论坛), 2003 (11): 61-62.

[130] 王文剑. 中国的财政分权与地方政府规模及其结构——基于经验的假说与解释 [J]. 世界经济文汇, 2010 (5): 105-119.

[131] 王贤彬, 张莉, 徐现祥. 什么决定了地方财政的支出偏向——基于地方官员的视角 [J]. 经济社会体制比较, 2013 (6): 157-167, 180.

[132] 王永钦, 张晏, 章元, 陈钊, 陆铭. 中国的大国发展道路——论分权式改革的得失 [J]. 经济研究, 2007 (1): 4-16.

[133] 王宇昕, 余兴厚, 黄玲. 转移支付对基本公共服务支出水平及结构效应研究——基于川渝地方政府的经验数据 [J]. 财政研究, 2019 (12): 48-60.

[134] 王宇昕, 余兴厚, 熊兴. 首位城市规模过大是否抑制了基本公共服务的均等化水平——基于全国省级面板数据的实证研究 [J]. 宁夏社会科

学，2019（4）：92－100.

［135］魏红英．宪政架构下的中国地方政府模式分析［J］．华中师范大学学报（人文社会科学版），2005（3）：73－79.

［136］魏敏，李书昊．新时代中国经济高质量发展水平的测度研究［J］．数量经济技术经济研究，2018，35（11）：3－20.

［137］吴强，李楠．我国财政转移支付及税收返还变动对区际财力均等化影响的实证分析［J］．财政研究，2016（3）：27－38.

［138］吴永求，赵静．转移支付结构与地方财政效率——基于面板数据的分位数回归分析［J］．财贸经济，2016（2）：28－40.

［139］吴忠，王晓洒．央地政府间精准扶贫的委托代理关系研究［J］．中南林业科技大学学报（社会科学版），2019，13（6）：67－73.

［140］伍德里奇．计量经济学导论：现代观点［M］．北京：清华大学出版社，2014.

［141］夏纪军．人口流动性、公共收入与支出——户籍制度变迁动因分析［J］．经济研究，2004（10）：56－65.

［142］肖育才．转移支付与县级基本公共服务均等化研究［D］．西南财经大学，2014.

［143］肖育才，谢芬．转移支付与县级基本公共服务均等化：基于四川省138个县（市）的实证分析［J］．西南民族大学学报（人文社科版），2016，37（6）：107－113.

［144］解垩．转移支付与公共品均等化分析［J］．统计研究，2007（6）：63－66.

［145］谢京华．政府间财政转移支付制度研究［M］．浙江：浙江大学出版社，2011.

［146］谢贞发．基本公共服务均等化建设中的财政体制改革研究：综述与展望［J］．南京社会科学，2019（5）：27－33.

［147］辛冲冲，陈志勇．中国基本公共服务供给水平分布动态、地区差异及收敛性［J］．数量经济技术经济研究，2019，36（8）：52－71.

［148］熊兴，余兴厚，蒲坤明．长江经济带基本公共服务综合评价及其

空间分析［J］. 华东经济管理，2019，33（1）：51－61.

［149］熊兴，余兴厚，王宇昕. 我国区域基本公共服务均等化水平测度与影响因素［J］. 西南民族大学学报（人文社科版），2018，39（3）：108－116.

［150］（澳）休·史卓顿，莱昂内尔·奥查德著. 公共物品、公共企业和公共选择——对政府功能的批评与反批评的理论纷争［M］. 费朝辉等译，北京：经济科学出版社，2000.

［151］徐诗举. 对西方财政幻觉假说的拓展［J］. 财政研究，2009（1）：11－13.

［152］杨光. 省际间基本公共服务供给均等化绩效评价［J］. 财经问题研究，2015（1）：111－116.

［153］武力超，林子辰，关悦. 我国地区公共服务均等化的测度及影响因素研究［J］. 数量经济技术经济研究，2014，31（8）：72－86.

［154］叶子荣，段龙龙. "国家治理论"：中国特色社会主义财政本质的科学阐释［J］. 财政研究，2017（1）：36－48.

［155］尹恒，康琳琳，王丽娟. 政府间转移支付的财力均等化效应——基于中国县级数据的研究［J］. 管理世界，2007（1）：48－55.

［156］尹恒，朱虹. 中国县级地区财力缺口与转移支付的均等性［J］. 管理世界，2009（4）：37－46.

［157］尹恒，朱虹. 县级财政生产性支出偏向研究［J］. 中国社会科学，2011（1）：88－101，222.

［158］尹振东，汤玉刚. 专项转移支付与地方财政支出行为——以农村义务教育补助为例［J］. 经济研究，2016，51（4）：47－59.

［159］余珊，丁忠民. "粘蝇纸效应"在我国政府间财政转移支付中的实证研究——基于一般性转移支付资金的研究［J］. 重庆工商大学学报（社会科学版），2008（3）：61－64.

［160］余兴厚，尚可文. 财政转移支付均等化的理论与实践［J］. 郑州航空工业管理学院学报，2010，28（3）：60－63.

［161］岳军. 公共服务均等化、财政分权与地方政府行为［J］. 财政研

究，2009（5）：37－39.

［162］岳希明，蔡萌．现代财政制度中的转移支付改革方向［J］．中国人民大学学报，2014，28（5）：20－26.

［163］曾芳芳．基于统筹城乡发展地方政府转移支付均等化实证研究——以重庆市统筹城乡发展为例［J］．经济研究参考，2013（11）：25－27，80.

［164］曾军平．政府间转移支付制度的财政平衡效应研究［J］．经济研究，2000（6）：27－32.

［165］曾明，华磊，刘耀彬．地方财政自给与转移支付的公共服务均等化效应——基于中国31个省级行政区的面板门槛分析［J］．财贸研究，2014，25（3）：82－91.

［166］詹新宇，胡洪曙．中央对地方转移支付机制的优化研究——基于财政激励的视角［J］．财政研究，2015（10）：9－14.

［167］詹新宇，崔培培．中央对地方转移支付的经济增长质量效应研究——基于省际面板数据的系统GMM估计［J］．经济学家，2016（12）：12－19.

［168］张恒龙，陈宪．政府间转移支付对地方财政努力与财政均等的影响［J］．经济科学，2007（1）：15－23.

［169］张恒龙，秦鹏亮．政府间转移支付与省际经济收敛［J］．上海经济研究，2011（8）：90－98.

［170］张光．转移支付与地区公共服务均等化——对中日的比较研究［J］．复旦公共行政评论，2014（1）：3－17.

［171］张军．分权与增长：中国的故事［C］．经济学（季刊）第7卷第1期．北京大学国家发展研究院，2007：22－53.

［172］张凯强．转移支付与地区经济稳定——基于国家级贫困县划分的断点分析［J］．财贸经济，2018，39（1）：54－69.

［173］张维迎．企业的企业家—契约理论［M］．上海：上海人民出版社，2015.

［174］张侠，刘小川．完善我国财政转移支付制度研究——基于公共服务均等化的视角［J］．现代管理科学，2015（2）：70－72.

［175］张振华．公共产品供给过程中的地方政府合作与竞争——印第安

纳学派的多中心治理理论述评 [J]. 西北师大学报（社会科学版），2011，48 (4)：101－106.

[176] 赵桂芝，寇铁军．我国政府间转移支付制度均等化效应测度与评价——基于横向财力失衡的多维视角分析 [J]. 经济理论与经济管理，2012 (6)：64－70.

[177] 郑垚，孙玉栋．转移支付、地方财政自给能力与基本公共服务供给——基于省级面板数据的门槛效应分析 [J]. 经济问题探索，2018 (8)：18－27.

[178] 郑浩生，李东坤．省以下分权改革促进地方基本公共服务供给吗？——来自四川省“扩权强县”改革的经验证据 [J]. 公共管理学报，2016，13 (4)：42－52，153－154.

[179] 钟晓敏．地方财政学（第四版）[M]. 北京：中国人民大学出版社，2017.

[180] 周黎安．晋升博弈中政府官员的激励与合作——兼论我国地方保护主义和重复建设问题长期存在的原因 [J]. 经济研究，2004 (6)：33－40.

[181] 周黎安．中国地方官员的晋升锦标赛模式研究 [J]. 经济研究，2007 (7)：36－50.

[182] 周琛影．公共服务均等化的财政转移支付效应评估——以上海为例 [J]. 经济体制改革，2013 (4)：43－47.

[183] 周业安，章泉．财政分权、经济增长和波动 [J]. 管理世界，2008 (3)：6－15，186.

[184] 朱柏铭．从性价比角度看“基本公共服务均等化” [J]. 财贸经济，2008 (10)：69－74.

[185] 朱士华，丁丽．政府激励理论研究综述 [J]. 玉林师范学院学报，2004 (6)：1－6，13.

[186] Acosta P. The (flypaper effect) in presence of spatial interdependence: Evidence from Argentinean municipalities [J]. The Annals of Regional Science, 2010, 44 (3): 453－466.

[187] Arellano M, Bond S. Some tests of specification for panel data: Monte

Carlo evidence and an application to employment equations [J]. The Review of Economic Studies, 1991, 58 (2): 277 -297.

[188] Bae S S, Feiock R C. The flypaper effect revisited: Intergovernmental grants and local governance [J]. International Journal of Public Administration, 2004, 27 (8 -9): 577 -596.

[189] Bailey S J, Connolly S. The flypaper effect: Identifying areas for further research [J]. Public Choice, 1998, 95 (3 -4): 335 -361.

[190] Baretti C, Huber B, Lichtblau K. A tax on tax revenue: The incentive effects of equalizing transfers: Evidence from Germany [J]. International Tax and Public Finance, 2002, 9 (6): 631 -649.

[191] Bayoumi T, Masson P R. Fiscal flows in the United States and Canada: Lessons for monetary union in Europe [J]. European Economic Review, 1995, 39 (2): 253 -274.

[192] Beramendi P. Political institutions and income inequality: The case of decentralization [R]. Discussion Papers Research Unit Institutions States Markets, 2003.

[193] Boadway R. The theory and practice of equalization [J]. CESifo Economic Studies, 2004, 50 (1): 211 -254.

[194] Boadway R, Shah A. Intergovernmental fiscal transfers: Principles and practice [M]. World Bank Publications, 2007.

[195] Bordignon M, Gamalerio M, Turati G. Decentralization, vertical fiscal imbalance, and political selection [J]. CESifo Working Paper Series, 2013, 29 (11): 588 -592.

[196] Bouton L, Gassner M, Verardi V. Redistributing income under fiscal vertical imbalance [J]. European Journal of Political Economy, 2008, 24 (2): 317 -328.

[197] Bradford D F, Oates W E. Towards a predictive theory of intergovernmental grants [J]. The American Economic Review, 1971, 61 (2): 440 -448.

[198] Brender A, Drazen A. Political budget cycles in new versus established

democracies [J]. Journal of Monetary Economics, 2005, 52 (7): 1271 -1295.

[199] Brennan G, Pincus J J. A minimalist model of federal grants and flypaper effects [J]. Journal of Public Economics, 1996, 61 (2): 229 -246.

[200] Breton A. A theory of government grants [J]. The Canadian Journal of Economics and Political Science, 1965, 31 (2): 175 -187.

[201] Buchanan J M. An economic theory of clubs [J]. Economica, 1965, 32 (125): 1 -14.

[202] Burkhead J, Buchanan J M. Fiscal theory and political economy [J]. Journal of Finance, 1961, 16 (3): 464.

[203] Dahlby B. The marginal cost of public funds and the flypaper effect [J]. International Tax and Public Finance, 2011, 18 (3): 304 -321.

[204] Dahlby B, Wilson L S. Vertical discal externalities in a federation [J]. Journal of Public Economics, 2003, 87 (5): 917 -930.

[205] Wright D S, Oates W E. Fiscal federalism [J]. American Political Science Association, 1974, 68 (4): 1777.

[206] Deller S C, Maher C S. Categorical municipal expenditures with a focus on the flypaper effect [J]. Public Budgeting and Finance, 2005, 25 (3): 73 -90.

[207] Demurger S. Infrastructure development and economic growth: An explanation for regional disparities in China? [J]. Journal of Comparative Economics, 2001, 29 (1): 95 -117.

[208] Jimenez - Rubio D. The impact of fiscal decentralization on infant mortality rates: Evidence from OECD countries [J]. Social Science and Medicine, 2011, 73 (9): 1401 -1407.

[209] Bond S R, Hoeffler A, Temple J. GMM estimation of empirical growth models [R]. London: Centre for Economic Policy Research, 2001.

[210] Dougan W R, Kenyon D A. Pressure groups and public expenditures: The flypaper effect reconsidered [J]. Economic Inquiry, 1988, 26 (1): 159 -170.

[211] Dreyer J K, Schmid P A. Fiscal federalism in monetary unions: Hypothetical fiscal transfers within the Euro - zone [J]. International Review of Applied Economics, 2015, 29 (4): 506 -532.

[212] Eisenhardt K M, Agency theory: An assessment and review [J]. Academy of Management Review, 1989, 14 (1): 57 -74.

[213] Eyraud L, Lusinyan L. Vertical fiscal imbalances and fiscal performance in advanced economies [J]. Journal of Monetary Economics, 2013, 60 (5): 571 - 587.

[214] Garcia - Mila, T, McGuire T J. Do inter - regional transfers improve the economic performance of poor regions? The case of Spain [J]. International Tax and Public Finance, 2001, 8 (3): 281 -296.

[215] Hamilton J H. The flypaper effect and the deadweight loss from taxation [J]. Journal of Urban Economics, 1986, 19 (2): 148 -155.

[216] Hansen B E. Threshold effects in non - dynamic panels: Estimation, testing and inference [J]. Journal of Econometrics, 1999, 93 (2): 345 -368.

[217] Harberger A C. The incidence of the corporate income tax [J]. Journal of Political Economy, 1962, 70 (2): 215 -240.

[218] Hayek F A. The use of knowledge in society [J]. The American Economic Reviews, 1945, 35 (4): 519 -530.

[219] Hines J R, Thaler R H. Anomalies: The flypaper effect [J]. Journal of Economic Perspectives, 1995, 9 (4): 217 -226.

[220] Jia J X, Guo Q W, Zhang J. Fiscal decentralization and local expenditure policy in China [J]. China Economic Review, 2014, 28 (1): 107 -122.

[221] Karnik A, Lalvani M. Flypaper effect incorporating spatial interdependence [J]. Review of Urban and Regional Development Studies, 2008, 20 (2): 86 -102.

[222] Keen M, Marchand M. Fiscal competition and the pattern of public spending [J]. Journal of Public Economics, 1997, 66 (1): 33 -53.

[223] Kotsogiannis C, Schwager R. Accountability and fiscal equalization

[J]. Journal of Public Economics, 2008, 92 (12): 2336 -2349.

[224] Levaggi R, Zanola R. Flypaper effect and sluggishness: Evidence from regional health expenditure in Italy [J]. International Tax and Public Finance, 2003, 10 (5): 535 -547.

[225] Li H, Zhou L A. Political turnover and economic performance: The incentive role of personnel control in China [J]. Journal of Public Economics, 2005, 89 (9 -10): 1743 -1762.

[226] MartinezVazquez J. Local government financial reform in developing countries [M]. Palgrave Macmillan, 2006.

[227] Montinola G, Weingast B R. Federalism Chinese style: The political basis for economic success in China [J]. World Politics, 1995, 48 (1): 50 - 81.

[228] Musgrave R A, Shoup C S. Readings in the economics of taxation, readings in the economics of war [M]. Chicago: University of Chicago Press, 1959.

[229] Oates W E. The effects of property taxes and local public spending on property values: An empirical study of tax capitalization and the Tiebout hypothesis [J]. Journal of Political Economy, 1969, 77 (6): 957 -971.

[230] Oates W E. An essay on fiscal federalism [J]. Journal of Economic Literature, 1999, 37 (3): 1120 -1149.

[231] Olson D L. Comparison of weights in TOPSIS models [J]. Mathematical and Computer Modelling, 2004, 40 (7): 721 -727.

[232] Persson T, Tabellini G. Political economics: Explaining economic policy [M]. Cambridge: MIT Press, 2000.

[233] Petchey J D, Levtchenkova S. Fiscal capacity equalization and economic efficiency: The case of Australia [M]. Springer Science Business Media, LLc, 2007.

[234] Qian Y Y, Xu C Y. Why China's economic reforms differ: The M - form hierarchy and entry/expansion of the non - state sector [J]. Economics of

Transition, 1993, 1 (2): 135 - 170.

[235] Filimon R, Romer T, Rosenthal H. Asymmetric information and agenda control: The bases of monopoly power in public spending [J]. Journal of Public Economics, 1982, 17 (1): 51 - 70.

[236] Raiser M. Subsidizing inequality: Economic reforms, fiscal transfers and convergence across Chinese provinces [J]. Journal of Development Studies, 1998, 34 (3): 1 - 26.

[237] Rodden J. The dilemma of fiscal federalism: Grants and fiscal performance around the world [J]. American Journal of Political Science, 2002, 46 (3): 670 - 687.

[238] Rodríguez - Pose A, Fratesi U. Between development and social policies: The impact of European structural funds in objective 1 Regions [J]. Regional Studies, 2004, 38 (1): 97 - 113.

[239] Koenker R. Quantile regression for longitudinal data [J]. Journal of Multivariate Analysis, 2004, 91 (1): 74 - 89.

[240] Ross S. The economic theory of agency: The principal's problem [J]. American Economic Review, 1973, 63 (2): 134 - 139.

[241] Salamon L M. The new governance and the tools of public action: An introduction [J]. The Fordham Urban Law Journal, 2001, 28 (5): 1611 - 1632.

[242] Sanandaji T, Wallace B. Fiscal illusion and fiscal obfuscation: Tax perception in Sweden [J]. Independent Review, 2011, 16 (2): 237 - 246.

[243] Samuelson P A. The pure theory of public expenditure [J]. Review of Economics and Statistics, 1954, 36 (4): 387 - 389.

[244] Sappington D E M. Incentives in principal - agent relationships [J]. Journal of Economic Perspectives, 1991, 5 (2): 45 - 66.

[245] Sausgruber R, Tyran J R. Testing the Mill hypothesis of fiscal illusion [J]. Public Choice, 2005, 122 (1): 39 - 68.

[246] Shah A. A practitioner's guide to intergovernmental fiscal transfers [J].

Policy Research Working Paper, 2006, 44 (2): 127 - 186.

[247] Skidmore M, Toya H. Natural disaster impacts and fiscal decentralization [J]. Land Economics, 2013, 89 (1): 101 - 117.

[248] Tiebout C M. A pure theory of local expenditures [J]. Journal of Political Economy, 1956, 64 (5): 416 - 424.

[249] Tsui K Y. Local tax system, intergovernmental transfers and China's local fiscal disparities [J]. Journal of Comparative Economics, 2005, 33 (1): 173 - 196.

[250] Turnbull G K. The overspending and flypaper effects of fiscal illusion: Theory and empirical evidence [J]. Journal of Urban Economics, 1998, 44 (1): 1 - 26.

[251] Wagner R. Revenue structure, fiscal illusion, and budgetary choice [J]. Public Choice, 1976, 25 (1): 131 - 132.

[252] Weingast B R. The economic role of political institutions: Market preserving federalism and economic development [J]. Journal of Law Economics and Organization, 1995, 11 (1): 1 - 31.

[253] Weingast B R. Second generation fiscal federalism: The implications of fiscal incentives [J]. Journal of Urban Economics, 2009, 65 (3): 279 - 293.

[254] Winer S L. Some evidence on the effect of the separation of spending and taxing decisions [J]. Journal of Political Economy, 1983, 91 (1): 126 - 140.

[255] Worthington D A. Federal expenditure and fiscal illusion: A test of the flypaper hypothesis in Australia [J]. Publius, 1995, 25 (1): 23 - 34.

[256] Yin H. Fiscal disparities and the equalization effects of fiscal transfers at the county level in China [J]. Annals of Economics and Finance, 2008, 9 (1): 115 - 149.

[257] Zhang X B. Fiscal decentralization and political centralization in China: Implications for growth and inequality [J]. Journal of Comparative Economics, 2006, 34 (4): 713 - 726.